# 中國學術思想 研究輯刊

## 十六編

林慶彰 主編

## 第 7 冊

### 從正統道學到黃老思想

陳博 著

花木蘭文化出版社

國家圖書館出版品預行編目資料

從正統道學到黃老思想／陳博 著 — 初版 — 新北市：花木蘭
文化出版社，2013〔民 102〕
序 2+ 目 2+220 面；19×26 公分
（中國學術思想研究輯刊 十六編：第 7 冊）
ISBN：978-986-322-132-6（精裝）
1. 道家　2. 老莊哲學
030.8                                    102002262

中國學術思想研究輯刊
十六編　第 七 冊　　　　　ISBN：978-986-322-132-6

## 從正統道學到黃老思想

作　　者　陳　博
主　　編　林慶彰
總 編 輯　杜潔祥
出　　版　花木蘭文化出版社
發 行 所　花木蘭文化出版社
發 行 人　高小娟
聯絡地址　235 新北市中和區中安街七二號十三樓
　　　　　電話：02-2923-1455 ／傳眞：02-2923-1452
網　　址　http://www.huamulan.tw 信箱 sut81518@gmail.com
印　　刷　普羅文化出版廣告事業
封面設計　劉開工作室
初　　版　2013 年 3 月
定　　價　十六編 25 冊（精裝）新台幣 42,000 元

# 從正統道學到黃老思想

陳　博　著

## 作者簡介

　　陳博，男，1959 年生，陝西楊陵人。1981 年起就讀於西北大學歷史系，先後獲史學學士、碩士、博士學位，畢業後留校工作。2004 年調入西北政法大學，現任學校政治與公共管理學院副教授、政治學系主任、陝西省政治學會理事等職。

　　主要研究領域為中國傳統思想文化等。在各種學術刊物公開發表專業論文 30 餘篇。著作有《走向市場叢書五種》（分別為第五、第四種的第一、第二作者及《叢書》副主編），合著有《中國歷史典籍導讀》等。

## 提　要

　　黃老思想從正統道學胚胎中脫穎而出，一舉成為戰國中後期「壓倒百家」的顯學，並在漢初的社會政治舞臺上一枝獨秀、大放異彩。這一歷史性跨越是機緣巧合，還是另有玄機？

　　黃老思想脫胎換骨，把正統道學從遁世主義轉變為經世致用，從消極無為轉變成積極有為。這是治世學說從理想王國到現實王國的實質性突破，是政治理論向政治文化的有效飛躍，是中國傳統思想文化傳承與轉型的成功範例。那麼，其整合、演進、轉化的來龍去脈是否有跡可尋，有規可依？

　　黃老思想兼採百家之長，「無為而無不為」的治世哲學；既注重客觀規律又強調充分發揮人的主觀能動性的方法論；既承認事物間的彼此對立，又注重對立面相互轉化的辨證思維以及謙卑誠信、節儉省欲、慈惠愛人的倫理道德取向等；無不閃爍著理性的光輝。

　　如何借助傳統文化瑰寶中的精神財富來克服或化解當前普遍存在著的道德滑坡、人情淡漠、急功近利、見利忘義、誠信缺失、信任危機等一系列社會問題？也是擺在我們面前的當務之急。

　　筆者不揣淺陋，自不量力，對上述問題盡其所能的作了直接或間接的回答，以期對弘揚傳統文化、啟迪民族心智、振奮民族精神略盡綿薄之力。不當之處，懇祈賜教。

# 序

黃留珠

　　在中國傳統文化研究領域，道家學說、黃老思想向來都是學者極爲重視的課題。近幾十年來這方面的研究，可以說是百花爭豔，五彩紛呈。什麼新道家、老學、莊學等等，令人目不暇接，而相關的研究成果更是一篇篇發表、一部部出版。在這樣的背景下，陳博完成的博士學位論文《道家學說的歷史性跨越——從正統道家到黃老思想》，又以其新的特點使這方面研究的內容得以豐富。

　　在我看來，陳博士的學位論文有如下的三個特點——

　　首先，該文運用文獻學的方法，辨析了老子、老萊子、太史儋以及竹簡本、帛書本與通行本《老子》的關係。指出竹簡本是《老子》的一種原始傳本，而帛書本、通行本是在竹簡本基礎上融會不同內容的增訂傳本。以此爲準，又論證了老子的「道論」並非憑空論「道」，而是服務於其「視素保樸、少私寡欲」的理想社會道德標準；進而得出老子思想的本旨是要「絕智棄辯」、「絕巧棄利」、「絕僞棄詐」，以恢復和建立「民利百倍」、「盜賊亡有」、「民復孝慈」的和諧社會。這樣遂使老子的「道論」不再陷入無源之水、無本之木的境地。

　　其次，論文採用歷史學方法，論證了「道」的緣起與人類的生活、生產等社會實踐密切相關，而並非純粹形而上的邏輯思辨。「道」向哲學範疇的演進，一方面得益於人類對實踐經驗的總結，另一方面則源自對神學政治的省悟與批判。

　　第三，論文使用思想史方法，從政治文化的視角探討了正統道學向黃老思想演進、整合、轉型的來龍去脈，分析了黃老之學產生的緣由、背景及方

式，揭示了模糊不清的道家傳承脈絡與演進軌迹。指出黃老思想把正統道學從遁世主義轉變爲經世致用，從消極無爲轉變成積極有爲，是治世學說從理想王國到現實王國的實質性突破，是政治理論向政治文化的有效飛躍，是中國傳統思想文化傳承與轉型的成功範例。同時還論證了漢初的「無爲而治」，是正統「禮治」不合時宜、三晉「法治」偏頗過激、黃老思想溫和實用三者被選擇的必然結果。又總結了黃老思想的社會政治實踐及其得失，並對其內在價值作了進一步的發掘。

應該說，以上的三特點也可視爲陳文的三項創新之處。唯其如此，這篇論文在答辯時得到評委的一致好評而選定爲優秀博士學位論文，特別是著名思想史專家張豈之先生對其十分看重、評價甚高。

陳博博士原是學文獻學的，後師從我攻讀秦漢思想文化史博士學位。因爲有這樣的學習經歷，所以他的博士學位論文才會顯現出如上所述的把文獻學、歷史學及思想史方法三結合的特點。如此的一種研究模式，或可爲後學者提供某種參考與借鑒。

值此陳博博士的學位論文即將由臺灣花木蘭文化出版社正式出版之際，應作者之約，寫了上面的一些話，是爲序。

2012/9/14 草於西北大學桃園區鏘音閣

# 目

# 次

# 引　言

　　中國傳統文化在形成之初，原本是一個多元並起、動態演進的體系，諸子百家都是它的組成部分，而其主脈則是儒、道、法、墨諸家的既相排斥又相融合。此數家的彼消此長，決定著中國傳統文化的基本特質與總體走向。後經不斷整合，至秦漢之際，逐漸形成了一個交匯包容的複合型格局。黃老思想就是這種獨具特色的文化類型之一。

　　司馬談在《論六家要旨》中指出：「道家使人精神專一，動合無形，贍足萬物。其爲術也，因陰陽之大順，采儒、墨之善，撮名、法之要，與時遷移，應物變化，立俗施事，無所不宜，指約而易操，事少而功多。」顯而易見，這裡所說的「道家」，已非純粹的或者說正統的道家，而是熔諸家於一爐的新道學──黃老道家。由於其最終亦以道而統之，故從本源上講，它與正統道學有著一脈相承的關係。

　　然自漢武帝「罷黜百家，獨尊儒術」之後，儒家思想就一直在中國古代社會佔據著統治地位，而道學本身在思想文化領域就不斷承受著或輕或重的不公正待遇。直到二十世紀初期，一些在學術上頗具影響力的大家名流，仍因崇儒思想作祟，自覺不自覺地搞模糊了道家始祖老子其人，並將其著述《老子》的成書時代推後，從而降低了老子在中國思想文化史上的開創性地位。不僅如此，還有一些學者步其後塵，只是依據片言支語，或少許的孤證，便將一部部道家著作視爲「後人僞作」，從而將其打入僞書的行列。加之直接記述黃老道學的著作又未得傳世，更有人藉此甚至否認黃老思想學派在中國思想文化史上的存在。這就使黃老道學長期處在遭受冷遇的尷尬境地。

　　值得慶幸的是，近三、四十年來，由於地下古代文獻的相繼出土，彌補

了古代思想文化史上的諸多空白，特別是遺失了兩千餘年之久的郭店楚簡本《老子》以及馬王堆漢墓《黃老帛書》的發掘面世，爲我們理清黃老思想的來龍去脈提供了可能。

雖然老子所留下的文字著述極少，但經他開創的道學卻能歷經磨難而不衰，一直沿續了數千年，這是因爲與其他富有生命力的學派一樣，其學說是一個多層次、不斷演進的開放型文化體系，而不是一成不變的教條。其傳承者們總是根據時代的要求，進行闡發和演繹，隨時補充以新的內容，使其學說不斷獲得生機，從而延續了學派的壽命。對道家，我們若異而視之，便有老學、莊學、黃老、玄學等分別，但若同而視之，又終究不離「道」這一主流脈絡。黃老思想正是道學在特定歷史時期的昇華與不同的表現形式。

近年來，黃老思想愈來愈受到重視與關注，一些頗有份量的論著已陸續問世，取得了可喜的研究成果。但由於人們習慣於就黃老而論黃老，對黃老思想前因後果的系統論述尚覺不足。對黃老思想與社會政治之間關係的研究，也未能恰如其分地將二者有機結合起來，仍不免給人以油水分離之感，以致諸多遺留問題尚待解決。譬如：黃老思想是怎樣在正統道學的基礎上衍生出來的？正統道家這個僅對理想社會進行過構思的學說流派，又是如何發展成爲秦漢之際政治上的指導思想，並進而在漢初的社會政治實踐中得以付諸實施的？這其中一次次的整合、演進、轉變過程又是如何得以實現的等等。有鑒於此，筆者不揣淺陋，試圖從政治文化的視角，對上述問題加以探討。

「政治文化」這一現代政治學概念，是美國政治學家加布里埃爾 A・阿爾蒙德 1956 年在《政治雜誌》上發表的《比較政治系統》一文中率先提出來的。他對「政治文化」是這樣界定的：

> 政治文化是一個民族在特定時期流行的一套政治態度、信仰和情感。這個政治文化是本民族的歷史和現在社會、經濟、政治活動的進程所形成。人們在過去的經歷中形成的態度類型對未來的政治行爲有著重要的強製作用。政治文化影響各個擔任政治角色者的行爲、他們的政治要求內容和對法律的反應。
>
> 政治文化影響著政治體系中每一個政治角色的行動。同時，由現存的政治結構所造成的機會和壓力也影響著政治體系中每一個政治角色的行動。同時，由現存的政治結構所造成的機會壓力也影響著那種政治文化。當人們邊學習邊行動並通過行動來學習時，文化和結

構、態度和行爲之間就不斷地發生相互作用。態度類型影響政治生活的正在進行中的活動，構成這些活動的基礎，同時也被這些活動所影響。〔註1〕

西方政治學家對這一概念有著不同的見解，其中以S‧韋伯的解釋較爲典型，他認爲「政治文化」是「由得自經驗的信念，表意符號和價值觀組成的體系，這個體系規定了政治行爲所由發生的主觀環境。」〔註2〕顯然，這是對原有概念的高度概括和縝密表述，故具有較高的認同度。不過，他所強調的似乎只是由「信念」、「價值觀」等所構成的特定政治氛圍或者說政治生態環境即「體系」對政治行爲的單方面影響。而高毅在所著《法蘭西風格——大革命的政治文化》〔註3〕一書《引言》中，又從這一特定文化的形成、及其與政治生活相互作用的角度，總結出了政治文化所具有的三個特徵：

（1）它專門指向一個民族的群體政治心態，或該民族在政治方面的群體主觀取向；

（2）它強調民族的歷史和現實的社會運動對群體政治心態的影響；

（3）它重視群體政治心態對於群體政治行爲的制約作用。

這就使「政治文化」的概念更加明晰了，它是一個強調歷史、現實、未來相互關係的系統，傳統經驗之積澱逐漸形成政治心態及價值取向，從而作用於現實政治行爲，並進而對未來政治走向產生影響。若與「政治學說」、「政治思想」、「政治哲學」等概念相比，它屬於「群體」、「社會」或「民族」，其中不僅包括「精英」，也包括「大眾」，「政治思想通常要在被人們普遍理解和接受，從而形成某種政治文化之後，才能對實際政治生活產生深刻影響。」〔註4〕

王惠岩在其主編的《政治學原理》一書中進一步指出：「政治文化主要研究不同民族和不同社會中，影響政治體系成員的政治價值觀念、政治認知、政治情感和政治態度的文化和心理等因素以及這些因素在政治生活中的作用。」〔註5〕從中不難看出，政治文化猶如政治社會的「靈魂」，它不僅支配

〔註1〕阿爾蒙德、鮑維爾合著：《比較政治學：體系、過程和政策》，曹沛林等譯，上海譯文出版社，1987年，第29頁。

〔註2〕《中國大百科全書》政治卷「政治文化」條。

〔註3〕浙江人民出版社，1991年。

〔註4〕陳蘇鎮《漢代政治與〈春秋學〉》，中國廣播電視出版社2001年3月版。

〔註5〕高等教育出版社，1999年，229頁。

人們的政治行為，指導政治實踐，還給予政治制度、政治決策以深刻的影響，並決定著政治動作的方式和政治發展演變的方向和道路。

政治文化作為社會政治意識形態，具有階級性、複雜性、相對獨立性、民族性、時代性或動態性和交彙性等特點。作為與政治有關的各個層面的精神現象，它包括政治心理和政治思想兩個層次，政治心理是政治文化的表層和感性部分，政治思想是政治文化的深層和理性部分。同時，政治文化要通過政治社會化過程而得以傳播、普及和延續，沒有政治社會化，政治文化不僅無法廣泛而持久地發揮其社會功能，還會因無法傳承而湮沒無存，因此政治社會化是政治文化發揮應有作用的必由之路。

政治文化概念的提出，拓展了人們思考問題的視角並突出了研究中應關注的重點環節。筆者正是試圖沿著治世學說源於現實社會，並伴隨著社會實踐的變遷而演進，只有當二者的互動趨於和諧一致時，這種作為社會意識的學術理論才有可能上陞為政治指導思想而作用於社會政治，而只有當政治指導思想進一步轉化為某種政治文化之後，才能在社會政治生活中充分體現出其價值的思路，對黃老思想的產生、形成、發展演進過程以及在漢初社會政治實踐中的作用等進行系統地論述。並力求在此基礎上，發掘出黃老思想的核心價值所在。

黃老思想把正統道家從遁世主義轉向了經世致用，從消極無為轉變為積極有為。其兼采百家之長，「無為而無不為」的治世哲學；既重視遵從客觀規律又強調充分發揮人的主觀能動性的方法論；既承認事物的對立統一，又認識到對立面可以轉化的辨證思維以及謙卑誠信、節儉省欲、慈惠愛人的倫理道德取向等，無不閃爍著理性的光輝。

在物質的、技術的、功利的追求佔據了壓倒一切統治地位而精神生活日益被忽視、被冷漠、被排斥與驅趕的狀況下，人很有可能步入馬爾庫塞所說的單面人的誤區，變異成為一種沒有精神追求與情感生活的單純的技術性和功利性動物的今天，將人們的靈魂從這種可怕的陰影籠罩之中拯救出來，使其免遭咀嚼，就成為時代的吶喊和擺在人文社科工作者面前的一項嚴峻而緊迫的任務。對傳統文化在進行反思的基礎上加以繼承與發揚光大，無疑有助於淨化民族心靈、豐富民族情感、振奮民族精神、實現民族復興。而對黃老思想這一傳統文化中的瑰寶更進一步地深入發掘與研究，也必然會在這一民族復興的偉大進程中發揮不可替代的積極作用。

　　筆者才疏學淺，自知難當此任，倘能收拋磚引玉之效，亦為幸事。文中不當與謬誤之處，還望專家、同仁不吝賜教、給予斧正。

# 第一章　黃老道家思想溯源

黃老思想是中國傳統思想文化園地中的一朵奇葩，曾在漢初的社會政治生活中一枝獨秀、大放異彩，並對後世產生了極爲深刻的影響。但長期以來，由於人們對傳統文化的理解，一直帶有很大的偏頗，孔孟之道以外的廣大思想園地，總是受到有意無意的忽略，以致人們對黃老思想的來龍去脈知之甚少。實際上，黃老思想與正統道家同源異流，二者之間存在著血水相溶的關係，故欲對其溯源探流，還須從「道」說起。

## 第一節　「道」的緣起

### 一、「道」在先秦時期的不同含義

如今一提起「道」，人們不得不感歎其含義的豐富，以致自然而然地會與途徑，眞理，道德準則，政治主張，思想體系，宇宙的本原和規律，社會人事應遵循的法則以及圍繞著「道」建立起其學說體系的道家（後來的道教）等相聯繫。但實際上，「道」起初並非哲學概念，其向哲學範疇的演進與轉化，有著一段相當漫長而曲折的歷程。

「道」最初的本義是路、道路。《易經·履》卦十、九二爻說：「履道坦坦。」意爲行走的大路平坦坦。《詩·小雅》也說：「周道如砥，其直如矢。」用以描述道路的平坦筆直。還說「有棧之車，行彼周道。」周道即大路。《呂氏春秋·悔過》亦有「鄭人弦高、奚施將西市於周，道與秦師」句，指的也是路、道路。故許愼在《說文解字》中說「道，所行道也。從辵首。一達謂之道。」可見「道」原本只是指一條通達的大路。「道」字的構成就足以說明

這一點：「道」由「辶」（辵，念 chuò）和「首」組成，「辵」，上爲「彳」（念chì）下爲「止」，「彳」，甲骨、金文是左邊半個十字路口形（右邊半個十字路口形爲「亍」），小篆像人的股、脛、足相連，人走路要大腿、小腿、腳連動，所以，「彳」與行走有關。「止」，上爲腳指，下像腳掌，就是人的足，是「趾」的本字，所以，「辵」義即行走。「首」，就是人頭，象形，上爲頭髮，下爲面部，用以表聲。故「道」的本義就是人行的道路，「一達謂之道」，就是一條直達目的地的大道。

不過，先秦時期，道還被引申出如下一些不同涵義：

1、路程。《荀子・修身》：「道雖邇，不行不至。」《孫子・軍爭》：「日夜不處，倍道兼行。」句中的「道」即指路程。

2、途徑、方法、技藝。《論語・里仁》：「富與貴，是人之所欲也，不以其道得之，不處也。」《孟子・離婁上》：「得天下有道，得其民，斯得天下矣。」《荀子・榮辱》：「好榮惡辱，好利惡害，是君子、小人之所同也，若其所以求之之道則異也。」此數句的「道」，顯然指的是途徑與方法。《莊子・達生》篇說：「仲尼適楚，出於林中，見佝僂者承蜩，猶掇之也。仲尼曰：『子巧乎！有道也？』」其意是說，孔子見駝背老人捉蜩如拾物，稱讚其有絕招。又《論語・子張》曰：「雖小道，必有可觀者焉。」其中的「道」，無疑也是絕招、技巧之意。

3、規律、事理。《易經・說卦》：「立天之道曰陰與陽，立地之道曰柔與剛，立人之道曰仁與義。」《莊子・養生主》：「庖丁釋刀對曰：臣之所好者，道也。」《荀子・天論》「倍道而妄行，則天不能使之吉。」這裡所說的道，顯然指的是規律、事理。

4、學說、主張。《論語・里仁》記載孔子的話說：「吾道一以貫之哉」，就是對其學說、主張用「忠恕」二字進行高度概括的。《孟子・滕文公上》曰：「從許子之道，則市賈不貳，國中無僞。」又說「陳良、楚產也，悅周公、仲尼之道，北學於中國。」其中的「道」，無疑是指其學說、主張。

5、道義、正道。《論語・季氏》：「天下無道，則禮樂征伐自諸侯出。」《論語・顏淵》：「季康子問政於孔子曰：『如殺無道，以就有道，何如？』孔子對曰：『子爲政，焉用殺？』」《戰國策・東周策》：「夫秦之爲無道也，欲興兵臨周而求九鼎。」《韓非子・外儲說左上》：「吾聞宋君無道，蔑侮長老，分財不中，教令不信，余來爲民誅之。」其中的「道」皆指道義、正道，而無道則

適得其反。

6、說、談論。《論語・憲問》：「夫子自道也。」《孟子・梁惠王上》：「仲尼之徒無道桓文之事者，是以後世無傳焉。」以上皆爲說與談論顯而易見的適例。

7、治理。《論語・學而》記載孔子的觀點說：「道千乘之國，敬事而信，節用而愛人，使民以時。」意即治理千乘的國家，應謹慎、認真地處理事宜，誠信無欺，節約費用，愛惜民力，根據時節役使百姓。此處的「道」，顯係治理之意。

8、祭路神。《禮・曾子問》有「道而出」一句，清人孫希旦集解曰：「道，祭行道之神於國城之外也。」即祭祀路神而後外出。

除上述而外，「道」還被引申出引導、疏導，從由、經由、原由等一系列涵義，儘管其含義眾多，但與宇宙的本源及特定的道家這類哲學概念卻沒有直接的聯繫。不過，正是由於其所具有的豐富含義，使其向哲學概念的轉變成爲可能。

那麼，道是怎樣演化成爲哲學範疇的呢？這則需要從古人對自然與人類社會的體認談起。

## 二、「道」向哲學概念的演進

早在原始公社時期，由於生產力水平低下，人們對自然界的變化和災害無法預測，無法抵禦，便產生了盲目的自然崇拜，以爲有一種精神力量支配著人間禍福，他們把這種力量稱之爲「神」。

進入奴隸社會後，隨著地上王權的建立，人們又給神賦予了人格化的內容，認爲天上有上帝，地上有君王，於是出現了對上帝的崇拜。統治者更是把這種原始宗教迷信轉化爲服務於奴隸主貴族利益的有效工具。他們把自己打扮成上帝的代言人，稱爲天子，以宣傳上帝的至高無上性來維護王權的絕對權威。如《詩經・商頌》就說：「帝立子生商。」其意是說商王是上帝之子，代表上帝來統治人民。《尚書・多士》也說：「非我小國，敢弋殷命，唯天不畀。」認爲周取代商是由上天決定的。這種觀念視宇宙蒼穹神秘莫測，必有決定人類命運的有意志的上帝（或上天）存在，按其法則主宰人類，人們只能遵循而不可違背其準則。正如《詩・大雅・烝民》所說：

天生烝民，有物有則；民之秉彝，好是懿德。

孟子在解釋這首詩時，引孔子的話說，「爲此詩者，其知道乎！有物必有則，民之秉彝也，故好是懿德。」〔註6〕其意是說：作這篇詩的人，眞懂得道呀！有事物便有它的規律；老百姓把握了這些固有的成規，所以喜愛優良的品德。既然一切現象都有現成的常規可依，也就是孔子所說的有「道」可循，所以人們就沒有必要識古知今，一切順從上天的法則就行了。用《詩‧大雅‧皇矣》的話說，即「不識不知，順帝之則」便萬事大吉了。

《尙書‧皐陶謨》也記錄了古人的這一認識歷程：

> 天工，人其代之，天敍有典，敕我五典五惇哉。天秩有禮，自我五
> 禮有庸哉……天命有德，五服五章哉，天討有罪，五刑五用哉。

這就十分明確地認定，人間的一切典章制度都是天給予的，是天通過人而製定的，都是天道的體現。這種「以天爲宗，以德爲本」的天德主體意識一直延續到了春秋時期。

隨著社會生產的發展和人對自然界認識的加深，到春秋中葉，才正式出現了「天道」這個帶有某種哲學含義的概念。不過此時的所謂「天道」，實際上與「天命」之類的上天主宰一切的傳統思想相差無幾。如《左傳》文公十五年（西元前612年）曰：

> 季文子曰：「齊侯其不免乎？已則無禮，而討於有禮者，曰：女何故
> 行禮？禮以順天，天之道也。」

從這裡所講的「天之道也」，還絲毫看不出哲學上的意蘊，仍然是對天的一種盲目崇拜。可是約20年後的宣公十五年（西元前594年），這個詞的含義就有所不同了：

> 川澤納污，山藪藏疾，瑾瑜匿瑕，國君含垢，天之道也。

此處的「天之道也」，已含有某種自然法則在其中了。

春秋末年，由於周王朝的衰落和統治階級內部的紛爭，人們對地上王權的至上性產生了懷疑，同時，也引發了對上天信仰的動搖。如《詩經‧大雅》說：

> 蕩蕩上帝，下民之辟。疾威上帝，其命多辟。

這已公然指責上帝「蕩蕩」（荒唐）、「疾威」（兇暴），作爲下民的君王（「下民之辟」），教令多有不當（「其命多辟」）。《詩經‧小雅》也說：

> 不弔昊天，亂靡有定。

---

〔註6〕《孟子‧告子上》。

這是在詛咒老天不做好事（「不弔」），降下了禍亂，使人世不得安寧。對所崇拜上帝的失望，促使人們不再盲目迷信，開始對天體、自然界運行變化的客觀規律進行探索，力圖尋求事物間的某些固有法則，以便趨利避害。

經過不懈地努力，人們的認識水平終於有了質的變化。《左傳》昭公九年（西元前 533 年）鄭國裨竈在向子產解釋「五年陳將復封，封五十二年而遂亡」的原因時如是說：

> 陳，水屬也；火，水妃也。而楚所相也，……歲五月及鶉火，而後
> 陳卒亡，楚克有之，天之道也。故曰五十二年。

昭公十一年（西元前 531 年）的《傳》也說：

> 景王問於萇弘曰：「今茲諸侯何實吉？何實凶？」對曰：「蔡凶。此
> 蔡侯般弒其君之歲也，歲在豕韋，弗過此矣。……歲及大梁，蔡復，
> 楚凶，天之道也。」

這其中雖仍含有極濃的迷信色彩，但畢竟都在嘗試用五行星宿之運轉來解釋「天之道」，這就使「天」從神一步步走向自然。天文學家還根據天地運行的規則推算月蝕，從而創造了較為準確的曆法，並力圖用客觀事物的規律性來說明自然變化及社會倫理現象。周太史伯陽父在解釋地震的原因時說：

> 夫天地之氣，不失其序。若過其序，民亂之也。陽伏而不能出，陰
> 迫而不能烝，於是有地震。〔註7〕

他認為天地的運行變化具有一定秩序，違反了這個秩序就會出現災異，從而引起民亂。地震的原因就在於錯亂了陰陽二者的固有秩序。這一認識無疑具有跨越性，其進步意義是不言而喻的。

基於對自然界認識的漸次加深，鄭國大夫子產便大膽提出了「天道遠，人道邇，非所及也」的著名觀點。〔註8〕認為天體運行的規律與人事變化的具體法則一遠一近，並無直接聯繫。之所以發生關係，是人們認識和掌握了一定的自然規律，有意識地用以推衍人事，謀求天時、地利、人和的結果：

> 夫禮，天之經也，地之義也，民之行也。天地之經，民實則之……
> 哀樂不失，乃能協於天地之性，是以立久。〔註9〕

即社會禮儀是遵照天地法則製定的，只有按照自然規律辦事，才能安時而處

---

〔註7〕 《國語・周語》。
〔註8〕 《左傳》昭公十八年。
〔註9〕 《左傳》昭公二十五年。

順，哀樂有序，長居久立。

越國大夫范蠡對此講得更爲清楚明白：

> 天道皇皇，日月以爲常。明者以爲法，微者則是行。陽至而陰，陰
> 至而陽；日因而還，月盈而匡。〔註10〕

這就已經認識到了日月天體是按交替和轉化的法則運行的，陽極而陰，陰極
而陽，日落而又出，月圓而又虧，循環往復，無有止息。因而他進一步指出：

> 必有以知天地之恒制，乃可以有天下之成利。〔註11〕

就是說人們只有認識和掌握了天地變化的規律性，才能順其自然，舉措得當，
從而獲取應有的成效和利益。

在對客觀事物的規律愈來愈深刻的體悟中，古人借行走之道的名稱來形
象具體地表述抽象的法則，把天體運行的軌道、法則稱爲天道，把人事應遵
行的法則稱爲人道，以表示法則的必須經由、順行、遵循之意。這就從兩個
方面爲道轉化爲最高哲學範疇提供了條件：一是萬事萬物無不依其道而行；
二是所有事物的運行既然均由其道決定，那麼道就被賦予了某種宇宙本原的
含義。

如上所述，春秋末期人們對上帝、上天的信仰發生了動搖，曾有過以自
然界的天地爲本原的思想因素，在關於自然法則的言論中已含有這種成份，
伯陽父以天地之氣解釋地震，將其作爲衡量自然界是否平衡、和諧的基礎；
鄭子產以天地之經儀爲人們行事的規則；范蠡以遵從天地之恒制爲人事成功
的原由，並說「人自生之，天地形之，聖人因而成之」，「唯地能包萬物以爲
一，其來不失。生萬物，容畜禽獸，然後受其名而兼其利。」〔註12〕認爲天
地包容萬物，畜養禽獸，人類順應天地才可養身、成事。這種以天地爲世界
本原的思想因素反映了人類思維從幻想的上帝世界向現實世界轉化的趨向。
但由於天地是具體的存在物，具有一定局限性，無法作爲多種多樣、千變萬
化的物質世界的根據，這便促使人們去進一步探索新的本原。

在天文學還處在幼年時期，地質學尚沒有產生的情況下，這一責任就歷
史的落在了上古哲人們身上，他們只能利用人類已達到的抽象思維能力，力
圖用推理的方法回答當時還不可能給以科學解答的問題。根據「反者，道之

---

〔註10〕《國語・越語》。
〔註11〕《國語・越語》。
〔註12〕《國語・越語》。

動」即一切事物都向相反方面轉化的法則，他們推測，上帝及天地之前一定存在一種既非上帝，又非天地的東西。上帝及天地在人們的心目中具有一定形象，彼此可以分辨開來，都可以用言語加以表達；而與上帝、天地根本不同的東西，就應該什麼形象也沒有，什麼界限也沒有，應該是「混成」的東西，應該是難以用語言表達的東西。在非用名稱表達不可的情況下，只好根據它存在於上帝之先、天地之先的地位，根據它產生上帝、產生天地、作爲上帝及天地之由來的作用，而故且將其稱之爲「道」。

由此可知，「道」從一開始便與人類的生活、生產等社會實踐密切相關，是人們認識自然、意欲利用自然服務於人類這一艱難過程的客觀反映，而並非純粹的形而上的邏輯思辨。它向哲學範疇的演進，一方面得益於對人類實踐經驗的總結，另一方面也源自對神學政治的醒悟與批判。

## 第二節　「道」的奠基

學界雖然認同早期越地之范蠡、計然與後來的「道家」有淵源關係，但由於相關資料已殘佚不齊，現存的零星片斷，也難以確定有多少是當時思想的孑遺，有多少經過後人想像，所以我們只能知道，在春秋戰國之際，已經有一些出自天象陰陽之術的哲理在逐漸形成，從天道來思考問題的古道者之學已初具雛型。《國語·越語下》中的范蠡思想，《越絕書》中的《計然》等，多少都有些半是陰陽數術、半是道者的色彩，他們把對宇宙天地的揣摩和理解，作爲自然與社會知識的基礎和依據，其最後的落腳處，還是在以「天道」確認那些解決現世問題的知識的權威性。但要具體而詳細的探討其思想，卻無法進行。而第一個也是第一次提出宇宙本體論模型的人是老子。正如李澤厚先生所說：「有關天道的觀念在中國古代由來久遠，但在《老子》這裡終於得到了一種哲學性質的淨化或純粹化。」〔註13〕張岱年先生也說：「老子是中國古代哲學本體論的創始者」，「道是老子本體論的最高範疇。」〔註14〕可見老子對中國古代「哲學的突破」有著不可磨滅的功績。

### 一、老子及其著述辨僞

這雖是一個老掉牙的問題，但若不弄清這一問題，「道」產生的緣由就有

---

〔註13〕李澤厚：《中國古代思想史論》，人民出版社 1986 年版，第 29 頁。
〔註14〕張岱年：《論老子的本體論》，《社會科學實踐》1994 年第 1 期，第 99 頁。

可能被曲解，從而使「道」陷於無源之水、無本之木的境地，「道」的奠基便無從談起。也只有到近些年來，隨著考古資料的重大發現，該問題才有可能獲得令人信服的解答。

老子是哪個時代的人？《老子》又成書於何時？老萊子、太史儋與老聃是否是同一個人？這一連串的問題，就連兩千年前博學多識的司馬遷也未能說清，以至鑄成了千古懸案。

司馬遷之後，不斷有學者叩問、探索這些問題。不過，只是提出了更多的猜測、更多的疑問罷了。關於老子其人其書時代的爭論，就這樣一直延續了下來。

近世參與爭論者多為大家泰斗，其中最具影響力的觀點是春秋說和戰國說，也有主張人在春秋、書在戰國者。至於老萊子、太史儋與老聃的關係，斷言其為同一人者有之，認定各有所屬、并非一人者亦有之。如主張老子在孔子之前，《老子》一書成書於春秋末年的有郭沫若、呂振羽、高亨、張岱年、陳鼓應等先生；主張《老子》成書於戰國時期的有王國維、梁啓超、馮友蘭、侯外廬等先生；主張《老子》成書於秦漢之間或漢文帝之時的有顧頡剛、劉節等先生。但終因證據不足，難得其究，使問題依舊。於是，人們不得不寄望於王國維所說的以「地下之新材料」印證「紙上之材料」的「二重證據法」，即期待考古方面的新發現來解決問題了。

1973 年馬王堆漢墓帛書《老子》甲乙本的出土，立即引起轟動，理所當然地受到學界的高度關注。然而，儘管人們從中找到了某些新的線索、證實了若干舊的說法，但在興奮之餘，並未發現從根本上解決難題的鑰匙。

正當學人們又一次失望而欲將問題再次擱置時，1993 年，也就是在馬王堆帛書發現整整 20 年之後，湖北荊門郭店楚墓竹簡《老子》得以出土面世，這一石破天驚的考古重大發現，為了結老子及《老子》疑案提供了諸多力證。

長期以來，「老子」一名的具體所指混亂不堪，因而我們有必要首先對其加以澄清。

《史記‧老子列傳》曰：「老子者，楚苦縣厲鄉曲仁里人也，姓李氏，名耳，字聃，周守藏室之史也」，又說：「孔子適周，將問禮於老子」；並在《孔子世家》中呼應道：「魯南宮敬叔言魯君曰：請與孔子適周。魯君與之一乘車、兩馬，一豎子俱，適周問禮，蓋見老子云。……孔子自周反於魯，弟子稍益進焉。」在《仲尼弟子列傳》中更進一步指出：「孔子之所嚴事：於周則老子，

於衛蘧伯玉，於齊晏平仲，於楚老萊子，於鄭子產，於魯孟公綽。」孔子問禮於老聃之事，除《史記》所載而外，還被《呂氏春秋》、《禮記》、《大戴禮記》等多種古籍記錄在案。這足以說明生活時代略早於孔子、姓李名耳字聃的老子的存在是不容置疑的！

　　然而，韓愈、崔述、梁啓超等人，由於加雜著尊儒抑道、尊孔抑老的學派偏見，硬說孔子師事老子幾近子虛烏有。本世紀前半葉的疑古派又將這一偏見擴展到對《史記・老子列傳》的無端懷疑甚至全盤否定，把老子極力置後，使其人與其書分離，並讓《史記・老子列傳》中附論的老萊子、太史儋與姓李名耳字聃的眞老子攪合起來，在老萊子、太史儋、老子與《老子》之書四者之間構成了多種奇妙的組合，〔註15〕就是不肯回到《老子列傳》的正常敘述中來。

　　關於老萊子其人，只要我們細心體會一下司馬遷嚴謹的治學態度，感受一下其縝密的敘史筆法，就不難將其與老子分辨開來：

　　　　或曰老萊子亦楚人也，著書十五篇，言道家之用，與孔子同時云。
〔註16〕

在歷史的長河中，有人可能把老萊子亦稱作「老子」，並因皆楚人，結果搞混了。但司馬遷卻是清楚的，文中一個「亦」字，已把老萊子的身份與姓李名耳字聃的老子區別了開來。而「於周則老子……於楚老萊子」更是把曾出仕於周的老聃與無此經歷的老萊子區分的一清二楚。且老萊子「著書十五篇，言道家之用」，與老子「著書上下篇，言道家之意」〔註17〕也不吻合。是非曲直，一目了然。如此涇渭分明的兩個人怎容混淆！故班固在做《漢書・藝文志》時將《老萊子》一書單列，顯然也未將二人相混。

　　至於太史儋，《史記・老子列傳》有這樣一段記載：

　　　　自孔子死之後百二十九年，而史記周太史儋見秦獻公曰：「始秦與周
　　　　合，合五百歲而離，離七十歲而霸王者出焉。

這段文字明確是指太史儋，並不含混。只是所記太史儋見秦獻公一事的時間有出入，因而引起了諸多不必要的爭議。

　　孔子卒於西元前 479 年，後推 129 年爲西元前 351 年（古人推算年數一

---

〔註15〕參見羅根譯《諸子考索》，北京，人民出版社，1958 年 2 月版。

〔註16〕《史記・老子列傳》。

〔註17〕《史記・老子列傳》。

般將第一年與最後一年皆計入），時爲秦孝公十一年，而非獻公之世。《史記
集解》引徐廣曰：「實百一十九年。」據此推算，乃孝公元年，仍非獻公之世。
那麼，如何解決這一明顯的矛盾呢？所幸《史記‧秦本紀》提供了一條重要
線索：

> 獻公……四年正月庚寅，孝公生。十一年，周太史儋見獻公曰：「周
> 故與秦國合而別，別五百歲復合，合（七）十七歲而霸王出。」

文中所記太史儋見秦獻公時之說辭與《老子列傳》大同小異，顯爲同一件事。
從其文義看，是指獻公十一年，即西元前 374 年。從《老子列傳》「史記周
太史儋見秦獻公」之語看，其「自孔子死之後百二十九年」這個時間是根據
秦國史記推算出來的。郭沂先生對該年時間記載上的正訛極爲獨到，茲引述
如下：

> 原來，司馬遷在查閱秦國史記時，涉上文「孝公生」三字誤獻公十
> 一年爲孝公十一年了。而孝公十一年上距孔子卒恰一百二十九年，
> 因而出現了「自孔子死之後百二十九年」這一訛誤。故「百二十九
> 年」當爲「百有六年」。

> 這一時間亦可證之以《史記‧封禪書》。在該篇中，史遷在記述了太
> 史儋見秦獻公一事後接著說：「其後百二十歲而秦滅周」。秦滅周的
> 時間爲西元前二五六年，上推一百二十年爲西元前三七五年，與獻
> 公十一年僅差一年，而「百二十歲」之說只是個約數。〔註18〕

這就將太史儋其人的生活年代完全限定了，怎容與時代遠不相及的老子互
混！以此作爲推後老子生存年代的依據顯然是站不住腳的。其實，司馬遷在
《老子列傳》中對此二人已有甄別：「或曰儋即老子，或曰非也，世莫知其然
否。老子，隱君子也。」可見，司馬遷亦知聃與儋音通，且二人同爲史官，
又都到過秦國，有諸多相似之處，容易引起混亂，故特別強調「老子，隱君
子也」，以與遊秦而干世主的太史儋加以區分。

關於《老子》一書，在《老子列傳》中明確談及的只有下面一段：

> 老子修道德，其學以自隱無名爲務，居周久之，見周之衰，乃遂去。
> 至關，關令尹喜曰：「子將隱矣，彊爲我著書。」於是老子乃著書上
> 下篇，言道德之意五千餘言而去，莫知其所終。

---

〔註18〕參見郭沂《楚簡〈老子〉與老子公案》，《郭店楚簡研究》（《中國哲學》第二
十輯）遼寧教育出版社，2000 年 1 月第 2 版。

從其記述看，「言道德之意五千餘言」的「上下篇」，所指無疑爲今本《老子》即《道德經》。

這個著書的老子又是誰呢？《老子列傳》中涉及到的有老聃、老萊子和太史儋三人。如前所述，老萊子另有其著，已被排除在外。故此處的老子非老聃即太史儋。歷來學者都認爲是老聃，實則不然。

其一，春秋末年，周雖已衰弱，但仍爲天下共主，故老聃離周出關的理由並不充分。而進入戰國後，周王朝已失去天下共主的地位，在政治上只作爲一個小國而苟延殘喘，身爲史官的太史儋敏銳地覺察到，周的滅亡與秦的崛起都是不可避免的。這正是太史儋離周入秦並爲秦統治者出謀劃策的原因。

其二，這裡所說的老子離周出關與「周太史儋見秦獻公」一事相符，當爲同一人。今本《老子》中的君人南面之術也多與太史儋遊說於諸侯的身份一致，其貶黜儒家之言論更與秦尊法非儒的傳統相吻合。

其三，關於函谷關設置的年代，汪中在其《老子考異》中已有確考：

> 函谷之置，書無明文，當孔子之世，二崤猶爲晉地；桃林之塞，詹瑕實守之。惟賈誼《新書・過秦論》云：「秦孝公據崤函之固。」則孝公以前，秦已有其地矣。秦自躁、懷以後，數世中衰，至獻公而始大。
> 《秦本紀》獻公二十一年，與晉戰於石門，斬首六萬；二十三年，與晉魏戰於少梁，虜其將公孫痤。然則是關之置，實在獻公之世矣。

獻公之世正與太史儋生活時代吻合，而與老聃時代已相去甚遠。

由此看來，太史儋正是今本《老子》即《道德經》的作者，過去那種認爲太史儋無著述的觀點是不正確的。

如此推論下來，姓李名耳字聃的所謂眞老子反倒沒有了著作，他若未著《老子》一書，其「老子」的稱謂又從何而來？這無疑會引起人們的極大困惑。如果沒有郭店竹簡本《老子》的面世，這一問題是無法作答的。所以，在此有必要先簡略談談郭店竹簡本《老子》的情況。

1993 年冬郭店竹簡本《老子》的出土，是繼 1973 年馬王堆帛書《老子》出土之後的又一重大發現。在竹簡本《老子》（三組）面世之前，帛書《老子》兩種被學界公認爲所見到的最古老的《老子》抄本。竹簡本《老子》的發現，使人們又看到了比帛書本更早的另一種《老子》傳抄本，這不能不說是一個令人意想不到的重大收穫。道家老學的研究也因此被推向了一個新的高度。

如果我們對《老子》竹簡本、帛書本及今本略加比較，即不難看出竹簡本、帛書本、今本各有所不同，竹簡本與帛書本較為接近，有更多的共通之處，而與今本卻相距稍遠。竹簡本、帛書本、今本之間似有一個發展演變的過程。

首先在篇次上，竹簡本無《德篇》、《道篇》，或上篇下篇的區分。帛書乙本有《德篇》、《道篇》的篇名區分，且《德》篇在前，《道》篇在後。帛書甲本雖無篇名，但《德篇》部分在前，《道篇》部分在後，故與乙本同。今本（王弼本）有上篇下篇的區分，上篇為《道經》，下篇為《德經》。可見竹簡本不同於帛書本與今本，三者之間的關係當是：先有竹簡本的不分篇，後有帛書《德》前《道》後的分篇，再有今本《道》前《德》後的上下篇。不過，先「德」後「道」與先「道」後「德」，只是古代按照「下上觀」與「上下觀」排列合書時的形式。西漢以前人稱下上，不稱上下。甲骨文上下二字連刻作「下上」；《周易》別卦是先下卦而後上卦，如乾卦順序為乾下乾上；卦由六爻組成，也是由下往上起讀，經卦三爻亦如此。這也許正是西漢以前人們所持「下上觀」的依據。因為一切成數的讀法都必從下往上起讀，則凡既成事物亦以下上觀之，就是很自然的了。則《德經》列前仍為下篇，《道經》列後仍屬上篇，是古人按下上觀排列全書把《德經》放在上面的。西漢以後採取上下觀，把「道經」放在前面，就約定成俗了。〔註19〕這可作為先有竹簡本、後有帛書本、再有今本的線索之一。

再從竹簡本不含今本中那些高遠玄虛之論、貶抑儒家之語、南面權謀之術等內容方面的情況看，其意蘊精純，前後一貫，具有獨特的思想體系，顯係一人之手筆，是一個更為原始的傳本，茲列舉依據如下：

其一，竹簡本的語言、觀點皆淳厚古樸，甚至連今本中經常出現的「玄」、「奧」等令人難以把握的字眼都沒有，而今本中較為玄奧的章節、段落更不見於竹簡本。如講「道可道非常道」、「玄之又玄，眾妙之門」的一章；講「谷神不死，是謂玄牝」的六章；講「滌除玄覽」、「是謂立德」的十章；講「無之以為用」的十一章；講「是謂無狀之狀，無物之象的十四章；講「道之為物，惟恍惟惚」的二十一章等等，共計涉及今本八十一章中的 16 章，這決非偶然現象，而反映的是竹簡本初創時篤實質樸的原貌。

〔註19〕參見張吉良《老聃〈老子〉太史儋〈道德經〉》，齊魯書社，2001 年 9 月第一版，第 3 頁。

其二，君人南面之術是老子研究中爭議較大的一個問題，有人以此作為《老子》後出甚或偽書的依據。但這個問題在竹簡本中是不存在的。竹簡本的「聖人之在民前也，以身後之；其在民上也，以言下之」一段，在王弼今本中為「是以欲上民，必以言下之；欲先民，必以身後之」，在帛書本中為「是以聖人之欲上民也，必以其言下之；其欲先民也，必以其身後之。」依竹簡本之意，「聖人之在民前」、「在民上」乃是其「以身後之」、「以言下之」的自然而然的結果；但王弼本與帛書本的幾個「欲」字表明，聖人「以言下之」、「以身後之」只不過是其為了達到「欲上民」、「欲先民」之目的所採取的手段、權術而已，即後人所謂的君人南面之術。這就是說，前者體現了無為的精神，後者則落入了有為的層面。無獨有偶，凡今本中那些內含權術的章節恰巧皆不見於竹簡本。這包括有講「不尚賢，使民不爭」的三章，講「非以其無私邪？故能成其私」的七章，講「天下神器，不可為也」的二十九章，講「將欲歙之，必固張之」、「國之利器不可以示人」的三十六章，講「古之善為道者，非以明民，將以愚之」的六十五章等等。難道這些都是事出偶然嗎？

其三，竹簡本中極少有與儒家倫理觀念針鋒相對的文字，凡今本中那些明顯否定儒家倫理觀念的段落在竹簡本中皆有異文或文字上的增減。如今本十九章的「絕聖棄智」、「絕仁棄義」在竹簡本中為「絕智棄辯」、「絕偽棄詐」。雖僅幾字之差，但意思已全然不同。而今本六十三章的「報怨以德」在竹簡本中相應的部分根本就不存在。由此看來，竹簡本並沒有像今本那樣否定聖、仁義、孝慈、忠等儒家所倡導的倫理範疇，並沒有像今本那樣似有所指的提出與孔子「以直報怨」相對立的「報怨以德」之觀點。與此同時，今本其他與儒家倫理觀念相牴觸的幾章也恰好不見於竹簡本。它們是講「不尚賢，使民不爭」的三章，講「天地不仁」、「聖人不仁」的五章，講「失道而后德，失德而後仁，失仁而後義，失義而後禮。夫禮者，忠信之薄而亂之首」的三十八章等。這就使那些先有儒家倫理學說，其後才有老子的批評抵毀，從而推斷老子及其著述晚出的觀點再也無法自圓其說了。另一個值得注意的現象是，有、無的「無」字，在竹簡本中除《丙》組裏與今通行本四十六章相對應的部分用「無」字外，其餘一概用「亡」字。「亡」與「無」意雖相同，但竹簡本為何用「亡」而不用「無」呢？這對我們認識竹簡本的時代也不無幫助。根據劉翔先生的考證，「無」字雖然在甲骨文裏就已出現，但早期表示「無」

的意思時，是用「亡」而不用「無」。直到戰國末年，「亡」、「無」分家，「亡」才專指「逃亡」、「死亡」，「無」則專指「有無」之「無」。〔註20〕龐樸先生對此也有研究，他認爲秦以前尚沒有「无」字，表示「有無」之無，是用「亡」或「無」。〔註21〕「无」字是否像龐先生所說出現的那麼晚，雖難以完全確認，但「亡」表示「無」意在先，則是不用置疑的。據此斷定竹簡本時代比所見其他諸本均早，還是有說服力的。

據專家研究認定：一號楚墓的墓葬時間，是在西元前 300 年左右，據此，竹簡的抄寫時間理應還要早一些，而竹簡本所記內容的成書時間則更早。因爲除上述所列證據之外，還有不少蛛絲馬迹可證。實爲太史儋之書的今本《老子》是由字數僅二千餘言的竹簡本發展而來。

首先，竹簡本內容皆見於今本，這說明今本是將竹簡本悉數納入改造而成，在改造加工過程中，至少留下了以下明顯的痕迹。

一是在內容上，由於今本與竹簡本的思想不一致，所以儘管今本對竹簡本的文句作了一些篡改，但仍不免造成一些矛盾。如它一方面否定孝慈：「六親不和，有孝慈」（十八章）；另一方面又肯定之：「絕仁棄義，民復孝慈。」（十九章）。一方面否定聖：「絕聖棄智，民利百倍」（十九章）；另一方面又在多處頌揚聖人：「是以聖人後其身而身先，外其身而身存」（七章），「聖人用之，則爲官爲長」（二十八章），「是以聖人執左契而不責於人」（二十九章）等等。

二是在文本上造成了一些不必要的重複。如竹簡本的「閉其兌，塞其門，和其光，同其塵，挫其銳，解其紛，是謂玄同」一段，分別見於今本的四章和五十六章；竹簡本的「物狀則老，是謂不道」分別見於今本的三十章和五十五章等等。這些皆由今本在重新編排竹簡本時不夠嚴謹所致。

三是先秦古籍的最終定型，往往要經歷一個相當長的時期，中間會有人不斷的增補，而補充的部分通常被置於原始部分之後。今觀竹簡本《老子》，其內容分別見於今本者，共計三十一章，經查皆存於第六十六章之前，而今本六十七章至八十一章這整整十五章中，沒有簡本的任何蹤影，這也不應該是偶然的現象！

四是今本的章次亦相當雜亂，章與章之間大多缺乏內在聯繫，有些地方

〔註20〕參閱劉翔《中國傳統價值觀念詮釋學》第 224 頁，上海三聯書店，1996 年。
〔註21〕參閱龐樸《一分爲三——中國傳統思想考釋》，海天出版社，1995 年版。

甚至風馬牛不相及，生拼硬湊的現象相當明顯。而竹簡本的分篇則優於今本，排列在一起的段落文字往往擁有一個共同的主題。竹簡本的甲、乙、丙三組，可視爲上、中、下三篇，以上篇爲例，依次提出「絕智棄辯」、「絕巧棄利」、「絕僞棄詐」等觀點並從不同角度加以論證；爲了確保其論據的無懈可擊，進而從「道」的高度來闡明「視素保樸，少私寡欲」的必要性與合理性；最後指出守道歸樸必將在各個方面產生良好的效果。而今本則不然，將上述內容散置於二、五、九、十五、十六、十九、二十五、三十、三十二、三十七、四十、四十四、四十六、五十五、五十六、五十七、六十三、六十四、六十六各章之中，嚴重破壞了上下文之間自身的有機聯繫。

五是章次的混亂導致了內容的割裂。如對應於今本十七、十八兩章的中間，竹簡本中有一個連詞「故」字，這說明竹簡本此處是不分章的。今觀其文義，「大上下知有之，其次親譽之，其次畏之，其次侮之」一段是講大道之行的狀況。「故大道廢安，有仁義。六親不和安，有孝慈。邦家昏亂安，有正臣」一段是講大道廢後的情形，二者彼此呼應，前後連貫，兩相對照、互爲依託，渾然一體。而今本將其分爲兩章，硬是割斷了其本應相連的內在邏輯關係。又如今本四十五章「大成若缺，其用不弊」一段，原本是論述某些超越的性質與其外在表現看起來好像相反，但卻瑕不掩瑜。而「躁勝寒，靜勝熱，清靜爲天下正」一段卻說清心靜氣可以使天下安定，完全是兩個不同的話題，它們在竹簡本中析爲兩篇，非常合理，但今本卻合而爲一，實爲不類。再如今本六十四章以「其安易持，其未兆易謀，其脆易泮，其微易散。爲之於未有，治之於未亂」開頭的上段分析事物的內在特點並提出爲之於未有，治之於未亂的應對之策，寓有防患於未然的深意。而以「爲者敗之，執者失之。」開頭的下段則論無爲故無敗，無執故無失。議題完全不同，真可謂牛頭不對馬嘴。原來，它們在竹簡本中不但爲兩章，而且根本就不在一處，今本將它們硬湊到一起，尤顯不倫。此類例證，還有許多，恕不贅舉。

綜上所述，我們已經基本上可以勾勒出從竹簡本到今本這一演變過程的大致輪廓：

在文本上，今本一是將原本的上、中、下三篇改爲道經、德經兩篇；二是重新調整組合章次；三是更改增刪文字；四是將新的文字段落加入原有各章；五是增加大量新章。尤其是通過後兩種方式，使今本擴大到相當於竹簡本大約一點五倍的篇幅。

在思想內容上，今本滲入摻雜了道家後學的諸多新觀念，主要表現在：一是理論思維上的玄虛化、思辨化；二是政治傾向上的權術化；三是學術觀點上的黜儒化；四是在很大程度上發展和豐富了原有的「有」、「無」、「道」等概念和宇宙論等學說；五是提出了「陰陽」、「明」等新範疇和新思想。

問題越來越清楚了，竹簡本《老子》才是老聃的手筆，至少它最接近於其原作。然而，竹簡本並未題名《老子》，其姓李名耳字聃的作者又是如何與老子掛上鉤的呢？依《史記》之意，「老」者原本是對年長壽高、德高望重之人的敬稱，與是否姓老並不相干，後因道德之學宏盛，亦因李耳高尚之德行與智慧，便獲得了「老子」這一美稱，其書在後世亦被尊稱為《老子》。又因老子名耳字聃，故先秦書籍對其亦有老聃之稱謂。須附帶說明的是耳與聃自相關聯，司馬貞《史記索引》：「許慎云：『聃，耳漫也。』故名耳，字聃。」《說文》聃寫作𦔼，同字異寫；或寫作耽，「耽，耳大垂也。」可見諸書所引「老聃」、「老𦔼」、或「老耽」者，實指一人，不可分拆。

至此，我們對真假老子及其著作之迷似可做出以下小結：

第一，《老子列傳》沒有提及老聃的歸宿，而明言太史儋出關後為秦獻公出謀劃策之事，故那個「莫知其所終」之「隱君子」為老聃，而後者則為太史儋。至於關令尹對太史儋所說「子將隱矣」之語，若非後人誤傳，極有可能是太史儋離周入秦的託辭，關令尹順水推舟罷了；抑或是關令尹的個人揣測也未可知。正是由於人們把與孔子同時且稍早的老聃和秦獻公時的太史儋混為一人，所以才出現了《老子列傳》中「老子百有六十餘歲、或言二百餘歲」之類不切實際的傳說。

第二，《老子列傳》所記老子世系頗為後人懷疑，如梁任公（啟超）就說：「前輩的老子八代孫和後輩的孔子的十三代孫同時，未免不合情理。」〔註22〕若按通常採用的 30 年為一代推算，太史儋正與孔子的四、五代孫（子思的兒、孫）同時，故而其八代孫和孔子的十三代孫同時，不是極為合情合理嗎？因此，該世系所記應是孔子去世一百多年後自周入秦的太史儋的血脈。事實上，老聃既為「莫知其所終」的「隱君子」，後人自然便難以得知其世系。另外，《史記·老子列傳》所載老子之子宗為魏將一事亦為後人所疑，也正是由於誤太史儋為老聃之故。

第三，早就有人因孔子問禮於老聃一事同今本《老子》中激烈攻擊禮的

---

〔註22〕梁啟超：《論〈老子〉書作於戰國之末》，《古文辭》第四冊第 306 頁。

言論相矛盾，以及今本《老子》中的君人南面之術與老子生活的時代和個人經歷相左為據，從而懷疑甚至否定老聃與《老子》的關係，正是出自老聃手筆的竹簡本《老子》的發現，使這層疑雲不驅自散。同時，今本《老子》中被懷疑只有在戰國以後才可能出現的「萬乘之君」、「師之所處，荊棘生焉；大兵之後，必有凶年」等語，在老聃竹簡本書中亦不見蹤影，它們的確是出自戰國時人太史儋之手。

　　導致老子其人其書的所有這些混亂，皆根源於《老子》一書的演變過程。當時太史儋將老聃書盡行納入自己的著作，將兩個人的作品熔為一爐，久而久之，人們便很自然地把兩書誤為一書、兩位作者誤為一位作者了。鑒於老聃書與太史儋書的這種關係，很可能在今本《老子》成書時，太史儋就託名於老子了。另外，太史儋書將老聃書悉數融合納入，事實上就造成了後成之書為前書的增訂本，這也極易導致後者存而前者廢的情況。原始本失傳之後，晚學便誤以增訂本為老聃書了。至遲在戰國末期，老子其人其書的實情就已鮮為人知了。包括莊子、韓非子等人也未見到《老子》的原始傳本，其著作中所引老子之語足以說明這一點，他們所瞭解到的老子及其著述已遠非原貌了。事情的真相在不知不覺中隱入了歷史的深處，數百年後，當司馬遷重新審定這椿疑案時，已是團團迷霧，後代學者也只能在這彌漫的迷霧中輾轉徘徊。若不是竹簡本《老子》的重見天日，這個疑團恐怕仍然無法解開。

　　澄清竹簡本是《老子》的一種原始傳本，帛書本、通行各本是在竹簡本的基礎上融會其全部內容的不同增訂傳本這一真象，具有極其重要的意義，它對我們更為準確地瞭解和把握老子的學說宗旨及其傳承脈絡無疑會有巨大的幫助。同時先秦思想文化的特點、演變軌迹、以及道家與其他各家的相互關係等都須在此基礎上重新加以審視。

## 二、老子思想的本旨

　　老子的思想博大精深，對其研究的論著有如汗牛充棟，然而，由於以往將《老子》的增訂本《道德經》誤為其原本，故所得結論不免多有偏差。「返樸歸真」應該說是老子思想的核心所在，而以往的研究卻大都陷入過分雕琢的泥潭，把老子一些顯而易見的至理名言往往搞得玄乎其玄，以致讓人難以領悟其真諦。所以，對老子思想也有恢復其本來面目的必要。

　　郭店竹簡本《老子》與均分為《道經》、《德經》上下兩篇的帛書本（「德」

前「道」後）及王弼、河上公、傅奕等各通行本不同，它分爲甲、乙、丙三組（篇）。我們先按篇分述其內容。

## 1、老子的社會道德標準

當我們一打開郭店竹簡本《老子》，立即便會發現，其開篇即與帛書本及通行諸本之「道可道（也），非常（恆）道（也）；名可名（也），非常（恆）名（也）」〔註23〕迥異。帛書及通行各本以「道」論「道」，從而將老子的「道論」置於無源之水，無本之木的境地。而竹簡本則不然，其起首曰：

> 絕智棄辯，民利百倍；絕巧棄利，盜賊亡有；絕僞棄詐，民復孝慈。

> 此三言以爲辨不足，或令之，或呼屬：視素保樸，少私寡欲。〔註24〕

顯而易見，老子針對「幽厲之後，王道缺，禮樂衰，……而諸侯相兼」的混亂局面，〔註25〕力主「絕智棄辯」、「絕巧棄利」、「絕僞棄詐」，以恢復和建立「民利百倍」、「盜賊亡有」、「民復孝慈」的和諧社會。倘若有人認爲上述提法說服力尚嫌不足，難以用來判定那些與世有害無益的「智」、「辯」、「巧」、「利」、「僞」、「詐」等言行，而不足以立論的話，老子將其概括歸納爲：「視素保樸、少私寡欲」寥寥數字。這便是老子思想的基石，他要以此扭轉世風，恢復淳厚之社會風氣，構建理想社會的道德標準。

爲此，他緊接其後，從不同方面闡述其立論的依據。

> 江海所以爲百谷王，以其能爲百谷下，是以能爲百谷王。

> 聖人之在民前也，以身後之；其在民上也，以言下之。其在民上也，民弗厚也；其在民前也，民弗害也，天下樂進而弗厭。以其不爭也，故天下莫能與之爭。

這裡，他用江海之所以能爲百谷王，是因其能爲百谷下的道理，導入了聖人之所以能成爲聖人，是因其以身後之，以言下之，與民不爭所得到的必然結果，聖人得到人們的推崇與愛戴（「樂進而不厭」）自然是情理之中的事，以致天下莫能與之爭。

闡明了上述道理之後，老子推斷分析指出：

---

〔註23〕 此爲諸通行本及帛書甲、乙本對勘而得。

〔註24〕 本文所引郭店楚簡本《老子》的內容，均以荊門市博物館，郭店楚墓竹簡〔M〕·北京：文物出版社，1998年版與諸通行本及帛書甲、乙本對勘而得，並參考了廖名春，郭店楚簡老子校釋〔M〕·北京：清華大學出版社，2003。彭浩，郭店楚簡《老子》校讀〔M〕·湖北：湖北人民出版社，2001等著作。

〔註25〕 《史記·太史公自序》

> 罪莫厚乎甚欲，咎莫憸（借作「險」，危也）乎欲得，禍莫大乎不知
> 足。知足之為足，此恒足矣。

即罪孽莫重於縱欲，過咎莫甚於貪婪，禍患莫大於不知足。知足才能常樂。

從正反兩個方面論述了其利害之後，老子進而又對怎樣用這樣的社會道德標準去輔佐人主進行探討，他說：

> 以道佐人主者，不欲以兵強於天下。善者果而已，不以兵取強，果
> 而弗伐，果而弗驕，果而弗矜，是謂果而弗強，其事好長。

就是說若用他所推崇的社會道德標準輔佐人主，則不應用兵強加於天下，善於取勝而止，勝不自誇，勝不驕傲，勝不自大，這就是所謂的勝不取強。只有勝不耀武揚威，才能長久，因為窮兵黷武必反自為禍。

上古之善為士者正是由於深明此理，故而他們的言行舉止通達事理，讓人深不可測：

> 豫乎〔其〕若冬涉川，猶乎其若畏四鄰。
> 嚴乎其若客，渙乎其若釋。
> 屯乎其若樸，坉乎其若濁。
> 孰能濁以靜者將徐清，孰能安以動者將徐生，保此道者不欲尚盈。

其大意是說：

> 小心翼翼啊，如冬日履冰渡河；戒懼警惕啊，如畏懼四鄰圍攻。
> 嚴肅不存偏見啊，如客居而觀物；不凝固僵化啊，如冰雪之即將消融。
> 無虛華之文啊，如未雕之樸；不自居高明啊，如水之混濁。
> 就像濁水一樣靜止下來而緩緩澄清，猶如以靜制動從而獲得新生，保此道者不會自負自滿！

上古之善為士者為什麼要如此之謹慎小心呢？這是因為：

> 為之者敗之，執之者遠之。是以聖人亡為，故亡敗；亡執，故亡失。
> 臨事之紀，慎終若始，則無敗事矣。聖人欲不欲，不貴難得之貨，
> 教不教，復眾之所過，是故聖人能輔萬物之自然，而弗能為。

這是說，主觀妄為會碰壁，固執蠻幹會迷失。而「聖人」不妄為、不蠻幹，所以能避免不必要的失敗。治事之根本，在於能慎終如始，這樣就不會將事情幹砸。因為人之失敗，往往是在其接近完成之時功虧一簣的。由於「聖人」以「無欲」為理念，不看重難得的財貨，行不言之教，不重複他人的過失，所以才能輔佐萬物使之自然而不主觀地大膽妄為。

為了使自己的觀點言之有據，令人信服，老子進而引入了「道」的概念，他說：

> 道恆亡為也，侯王能守之，而萬物將自化。
>
> 化而欲作，將鎮之以亡名之樸，夫亦將知足。知〔足〕以靜，萬物將自定。

這就告知世人，「道」的原則也要求人們不主觀妄為。侯王若能如此守「道」，萬物將會為其所用。萬事隨心應手後，反過來又容易導致欲念的發作，這時，就要用返本色歸質樸、不可名狀的「道」加以克服，如此便會知道滿足了。知道滿足，保持平靜，萬事萬物將會自然而然的和諧、安定了。

從各個角度論證了歸本色、返質樸，少私心、減邪欲的必要性之後，老子便倡導人們：

> 為亡為，事亡事，味亡味，大小之，多易必多難，是以聖人猶難之。
>
> 故終亡難。

即不主觀地謀劃，不隨意地從事，不亂加品評。欲成大事先從小事做起。「多易必多難」，就是視事太易，具體做起來就會遇到各種意想不到的困難。正是由於「聖人」能從最壞處著手（「猶難之」），向最好處努力，所以對他們而言從無難事（「故終亡難」）。

倡導人們這樣做從表面上看似乎並沒有什麼好處，但若能相對地、辯證地看，其中的利害關係就不言自明了：

> 天下皆知美之為美也，惡已。皆知善，此其不善已。有亡之相生也，難易之相成也，長短之相形也，高下之相呈也，音聲之相和也，先後之相隨也。
>
> 是以聖人居亡為之事，行不言之教，萬物作而弗始也，為而弗恃也，成而弗居。夫唯弗居也，是以弗去也。

當天下人都以某種標準衡量「美」，隨聲附和而加以傚仿時，則已醜了。同樣的道理，如此這般地對待「善」，則已惡了。世界上的任何事情都是相對的：有無相生，難易相成，長短相形，高下相呈，音聲相和，先後相隨，對立面之間即對立，又統一，存在著相輔相成的關係，盲目地追求其中的任意一端都是片面的，不足取的。

故而「聖人」處事遵從客觀規律，不人為多事。實行不言的教化，萬事興盛而非主觀強求。有作為而不自恃，功成而不自居，正因為不居功，他的

功績才不會磨滅，而是永世長存。

　　正因為聖人之所為符合「道」的精神，所以才收到了事半功倍的效果，故對「道」不可等閒視之：

　　　　道恆亡名，樸雖微，天地弗敢臣。侯王如能守之，萬物將自賓。

就是說，難以用確切命名反映的道，也是樸實無華，似乎微不足道，但天地之間沒有任何力量能夠臣服它。「侯王」如能遵守道的法則，萬物將會自動賓服、順從他，從而使天下之事有如：

　　　　天地相合也，以逾甘露，民莫之命而自均安。

這是說當天地陰陽之氣相合時，就會降下甘露，自然均勻，而不是「民」的意志使然。侯王若能按「道」的原則行事，在治事方面也會如此神奇。

　　既然「道」的法則萬事皆宜，人們理應遵守，那麼其法則是否有規可循，人們如何才能認識和把握其規律呢？老子說：

　　　　始制有名，名亦既有，夫亦將知止，知止所以不殆。譬道之在天下

　　　　也，猶小谷之與江海。

即人們對事物的認識始於制名分類，有了種種的歸屬類名，認識便止於物類，而不能及於「道」。「道」存在於天地之間，猶如小河之與江海。天下萬物源出於「道」而皆統一於「道」。

　　那麼，「道」究竟是個什麼東西呢？老子既然引入了這一概念，並將其作為論證自己所崇尚的社會道德標準的依據，就不能不給「道」一個說法，於是就有了後世所謂老子的「道論」：

　　　　有狀混成，先天地生，敓繆，獨立不改，可以為天下母。未知其名，

　　　　字之曰道，吾強為之名曰大，大曰逝，逝曰遠，遠曰反。

其意是說，在天地產生之前，就存在著一種無形無狀、無物之象，即看不見、摸不著、混然一體的最高物類，它自然和諧，傲處於萬事萬物之上，不因人的意志而改變，充當了產生天下萬物之母。由於其不是某個具體物種，故而不知其歸屬的名類，故且稱之曰「道」，或勉強將其命名為「大」。具體事物從道中產生，而道卻並未因此而消失，它的存在方式是大到無邊無際，小到無窮無盡。而且從一極向另一極反覆轉化運行著。

　　顯而易見，為了支撐自己的論點，老子才引入了「道」的概念並對其加以闡述的，應該說這才是老子「道論」的真正起因。

　　既然「道」是天地萬物賴以產生之本原，它無處不有，無時不在，包羅

萬象，那麼，就有一個不以人的意志爲轉移的難以抗拒的強大支配力，其地位和作用無可替代：

> 天大，地大，道大，王亦大。國中有四大焉，王居一焉。人法地，
> 地法天，天法道，道法自然。

這是說宇宙中有四大，君王僅居其一。而四者之間的關係是：人承地之法則，地承天之法則，天承「道」之法則，而「道」以自然而然爲法則。

爲了使人們對「道」有一個更爲具體的認識，老子形象地比喻說：

> 天地之間，其猶橐籥與：虛而不屈，動而愈出。

即天地之間，不就像個（鼓風以旺火的）大風囊嗎？空虛而氣不窮竭，往復運行，氣流不止，生生不息。因此：

> 至虛，恒也，守中，篤也，萬物旁作，居以顧復也，天道云云，各
> 復其根。

虛無才能永恒；空曠才能有容。在萬物群起之時，要保持虛懷若谷的境界以包容的心態觀察其往復運動。天道運行不已，萬事萬物最終還是要返歸其各自的本始。這就是萬事萬物的內在規律。

那麼，事物在發展變化過程中會呈現出哪些不同的特點呢？老子說：

> 其安也，易持也。其未兆也，易謀也。其脆也，易判也。其幾也，
> 易散也。爲之於其亡有也，治之於其未亂。合〔抱之木，生於毫〕
> 末：九重之臺，作〔於羸土〕；〔百仞之高，始於〕足下。
>
> 知之者弗言，言之者弗知。

就是說事物往往是由弱轉強、由簡單到複雜的。在其安穩的時候容易掌握，徵兆不明顯的時候容易謀劃對付，脆弱的時候容易破解，微小的時候容易驅散消除。因此，事前應有預見，才能防患於未然。合抱的大樹，生於細微的萌芽；九重的高臺，起於平地之塵土；百仞之登高，始於足下。所以應以小見大，從頭作起，不能急於求成。懂得這一點的人不言說，言說的人其實不懂。明白了其中的道理，則應：

> 閉其兌，塞其門；和其光，同其塵；挫其銳，解其紛，是謂玄同。
>
> 故不可得而親，亦不可得而疏；不可得而利，亦不可得而害；不可
> 得而貴，亦不可得而賤，故爲天下貴。

就是要人們關閉私心的孔穴，堵塞邪欲的門洞，與自然界和諧一致。不要鋒芒畢露，不要怨天尤人，要順應和追求普世價值。只有這樣，才能心靜如水，

客觀地對待任何事情，不至於親、疏任情、斤斤計較、患得患失。去掉了執著之心，一切順其自然，做到榮辱不驚，這才是最難能可貴的。

在闡明了「道」的本質及基本特徵之後，老子又反過來說明按「道」的要求建立社會道德標準的必要性與合理性：

> 以正治邦，以奇用兵，以亡事取天下。吾何以知其然也？夫天〔下〕
> 多忌諱，而民彌叛；民多利器，而邦滋昏；人多智，而奇物滋起；法
> 物滋彰，盜賊多有。

> 是以聖人之言曰：我無事而民自富，我亡爲而民自化，我好靜而民
> 自正，我欲不欲而民自樸。

這是說，要以正確的指導思想治國，以奇妙的戰略戰術用兵，以清靜無爲的方式取天下，「我」何以得知這樣做才對呢？因爲一個社會的忌諱越多，老百姓越趨於叛逆；民間的利器越多，國家越陷於混亂；人們越自作聰明，奇技淫巧就會泛濫；法令愈繁苛，盜賊越增多。

因此「聖人」說：我順其自然而民自富；我不作爲而民自行歸化；我好靜而民自走正道；我無貪無欲而民自淳樸。

那種返樸歸眞、淳厚樸實的狀態多麼令人神往：

> 含德之厚者，比於赤子，蝟蠆虺蛇弗螫，攫鳥猛獸弗扣，骨弱筋柔
> 而捉固，未知牝牡之合然怒，精之至也。終日嘷而不憂，和之至也。

> 和日常，知和日明。隘生日祥，心使氣日強，物壯則老，是謂不道

這是說，德極爲深厚的人，就像淳樸的赤子，鉗蠍不螫，毒蟲不咬，凶鳥不擊，猛獸不搏，骨弱筋柔而拳頭緊握，未知男女交合而小生殖器勃起，精力旺盛，生命力極強。習於哭嚎卻並無災憂，元氣淳厚和順至極。淳和則能長久，知道這一點爲明智。若違反生命的內在規律爲「災祥」，由貪心使動精氣是謂「強」。強求事物壯大到極點就會走向衰老而自戕，這就不合於「道」了。

常人恰恰是由於將名節、財貨、得失看得太重，故難以與「道」相合：

> 名與身孰親，身與貨孰多？得與亡孰病？

> 甚愛必大費，厚藏必多亡。

> 故知足不辱，知止不殆，可以長久。

名節與生命哪一個更親近？身體與財貨哪一個更重要？得與失哪一個更有害？過度吝愛必致大的浪費，過厚貯藏必有更多的喪失。所以知道滿足不遇困辱，知道適可而止不遭危險，這樣才可以長久。

「道」的運行規律也是這樣：

> 反也者，道〔之〕動也，弱也者，道之用也。天下之物生於有，
> 〔有〕生於亡。

其意是說，世界上一切事物無不互相矛盾，相反相成，各以自己的對立面作為存在的前提。同時，矛盾雙方又無不因一定的條件向著各自相反的方面轉化。向著它的對立面所處地位的轉化，就是「道」的運動，由於物極必反，所以弱的方面在「道」的轉化中發揮著決定作用。天下之物生於「有」名歸屬的廣泛物類，但「有」卻生於「無」名歸屬、似乎最弱的最高物類。

既然如此，就不難明白：

> 殖而盈之，不若其已。湍（揣）而群（銳）之，不可長保也。金玉
> 盈室，莫能守也。貴富〔而〕驕，自遺咎也。功遂身退，天之道也。

即積蓄財物使之盈滿，不如作罷。磨礪兵器使之鋒利，終難保持長久。金玉滿堂，沒人能守得住。貴富而驕縱，自取禍咎。功成而身退，才與天「道」相符。

以上是竹簡本甲篇的大致內容。

## 2、治人事天的準則

社會「道德」標準確立之後，老子便進一步闡述在人生的旅途中如何去履行的問題，他說：

> 治人事天，莫若嗇。夫唯嗇，是以早〔服〕，是謂〔重積德，重積德，
> 則無〕不克；〔無〕不克，則莫知其極；莫知其極，可以有國。有國
> 之母，可以長〔久〕。〔是謂深根固柢〕，長生久視之道也。

這是說，處理人事、與自然界打交道，最好取收斂的態度，不要鋒芒畢露。只有這樣，才能從於道而服於理，以利於積德深厚。積德深厚則無往而不勝。其中的道理難以窮極，一旦領悟了厚積薄發的奧妙，便可享有邦國。通曉了治國之本，就能立身長久。這便是根深柢固、站穩腳跟、始終立於不敗之地的根本法則。

而要達到上述的境界，則應：

> 〔為〕學者日益，為道者日損。損之或損，以至亡為也，亡為而亡
> 不為。絕學亡憂，唯與訶，相去幾何？美與惡，相去何若？人之所
> 畏，亦不可以不畏人？

> 寵辱若驚，貴大患若身。何謂寵辱？寵爲下也，得之若驚，失之若
> 驚，是謂寵辱〔若〕驚。〔何謂貴大患〕若身？吾所以有大患者，爲
> 吾有身，及吾亡身，或何〔患〕！〔故貴以身〕爲天下，若可以託
> 天下矣。愛以身爲天下，若可以寄天下矣。

就是說，學習知識，天天有所增益；追求大道，欲念日益減少。減少再減少，以至無所欲爲。不加雜任何主觀的偏頗與臆度去辦事，則天下事無可不爲也。絕棄導致是非紛爭的學問，才能無憂無慮。取應諾與斥責的不同態度，起因能相距多遠？美與惡的衡量標準，有時也很難把握分寸，往往取決於一念之差。事情並不那麼絕對，人們所畏懼的人，其實也害怕眾人。人之常情，得寵或受辱都會感到吃驚，尊貴或患難都難以釋然。寵辱若驚是指得寵驚喜，失之驚恐。可見「寵」不見得是好事。貴大患若身是因爲將自我看得太重，所以才患得患失，這是一己之私在作祟。如果一個人能立身爲公，捨棄「小我」，自身還有什麼禍患可言呢？因而，可貴、可敬的品德在於能獻身爲天下，這樣的人才能以天下相託付。

怎樣衡量這樣的人呢？老子在對比分析中，暗喻出其應具備的特質：

> 上士聞道，堇（謹）能行於其中；中士聞道，若聞若亡；下士聞道，
> 大笑之。弗大笑，不足以爲道矣。
> 是以建言有之：
> 明道如孛，夷道〔如類〕，〔進〕道若退。
> 上德如谷，大白如辱，廣德如不足，建德如〔偷〕，〔質〕貞如渝。
> 大方亡隅，大器晚成。
> 大音祗（希）聲，天象亡形。
> 道〔褒（隱）亡名。夫唯道，善始且善成〕。

這是說，「上士」聽到「道」，能謹愼地付諸於行動；「中士」聽到「道」，似聽未聽；「下士」聽到「道」，會嗤之以鼻而大笑。若其不大笑，就不是眞正的「道」了。

於是就有了這樣富於哲理的說法：

光明的大道卻像暗昧，平坦的大道卻像崎嶇，前進的道路卻像倒退。

高尚的德行有似卑下的溪谷，最潔白的有似垢黑，廣博的德有似不足，強健的德有似衰弱懈怠，質樸堅貞有似變化不定。

方無限大就沒有了棱角，最大的器物最晚才能製成。

最宏亮的聲音似乎聽不到，最大的物象則無狀無形。

「道」大而盛，無窮無盡，是無法用名來反映的最高物類，只有能夠感悟、遵循「道」的人，才善於創始且善於成功。

老子所推崇的正是能夠領悟「道」而成「大器」的人。

那麼，怎樣才能置身於道，與道融爲一體呢？這就須要修心養性：

閉其門，塞其兌，終生不痛。啓其兌，賽其事，終生不逯。

即關閉私心的門洞，堵塞邪欲的穴孔，終生不致困窘失敗。打開這些門洞穴孔，爲滿足私欲而忙碌於爭強好勝，一輩子也難如願。

而只有經過修養、歷練，境界才會提高：

大成若缺，其用不敝。大盈若盅，其用不窮。大巧若拙，大呈諾詘，
大直若屈。

這是說很成功的器物似有缺損，但用起來卻方便實惠。最充盈的貌似空虛，始終留有迴旋的餘地。最靈巧的似乎笨拙，最雄辯的似乎口訥，最正直的似乎理屈。即真正好的東西不見得耀眼奪目，而往往是瑕不掩瑜，爲人處事也應達到這樣的境地。

最後，老子歸納總結了治人事天的原則，他說：

躁勝寒，靜勝熱，清靜，爲天下定（正）。

善建者不拔，善保者不脫，子孫以其祭祀不輟。

修之身，其德乃貞；修之家，其德有餘；修之鄉，其德乃長；修之邦，
其德乃豐；修之天下，〔其德乃博〕。〔以身觀身，以家觀〕家，以鄉
觀鄉，以邦觀邦，以天下觀天下。吾何以知〔天下然哉？以此〕。

就是說躁動能戰勝寒冷，心靜能克服炎熱。而清靜無爲，才是天下的正理。善於建立就不會被拔除，善於持守就不會脫落，子孫後代依此而行，祭祀便不會終止（即世代相傳，不絕於後）。以此修身，其德行就純真；用於治家其德行綽綽有餘；用於治鄉，其德行經久不衰；用於治邦國，其德行殷實豐厚；用於治天下，其德行廣博不乏。從個人、家、鄉、邦國到天下，無不從中獲益。「我」何以得知天下之事宜靜不宜動呢？就是依次類推的結果。

從中不難看出，老子主張爲人處事應收斂鋒芒，清心寡欲，積德深厚，榮辱度外，立身爲公，虛懷若谷，大智若愚。這樣才能根深柢固，立於不敗之地。只有追求大道，無所施爲，則天下事無可不爲也。這與其「視素保樸，少私寡欲」的社會道德標準如出一轍。

以上為竹簡本乙篇之基本內容。

### 3、治理國家的依據

　　竹簡本丙篇的治世思想與老子在其甲篇中所倡導的社會道德標準也極為吻合，他說：

> 　大上，下知有之；其次，親譽之；其次，畏之；其次，侮之。信不足安〔焉〕，有不信。猷乎，其貴言也。成事遂功，而百姓曰我自然也。

> 　故大道廢安〔焉〕，有仁義；六親不和安〔焉〕，有孝慈；邦家昏〔亂安〔焉〕〕，有正臣。

這是說特別好的統治者，置身於百姓之中，融為一體，血肉相連，老百姓時刻能感受到他好像就在身邊；其次的老百姓親近、讚譽他；再次的老百姓有所畏懼、於是敬而遠之；更次的老百姓詛咒他。為上者誠信不足，為下者則就不信賴他了。因而，作為一個稱職的治理者，貴在謹言慎行，不可隨意發號施令，更不能朝令夕改。事成功就了，老百姓說：「本應如此啊。」

　　所以，清靜無為的「大道」遭到了廢棄，才不得已追求仁義；六親不和睦了，才不得已追求孝慈；國家昏暗混亂後，才不得已尋求忠貞耿直之臣。言下之意是說，在「大道」既行的情況下，這些都是自然而然的事，沒有必要去倡導追求的呀！

　　那麼，怎樣才能治理好國家呢？老子說：

> 　執大象，天下往。往而不害，安平大。樂與餌，過客止。

> 　故道〔之出言〕，淡呵其無味也。視之不足見，聽之不足聞，而不可既也。

這是說，按符合自然無為的「大道」標準執政，天下人都將移心歸往。歸服而不覺拘束難受，社會就會太平安康。優雅的音樂與絕美的食品，能讓過客止步，寬鬆的生存環境，會使百姓安居樂業。因而「道」說起來，淡然無味，看也看不見，聽也聽不著，但這無形的力量，卻能發揮無窮無盡的功用。

　　既然道德是治理天下的根本，因此：

> 　君子居則貴左，用兵則貴右。故曰：兵者，〔不祥之器也，不〕得已而用之。恬淡為上，弗美也。美之，是樂殺人。夫樂〔殺人，不可〕以得志於天下。故吉事上左，喪事上右。是以偏將軍居左，上將軍居

右，言以喪禮居之也。故殺〔人眾〕，則以哀悲蒞之；戰勝，則以喪
禮居之。

這是說「君子」平時以「左」（文治）為貴，用兵時則以「右」（武功）為貴。
因為兵器，是不祥之物，不得已時才用它。即便使用，也應有所收斂，淡然
處之為是，不要誇大其作用，不可好戰。否則，是樂於殺人，若喜好殺人，
就會失去人心，享受不到真正擁有天下的心滿意足了。所以吉事以「左」為
上，喪事以「右」為上。軍禮以「偏將軍」居左，「上將軍」居右，就是以喪
禮對待用兵。如果殺人眾多，則應以悲哀的心情對待，戰勝了，應以喪禮處
置。

以上是竹簡本丙篇之大致內容。

縱觀竹簡本全篇，甲篇闡述其社會道德標準的合理性與可行性；乙篇論
證該標準應是為人處事的準則；丙篇則強調其標準是治理國家的依據。前後
環環緊扣，密切相聯，一氣呵成，邏輯關係緊密，具有獨特的思想體系。且
意蘊精純，不含那高遠玄虛之論、貶斥儒家之語、南面權謀之術，應是一個
更為原始的傳本，更能體現出老子思想的宗旨。而帛書本與諸通行本因是原
始傳本基礎上的增訂本，故不具備這樣的風格與特點。用這樣的增訂本研判
老子思想的本來面目，怎能不失之偏頗？

竹簡本甲篇應該說是整篇的核心或精髓，其立論及論證後的結論「絕智
棄辯」、「絕巧棄利」、「絕偽棄詐」；「視素保樸，少私寡欲」；「不爭」、「亡為」
等無疑是老子思想的出發點及其歸宿，這就是老子的「道德觀」。司馬遷說「老
子修道德，其學以自隱無名為務。」〔註26〕看來確是如此。「道」的概念的提
出，實際上是為論證上述基本命題服務的，並非為了「論道」而憑空論「道」。
他設身處地，循循善誘，以道論做人，以道論處事，以道論治國，以道論構
建社會道德標準。這樣的「道」，不玄奧、不神秘，有血有肉，貼近人生，充
滿了勃勃生機。而以往人們總是過分地強調甚或誇大「道論」的作用和意義，
以「道」為中心來研判老子的思想，以致有意無意的沖淡或者忽視了老子思
想的宗旨即上述中心命題，從而偏離子老子「道論」的真正意圖。對老子「道
論」的諸多曲解與誤解，導致了對老子思想本旨（即原本宗旨）認識上的本
末倒置。

不過，老子的「道論」雖然是為論證其社會道德標準服務的，但卻在抽

〔註26〕《史記‧老子列傳》。

象、凝結的基礎上，創立了關於世界本原、運行規律、人生哲理諸方面的辯證觀點，從而構成了完整的哲學理論體系。正如陳鼓應先生在《〈道家文化研究〉創辦之緣起》一文中所說：「其實，老子的道論不僅建立了中國哲學史上第一個相當完整的本體論與宇宙論的系統，而且，其道論成爲中國哲學內在聯繫的一條主線。——這是道家之所以成爲中國哲學主幹地位的關鍵因素。」〔註27〕張岱年先生也說：「老子是中國古代哲學本體論的創始者」，「道是老子本體論的最高範疇。」〔註28〕

可見，老子所提出的社會道德標準、治人事天的準則、治理國家的依據是道家學說的基石，是其宗旨之所在，而「道論」則是其有別於其他學派的根本性標誌。各家雖亦言「道」，但並未將「道」視爲最高的哲學範疇，於是在中國思想文化領域便有了獨樹一幟的道家。

至於道家在傳統思想文化史上的定位，學術界的意見很不一致。中國的傳統文化，由儒、釋、道三大主幹組成，這是大家所公認的（法家被認爲是一種「術」而未列其中）。在三家之中，儒道兩家是本土固有而又源遠流長之學派，佛學爲後起之外來宗教，其影響雖然巨大，但似不及儒道兩家那樣浸潤於中國人的骨髓與靈魂，因爲佛教的中國化過程，是靠攝取儒、道兩家之精神養料完成的，故論者幾乎都將它置之於儒、道之末而未讓其與儒、道比肩爭衡。對儒道兩家孰主孰次、誰高誰低的估價，則是見仁見智、莫衷一是。概括起來，大致有這樣三種意見：一是儒家爲主，道家輔之；一是儒道互補，平分秋色；一是道先儒後，儒受有道的滋潤。

儒道兩家相比，儒顯道隱，這是不爭的事實，但這並不表明道家缺乏影響力，只不過它影響社會總是以潛移默化之方式，不那麼引人注目罷了。

受儒家的影響，中國人比較講求實際，注重現實人生，雖勇於進取，卻總囿於常規。同時，受道家的影響，中國人又具有超越意識，富於想像力和浪漫的情調，胸襟開闊，不計較一時一事之得失，不斷在常規以外開闢精神上的新天地，嚮往無拘無束、自由自在的脫俗生活。正如林語堂所說：「道家及儒家是中國人靈魂的兩面。」〔註29〕通常是在朝講孔、孟，在野稱老、莊；甚或同一個人，也往往是爲官習孔、孟；辭官言老、莊。毫無疑問，中華民

〔註27〕《道家文化研究》第1輯，上海古籍出版社，1992年6月版。
〔註28〕張岱年：《論老子的本體論》，《社會科學實踐》1994年第1期，第99頁。
〔註29〕轉引自牟鍾鑒《道家學說與流派述要》，《道家文化研究》第一輯，上海古籍出版社，1992年6月版。

族精神中堅韌不拔、深沉從容、豁達大度等美德，是道家思想滋養的結果。直至今天，在我們自己及周圍人的身上還隨處可見道家的影子。難怪魯迅先生在其《致許壽裳》的信中說：「前曾言中國根柢全在道教，此說近頗廣行。以此讀史，有多種問題可以迎刃而解。」李約瑟也在他的《中國的科學與文明》中如是說：「中國如果沒有道家，就像大樹沒有根一樣。」這一中一外兩大巨匠的說法極為耐人尋味，竟有著驚人的一致之處。他們都沒有說道家是「主幹」，而說是「根」。「主幹」長在地面上，而「根」則長在地下，一顯一隱。道家雖曾在歷史上有過作為「顯性」文化存在的時期，但更多的則是作為「隱性」文化而存在。相反，儒家在歷史上也曾有過作為「隱性」文化而存在的時期，但從總體上來講，其絕大部分時間都是居於「顯學」的地位。因此，說儒家是傳統文化的「主幹」，道家是傳統文化之「根」，是不無道理的。二者是同為一體，難分主次。人們通常將中國的傳統政治稱為陽儒陰法，而傳統的思想文化則可稱之為明儒暗道，或外儒內道。

# 第三節　正統道家及其缺陷

## 一、正統道學的傳承

早期道家的傳承關係極為模糊，欲理清其線索，有必要從先秦學說的分門別派談起。

「學派」這一現代名詞術語，古代與此大體相同的詞是「諸子百家」的「家」。學說或者學術之分流別派，在中國出現於戰國時期。戰國早期著作《墨子》說：

> 天下之人異義。是以一人一義，十人十義，百人百義，其人數茲眾，
> 其所謂義者亦茲眾。〔註30〕

這裡的「義」是義理之義，有合乎正義的言行、合理的思想與主張以及意義、意思等含義，與我們今天所說的學說、主張最為相符，就是說天下人的學說、主張各不相同，人數愈眾，不同的主張就越多。但還未曾涉及對其歸類的問題。

到戰國中期，由於「天下之治方術者多矣」，〔註31〕莊子將其概括為「百

---

〔註30〕《墨子‧尚同》。
〔註31〕《莊子‧天下》。

家」之學。而在具體評判學術時，他把墨翟與禽滑釐、宋鈃與尹文、田駢與慎到（還有彭蒙）、關尹與老聃分別聯繫在一起，這就大體上爲其分了家。

　　戰國後期的《荀子・非十二子》篇主要是批評各家學說的，它批評的是「六說」、「十二子」，其中用了「說」字，所指爲言論、主張，即學說。「六說」也有分派之義，不過，它的分法與莊子不同，這是因爲其所批評的內容各不相同罷了。至戰國末年，學說分門別派的理路已清晰可辨了，主要學派的脈絡也有迹可尋了。《韓非子・顯學》篇說：

> 世之顯學，儒、墨也。儒之所至，孔丘也。墨之所至，墨翟也。……
> 孔、墨之後，儒分爲八，墨離爲三，取合相反不同，而皆自謂眞孔、墨。

這便將儒、墨二家顯學的創始及其後學分支別派的情況言簡意賅的展現了出來。

　　隨著學術的不斷發展演進與彼消此長，漢初的馬司談在新的基點上，又進一步將各家學說概括爲陰陽、儒、墨、名、法、道德六家：

> 夫陰陽、儒、墨、名、法、道德，此務爲治者也，直所從言之異路，有省不省耳。

司馬談《論六家要旨》中所列六家，應該說是對其所處時代業已形成的各主要學派的客觀反映或概括總結，他對六家之「要旨」（核心主張及主要特長）進行了論證和分析，但卻沒有列舉各家的代表人物與著作，這就給後人留下了不少問題，其中尤以「道德」一家爭議頗大。

　　首先，它和儒、墨、名、法等家不同，連學派的名稱都不太固定，司馬談自己有時稱「道家」，有時又稱「道德」家。司馬遷在《史記》當中，也是老子、道家、道德、黃老這些詞交替使用。說老子是「修道德」、「言道德之意」。對老子的後學則多用「本於黃老」、「學黃帝老子之言」，或「修黃老道德之術」等語。這實際上與未能完全搞清老子思想的本旨、而「道」只是有別於他家的標誌密切相關，也與道家發展演進過程中的世俗化傾向相一致。

　　其次，關於道家的代表人物和著作問題，司馬遷顯然沒有將注意力放在其對應關係的研判上。如在《史記・老子列傳》中，主要講的是學術淵源，「皆源於道德之意」。《孟子荀卿列傳》更是如此，附記了慎到、田駢、接子、環淵一批「學黃老道德之術」的人，沒有著意區分他們學術思想的異同，而是強調他們和所有各派的「稷下先生」一樣，「各著書言治亂之事，以干世主」。

這是因爲，老子其人及其著述在當時已不同程度上被搞混了，受限於客觀條件，已很難說清其傳承脈絡與演進過程了。不過，司馬遷比司馬談還是前進了一步，不僅談到了各學派的特點，也涉及到了各學派的一些代表人物。

總而言之，道家的問題相當複雜，老子其人其書本身就存在著不少爭議。早期道家究竟以哪些人爲代表，也有不同的看法。漢初「道家」名稱出現時，又同時有「道家」和「道德家」的不同叫法，尤其是「漢初人言道家輒曰『黃老』」，〔註32〕可見，道家形成和發展的歷程是極爲曲折的，其傳承體系也是一波三折、時斷時續、難以把握，幾乎無法確定其傳續的痕迹。

不過，若細心搜尋，還是可以找到與道家傳承相關的一些蛛絲馬迹。《莊子》一書就涉及到三位和老子具有某種師承關係的人。

其中之一是柏矩。「柏矩學於老聃。曰：『請之天下游。』老聃曰：『已矣，天下猶是也。』又請之，老聃曰：『汝將何始？』曰：『始於齊』。」〔註33〕柏矩是一個憤世嫉俗之人，他說：

> 榮辱立，然後睹所病；貨財聚，然後睹所爭。今立人之所病，聚人之所爭，窮困人之身，使無休時，古之君人者：以得爲在民，以失爲在己；以正爲在民，以枉爲在己；故一形有失其形者，退而自責。今則不然。匿爲物，而愚不識；大爲難，而罪不敢；重爲任，而罰不勝；遠其途，而誅不至。民知力竭，則以僞繼之，日出多僞。士民安取不僞，夫力不足則僞，知不足則欺，財不足則盜。盜竊之行，於誰責而可乎？〔註34〕

從中不難看出，這與前述老子「絕智棄辯」、「絕巧棄利」、「絕僞棄詐」；「視素保樸，少私寡欲」；「不爭」、「亡爲」的思想本旨如出一轍，顯然有著一脈相承的關係。

另一位是庚桑楚。據《莊子·庚桑楚》篇記載：「老聃之役（司馬云：役，學徒弟子），有庚桑楚者，偏得老聃之道，以北居畏壘之山。」

庚桑楚是一個「憤世」而又「苟全性命於亂世」的人。他說：「大亂之本，必生於堯舜之間，其末存乎千世之後。千世之後，其必有人與人相食者。」故他告訴南榮趎說：「全汝形，抱汝生，無使汝思慮營營。」但南榮趎不懂

---

〔註32〕蔣伯潛：《諸子通考·諸子人物考·莊子及道家者流》。
〔註33〕《莊子·則陽》。
〔註34〕《莊子·則陽》。

其意，庚桑楚便叫他南見老子。「於是南榮趎贏糧，七日七夜，至老子之所」，〔註35〕但所問乃「願聞衛生之經而已矣。」〔註36〕看來他的確未能領悟到庚桑楚那句話中所包含的「無爲」、「不爭」、「貴己」、「隱世」、任其「自然」等道學哲理。

第三位是陽子居。《莊子・寓言》曰：「陽子居南之沛，老聃西遊於秦，邀於郊，至於梁，而遇老子。老子中道仰天而歎曰：『始以汝爲可教，今不可也。』陽子居不答。至舍，進盥漱巾櫛，脫屨戶外，膝行而前曰：『向者弟子欲請夫子，夫子行不閒，是以不敢。今閒矣，請問其過。』」從其對話的內容及語氣上，似可判斷出應爲師徒關係。但其思想特點已無從知曉。

莊子的記載雖不盡可靠，但完全否認也並不足取。對此我們姑且存而不論。然前文對老聃與太史儋及其著作的辨析，對重新認識先秦道家從老聃到莊子之間的發展演變線索卻頗有幫助。

如前所述，竹簡本《老子》不含今本中那些高遠玄虛之論、非黜儒家之語、南面權謀之術，這正是老聃與太史儋思想的主要差別。誠然，我們可以將其看作是太史儋對老聃思想的發展，但從另一個角度講，也可以說是太史儋對老聃守道返樸、回歸自然精神在某種程度上的背離。

眞、假老子的甄別，同時還爲確定先秦道家另兩位重要人物關尹與列子的時代提供了新的座標。

以往由於人們一直認爲，那個出函谷關遇關尹、并冒名著書上下篇的「老子」就是老聃，故判定關尹爲春秋末年人。現既有充分論據證實這個「老子」實爲戰國中期與秦獻公同時的太史儋，因而關尹的時代也應重斷爲戰國中期人。

至於關尹的思想，從《莊子・天下》篇中可窺其一斑：

> 以本爲精，以物爲粗，以有積爲不足，澹然獨與神明居。古之道術有在於是者，關尹老聃聞其風而悅之。建之以常無有，主之以太一。以濡弱謙下爲表，以空虛不毀萬物爲實。
>
> 關尹曰：「在己無居，形物自著。其動若水，其靜若鏡，其應若響。芴乎若亡，寂乎若清。同焉者和，得焉者失。未嘗先人，而嘗隨人。」

〔註35〕南榮趎，《淮南・脩務訓》作：「南榮疇……南見老聃，受教一言，是以名施後世，至今不休。」

〔註36〕《莊子・庚桑楚》。

關尹老聃乎！古之博大真人哉！

從以上引文，可得出以下推論：

其一，由「以本為精」至「以空虛不毀萬物為實」，當為關尹與老聃思想的共通之處，說明二人在學術思想上確有密不可分的關係，故莊子將其並列，同稱之為「古之博大真人」

其二，「關尹曰」中的內容，反映的應是關尹個人的思想特徵，說明關尹有著作傳世，莊子才能得而引之。但《關尹子》一書久佚，今傳本乃偽書，關尹的言論得以傳世者僅一鱗半爪，其思想自然難得其究。不過，與郭店楚簡《老子》丙組合抄的《太一生水》篇，據不少學者研究，疑為關尹所著。篇中有這樣一段不見傳世的文字：

> 太一生水，水反輔太一，是以成天；天反輔太一，是以成地。天地〔復相輔〕也，是以成神明；神明復相輔也，是以成陰陽；陰陽復相輔也，是以成四時；四時復相輔也，是以成滄熱；滄熱復相輔也，是以成濕燥；濕燥復相輔也，成歲而旋，故歲者，濕燥之所生也。……
>
> 是故太一藏於水，行於時，周而或始，以己為萬物母……。〔註37〕

這顯然是對今本《老子》（42章）「道生一，一生二，二生三，三生萬物。萬物負陰而抱陽，沖氣以為和」的引申與解釋，可見《太一生水》晚於傳世本《老子》各章。其證據還有「太一」一詞在《老子》中並未出現，今本《老子》在不少地方講「一」，卻不見「太一」；同樣，今本《老子》也很崇尚水，但卻不曾有「太一藏於水」的觀點。據此，李學勤先生斷定：「太一生水章在思想上，和《老子》殊有不同，只能理解為《老子》之後的一種發展。」〔註38〕

那麼，《太一生水》究竟屬何人所作呢？

據「建之以常無有，主之以太一，以濡弱謙下為表，以空虛不毀萬物為實」這些老聃、關尹學說的特徵推斷，「建之以常無有」尚與《老子》有相通之處，而「主之以太一」則與《老子》關係不大，理應為關尹學說。

如果我們再將《莊子·天下》篇所引「關尹曰：在己無居，形物自著，

---

〔註37〕 崔仁義《荊門楚墓出土的竹簡〈老子〉初探》，《荊門社會科學》1997年第5期。

〔註38〕 李學勤《荊門郭店楚簡所見關尹遺說》，《郭店楚簡研究》遼寧教育出版社，2000年1月版。

其動若水，其靜若鏡，其應若響，芴乎若亡，寂乎若清」數句與《太一生水》篇相對照，加以仔細品味，確實與《呂氏春秋・不二》所說「關尹貴清」甚是吻合，這說明《太一生水》為關尹遺說的可能性極大。

其三，莊子也是誤以太史儋為老聃的，這在前文已有提及。再從他行文中關尹在前、老聃在後的排列次序中，亦可窺知一斑。按常規，二人相差百年，學說又有承繼關係，是不應如此列序的。又《莊子》書所引老子語，多見於今本老子也可證實這一點。

值得強調的是，太史儋與關尹子的函谷關之會，是中國思想史上的一件大事，其意義遠超過一千五百多年後的朱陸鵝湖之會。太史儋應關尹子之請而著書，關尹子亦因太史儋所授書之啓發而立說。如果沒有函谷關之會，道家的繼承有可能就此中斷。

可見，與太史儋一樣，關尹也是初期老學的一個大師，老子書得以流傳下來，關尹功不可沒。

關尹之後，傳承道家學說的另一個重要人物是列子。《莊子・達生篇》說：「子列子問關尹曰：『至人潛行不窒，蹈火不熱，行乎萬物之上而不栗，請問何以至此？』關尹曰：『是純氣之守也，非知巧果敢之列居，吾語汝……』」又據《呂氏春秋・審己》篇：「子列子常射中矣，請之於關尹子。關尹子曰：『知子之所以中乎？』答曰：『弗知也。』關尹子曰：『未可』。退而習之，三年又請。關尹子曰『子知子之所以中乎？』子列子曰：『知之矣』。關尹曰：『守而勿失。』」

以上所引，說明列子是關尹的晚輩，雖不能說列子就是關尹的學生，但列子曾求教於關尹則是無疑的。

由於過去人們認為關尹子為春秋末期人，故列子的時代終莫能定。現在看來，該疑點已可去除。列子為戰國中期人已毋庸置疑。

列子在《莊子》書中頗占重要地位，第一篇《逍遙遊》就說「夫列子御風而行，泠然善也。」《應帝王》篇則記：「鄭有神巫曰季咸，列子見之而心醉，歸以告壺子曰：『始吾以夫子之道為至矣，則又有至焉者矣。』……後列子自以為未始學而歸。三年不出，為其妻爨，食豕如食人，於事無與親，彫琢復樸，塊然獨以其形立。紛而封哉，一以是終。」《至樂》篇又記：「列子行食於道從，見百歲髑髏，攓蓬而指之曰：『唯予與汝知而未嘗死，未嘗生也』。」《田子方》篇亦載：「列禦寇為伯昏無人射」，《列禦寇》篇更有：「列禦寇之

齊，中道而反，遇伯昏無人。」《讓王》篇特詳述曰：「子列子窮，容貌有饑色。客有言於鄭子陽者，鄭子陽即令官遺之粟。子列子見使者，再拜而辭。使者去，子列子入，其妻望之，其卒，民果作難而殺子陽。」此事亦見《呂氏春秋‧觀世》篇。

從引文中不難看出，列子類似孔門的原憲，是一個狷介自持的守道之士。他家境貧寒，面有饑色，卻能拒絕貴人送給他的小米。所以《觀世》篇的作者讚美列子：「方有饑寒之患矣，而猶不苟取，……達乎性命之情也。」

至於列子的著述，《漢書‧藝文志》著錄有：「列子八篇，名圄寇，先莊子，莊子稱之。」但經由劉向、劉歆父子之手所整理的《列子》早已散失。今存《列子》八篇經近人考證，是晉人張湛編訂而成的，肯定不是班固所著錄的原書。故其真偽問題向來是歷史上懸而未決的公案之一。其實，該書亦偽亦不偽。說其偽，是因為此書確經後人纂輯與加工；說其不偽，又因該書保存有許多古代傳述，非後人所能偽造。不管《列子》一書的真偽成份有多大，說列子其人是一位先秦確有的道家人物，已不會引起什麼非議。列子的思想特徵是「貴虛」，《尸子‧廣澤》篇就說：「列子貴虛。」《呂氏春秋‧不二》篇亦說：「老聃貴柔，關尹貴清，子列子貴虛。」可見老聃、關尹、列子之間確有某種傳承關係。

列子之後該論及莊子。如今老莊連稱已難分難割，但先秦諸子並沒有將老莊相連。最為引人注目的《荀子‧非十二子》和《韓非子‧顯學》均未提及老子，更沒有老莊連稱。《莊子‧天下》篇是關尹、老聃相連，莊周單提，也沒有提及莊子與老子有什麼關聯。最早將老、莊相聯繫的，是司馬遷的《史記‧老子韓非列傳》：

> 其學無所不窺，然其要本歸於老子之言，故其著書十餘萬言，大抵率寓言也。作《漁父》、《盜跖》、《胠篋》，以詆訿孔子之徒，以明老子之術。《畏累虛》、《亢桑子》之屬，皆空語無事實，然善屬書離辭，指事類情，用剽剝儒、墨，雖當世宿學不能自解免也。其言洸洋自恣以適己，故自王公大人不能器之。

> 太史公曰：老子所貴道，虛無，因應變化於無為，故著書辭稱微妙難識。莊子散道德，放論，要亦歸之自然。……皆原於道德之意，而老子深遠矣。

司馬遷只說莊子「其要本歸於老子之言」，「以明老子之術」，「要亦歸之自然。」

而未用「歸本於黃老」的說法。這顯然與評述申、韓等老子後學有所不同。可見，司馬遷是在對《老子》、《莊子》的主要思想內容進行了認真比較分析後，才得出這一結論的。這就探明了莊子與老子在學術思想上的淵源關係。一下子拉近了他們之間的距離，使老莊連稱呼之欲出了。故幾乎與司馬遷同時的《淮南子・要略》篇中就有了「考驗乎老莊之術，而以合得失之勢者也」的提法。雖然司馬遷在此沒有涉及今本《莊子》所謂內、外、雜篇的區分，可能是他把所見到的《莊子》視為一個整體，抑或他所見到的《莊子》其篇目次序與今不同而已。

漢初，《莊子》雖未能引起世人的足夠重視，遠不及《老子》流傳廣，但劉安及其門人肯定也是鑽研過《莊子》的，這有淮南子《莊子後解》、《淮南王莊子要略》可證。〔註39〕同司馬遷一樣，他們經過對比研究，從主要思想方面，把「老莊」聯繫起來了。

莊子同樣有隱逸之風，他雖曾做過漆園小吏，但生活十分窮困，連衣食都成問題：「莊子衣大布而補之，正緳係履而過魏王。」〔註40〕「家貧，故往貸粟於監河侯。」〔註41〕在如此困苦的境遇下，他竟能回絕楚王之聘，笑對使者說：「我寧遊戲污瀆之中自快，無為有國者所羈，終身不仕，以快吾志焉。」〔註42〕足見莊子也是「高尚其志，不事王侯」的隱君子，這與老子、關尹、列禦寇的傳統精神有著某種難以分割的承繼關係。

那麼，如何評價莊子在道家中的地位呢？郭沫若在《十批判書・莊子的批判》中有這樣一段精彩的論述：

> ……從莊子的思想上看來，他採取了關尹、老聃清靜無為的一面，而把他們的關於權變的主張揚棄了。莊子這一派或許可以稱為純粹的道家吧？沒有莊子的出現，道家思想儘管在齊國的稷下學宮受著溫暖的保育，然而已經向別的方面分化了：宋鈃、尹文一派發展而為名家，田駢、慎到一派發展而為法家，關尹一派發展而為術家。道家本身如沒有莊子的出現，可能是已經歸於消滅了。然而就因為有他的出現，他從稷下三派吸收他們的精華，而維繫了老聃的正統，

〔註39〕《文選》注中提到此二書；張恒壽《莊子新探》湖北人民出版社1983年版，第22～26頁有徵引和考證，可供參考。
〔註40〕《莊子・山木》。
〔註41〕《莊子・外物》。
〔註42〕《史記・莊子列傳》。

從此便與儒、墨兩家鼎足而三了。在莊周自己並沒有存心以「道家」
自命，他只是想折衷各派的學說而成一家言，但結果他在事實上成
爲了道家的馬鳴、龍樹。

這段話入木三分，透徹而精闢。沒有莊子，正統（或正宗）道家本身可能已
經歸於消滅。這似乎很絕對，實則很有道理。「純粹道家」的提法也很貼切，
由於莊子「維繫了老聃的正統」，故我們將這一系道家稱之爲「正統道家」。

　　至此，道家的傳承軌迹已清晰可辨了。自老子爲道家奠定基礎之後，在先
秦諸子中發揮其思想較爲充分的，一爲太史儋、關尹子、列子、莊子一系；此
外就是以稷下學者爲核心的黃老之學了。就是說道家在其演進過程中，逐漸形
成了兩大主流。正如清人魏源所說：「有黃老之學，有老莊之學」，〔註43〕這幾
乎和孔墨之後「儒分爲八，墨離爲三」一樣，老子之後道別爲二了。所不同的
是，道家在發展過程中，先後出現了兩個各自獨立的派別，而不是一個統一派
別的分化。秦漢之際，雖還不曾有正統道家與黃老道家的區分，但以司馬談父
子爲代表的漢初人實際上所尊奉的主要是黃老道家，從而有意無意地忽略了莊
子。魏晉以後，又不怎麼提黃老了，而以老莊道家作爲道家的正宗。

## 二、正統道家的缺憾

　　這個問題同眞假老子及其著作辨析、老子思想的本旨、正統道家的傳承
脈絡等一樣，也是學術界極爲關注的一個話題。與其直接相關的便是正統道
家到底屬於「出世」還是「入世」的討論，對此歷來爭論不休、眾說不一。
如前所述，老子對自然、社會、人生的諸多方面都有著冷靜細緻的觀察，精
到深刻的思考，在此基礎上，提出了建立理想社會的道德標準，並將該標準
樹爲治人事天的準則、治理國家的依據。這一整套可圈可點的學說體系，對
社會、人生頗多關注，且極具見地。如果我們對此視而不見，簡單地把正統
道家歸之於「出世」一途，恐怕很難令人信服。

　　但另一方面，以老、莊爲代表的正統道家，在矛盾面前卻往往採取迴避
退讓的態度，崇尚「不爭」、「無爲」哲學。他們的經歷也或多或少的存在著
某種避世的傾向：老子是「隱君子」；關尹能「澹然獨與神明居」；列子有「饑
寒之患」，卻能拒絕「官遺之粟」；莊子更是生活困窘，但面對楚王之聘，竟
笑對使者說：「我寧遊戲污瀆之中自快，無爲有國者所羈，終身不仕，以快吾

<hr>

〔註43〕《魏源集·老子本義序》。

志焉。」故將其學說視爲隱者的思想亦不無道理。因此，筆者不採用「出世」、「入世」之說，只想具體地分析一下正統道家最爲主要的不足之處。

老子思想的本旨可概括爲「視素保樸」、「少私寡欲」、「不爭」、「無爲」等等，認爲這些是「道」的法則使然，因此必須遵循和順從自然規律，以便獲取無爲而無不爲的效果，這無疑有其合理的可取成份。但我們切不可誇大其有益的因素，而忽視甚或掩蓋其消極的一面。自然規律固然須加遵從，但同時人類還有一個掌握並運用自然規律爲自身的社會實踐服務的問題，正統道家恰恰對這一點認識不足，甚或否定。從而給自己的學說帶來了不可彌補的缺失。

老子認爲：「爲者敗之，執者失之。……是以聖人欲不欲，……能輔萬物之自然而弗敢爲。」基於這樣的認識，他主張要「以亡事取天下」。並闡述其理由說：「我無事而民自富，我亡爲而民自化，我好靜而民自正，我欲不欲而民自樸。」故對「居亡爲之事，行不言之教」的聖人大加讚譽，而對有違此道者毫不留情：「罪莫厚乎甚欲，咎莫僉乎欲得，禍莫大乎不知足。」「人多智，而奇物滋起；法物滋彰，盜賊多有。」

老子的這一思想傾向，對其後繼者影響至深。竹簡本《老子》中的上述言論，除被太史儋悉數納入今本《老子》之外，還多有發揮。諸如帛書本及通行各本第三章之「不上賢，使民不爭；……恒使民無知無欲也」；第八章之「夫唯不爭，故無尤」；第四十三章之「天下之至柔馳騁於天下之至堅，無有入於無間，吾是以知無爲之有益也。不言之教，無爲之益，天下希能及之矣」；第四十七章之「是以聖人不行而知，不見而名，弗爲而成」；第五十二章之「見小曰明，守柔曰強」；第六十七章之「不敢爲天下先，故能成器長」；第七十六章之「堅強居下，柔弱居上」；第八十章之「甘其食，美其服，樂其俗，安其居」；第八十一章之「聖人之道，爲而弗爭」等等，無不是對這種思想傾向的承襲與發展。

關尹也是如此，他說：「在己無居，形物自著。其動若水，其靜若鏡，其應若響。芴乎若亡，寂乎若清。同焉者和，得焉者失。未嘗先人，而嘗隨人。」因其「以濡弱謙下爲表，以空虛不毀萬物爲實。」所以達到了「澹然獨與神明居」之境界。

列子亦不例外，其「貴虛」之說便是明證：

或謂子列子曰：子奚貴虛？

列子曰：虛者，無貴也。

子列子曰：非其名也，莫如靜，莫如虛。靜也，虛也，得其居矣；取也，與也，失其所矣。事之破（毀），而後有舞仁義者，弗能復也。

粥熊曰：運轉亡已，天地密移，疇覺之哉？故物損於彼者盈於此，成於此者虧於彼。損盈成虧，隨生隨死，往來相接，間不可省，疇覺之哉？凡一氣不頓進，一形不頓虧；亦不覺其成，亦不覺其虧。亦如人自生至老，貌色智態，亡日不異，皮膚爪髮，隨生隨落，非嬰孩時有停而不易也，間不可覺，俟至後知。〔註44〕

所謂的「貴虛」就是不患得，不患失，任自然轉移，虛靜以待。對是非利害，損盈成虧，生老病死，心無所繫，泰然處之。

今存《列子》雖有許多後人所加內容，但《天瑞》、《黃帝》兩篇的文法比其餘六篇較為古奧，抑或所保持原本的成分居多。

正統道家的這一思想趨向，無疑會引導人們逐漸形成被動地適應環境，在任何情況下安然自得、知止知足、隨遇而安、不求進取的心態。莊子正是沿著這一思路進而提出了「知其不可奈何而安之若命，德之至也」的觀點。〔註45〕意即安於自然的命運為人德性修養之極致，而唯有德的人才能做到這一點。何為「命」，莊子定義曰：「未者有分，且然無間謂之命。」〔註46〕意思是說，事物未形之時即已潛在地具備成形後的一切分際，這種分際不待後天人為的損益，就是「命」。換言之，「命」是事物先天的存在條件，是一種自然必然性。因是先天之必然，故「死生、存亡、窮達、貧富、賢與不肖、毀譽、饑渴、寒暑是事之變，命之行也。」〔註47〕於是莊子要求於人於物「褚小者不可以懷大，綆短者不可以汲深。」〔註48〕應堅信人後天之所成所適皆「命」使之然，無須抗爭。

「安於若命」運用於社會人生，便要求人們盡可能做到「安時而處順」。在莊子看來，「時」不只是一個時間概念，同時還是一個包括時代環境、社會環境、自然環境、生活環境等諸多因素在內的空間概念。「安時」就應不擇時而安，不

〔註44〕《列子‧天端》。
〔註45〕《莊子‧人世間》。
〔註46〕《莊子‧天地》。
〔註47〕《莊子‧德充符》。
〔註48〕《莊子‧至樂》。

擇地而安，不擇事而安，一語以概之，即隨遇而安。「順」則是指順從、順隨。「處順」就是要與世偕行而不相牴觸，與人交往相處當謹小慎微，不要輕易觸犯他人。莊子認爲如此便可「入於無疵」，以致「哀樂不能入也。」〔註49〕

從中不難看出，隨遇而安，安之若命的觀念，過於看重自然力和命運的強大，抹殺了人類自身的主觀能動性，面對外在異己的力量，人們似乎只能安之、順之，而不能有相應的能動行爲。這種處世原則極容易使人安於現狀，不思上進，無所作爲，消極地適應環境，甚至於隱逸避世。《呂氏春秋》的作者已察覺到了正統道家這方面的共通之處，在《不二》篇中指出：「老聃貴柔，關尹貴清，子列子貴虛。」今觀正統道家的著述，雖也含有某些入世的成分，但確非主流，故荀子更進一步批評早期道家「蔽於天而不知人」，〔註50〕看來其言不虛。

但若籠統的說正統道家「不知人」，也不盡然。老子早就提出了「名與身孰親？身與貨孰多？得與亡孰病」等命題。其回答也是十分明確的，最終歸結於「故知足不辱，知止不殆，可以長久。」可見對人本身是極爲重視的。不過重視的方式卻值得探討。老子通過對自然社會深入、細緻地觀察，感悟到在天地萬物的發展變化過程中，柔弱一類的事物往往更富有生命力，而剛強堅硬的事物反而容易被毀壞，從中得出了「弱也者，道之用也」，「湍（揣）而群（銳）之，不可長保也」等結論。於是便將柔弱不爭奉爲古往今來與天相配的極則，認爲這是「道」的原理之體現，人生不可不遵循的準則。

太史儋對老子的這一論斷多所引申，他在增訂本《老子》一書中說：「人之生也柔弱，其死也堅強；草木之生也柔脆，其死也枯槁。故堅強者死之徒，柔弱者生之徒。是以兵強則滅，木強則折。」〔註51〕「勇於敢則殺，勇於不敢則活。」〔註52〕就是說柔弱能夠勝剛強。自我逞強便會送命，即所謂「自矜者不長。」〔註53〕反之，表現柔弱，卻能保全生命。他認爲這其中的道理不是人們不知道，而是做不到：「柔之勝剛也，弱之勝強也，天下莫弗知也，而莫之能行也。」〔註54〕

---

〔註49〕《莊子·養生主》。
〔註50〕《荀子·解蔽》。
〔註51〕《道德經》（七十六章）。
〔註52〕《道德經》（七十三章）。
〔註53〕《道德經》（二十四章）。
〔註54〕《道德經》（七十八章）。

　　莊子對這一思想更是心有靈犀一點通，他認為守柔處弱具有諸多益處，所以根本沒有必要與人相爭，出人頭地。其《天下》篇就說：「堅則毀矣，銳可挫矣。」在他看來，柔弱不爭是一種獨特的取勝之道。《讓王》篇是莊子後學闡發其「重生輕物」思想的代表作，該篇也批評「今世欲之君子，多危身棄生以殉物」的做法實不足取，且反覆論證以生命為貴，以名位利祿為輕的人生哲學。這說明正統道家的所謂「知人」，並沒有對人的潛能引起重視，只不過是要人們逆來順受，被動地「全性保真」。

　　正統道家所倡導的以柔弱不爭來保全自身的道行品德，在漫長的歷史進程中，發展演進為內涵獨特而涉及面極廣的處世之道，諸如「知足」、「知止」、「不有」、「不恃」、「不自伐」、「不自矜」、「抱樸」、「寡欲」之類遇事心安理得、甚至麻木不仁等心態，無不是正統道家重身輕物，全性保真等思想在現實中的消極反映。由於這些理念契合人性軟弱的一面，幾千年來逐漸衍化為一種較為普遍的阿 Q 式的社會心理，進而對人們逆來順受等某些觀念的形成產生了極其深刻的影響。

　　更有甚者，老子「身重於物」的主張，被與道家存有某種淵源的楊朱一系，引向了極端歧路。

　　楊子的生平已無從確考，現只能從某些存世典籍中窺知其學說之一斑。今本《列子》雖不敢具信為真，但肯定有出自原作而被造偽者採入的內容，故據其以觀楊子的主要思想特徵，尚有值得採信的成份。其《楊朱》篇裏記有禽滑釐與楊朱的這樣一段論辯：

> 楊朱曰：伯成子高不以一毫利物，舍國而隱耕。大禹不以一身自利，一體偏枯。古之人損一毫利天下，不與也；悉天下奉一身，不取也。人人不損一毫，人人不利天下，天下治矣。
>
> 禽子問楊朱曰：去子體之一毛以濟一世，汝為之乎？
>
> 楊子曰：世固非一毛之所濟。
>
> 禽子曰：假濟，為之乎？
>
> 楊子弗應。

這就是「損一毫而利天下，不與也」典故的出處，是按「知人」、「重身輕物」、「全性保真」邏輯推導出的荒謬絕倫理念。《淮南子‧氾論訓》說：「兼愛、尚賢、右鬼、非命，墨子之所立也，而楊子非之。全性保真，不以物累形，

楊子之所立也，而孟子非之。」這說明「全性保眞」確爲楊子學說之所重。

楊朱之所以對生命如此看重，是因爲他對人生的認識與眾不同：

> 楊朱曰：百年，壽之大齊，得百年者，千無一焉。設有一者，孩抱
> 以逮昏老，幾居其半矣；夜眠之所弭，晝覺之所遺，又幾居其半矣；
> 痛疾哀苦，亡失憂懼，又幾居其半矣。量十數年之中，逌然而自得，
> 亡介焉之慮者，亦亡一時之中爾。則人之生也奚爲哉，奚樂哉？爲
> 美厚爾，爲聲色爾。而美厚復不可常厭足，聲色不可常玩聞。乃復
> 爲刑賞之所禁勸，名法之所進退，遑遑爾競一時之虛譽，規死後之
> 餘榮，偊偊爾愼耳目之觀聽，惜身意之是非，徒失當年之至樂，不
> 能自肆於一時，重囚累梏何以異哉！

> 太古之人，知生之暫來，知死之暫往，故從心而動，不違自然所好，
> 當身之娛，非所去也，故不爲名所勸；從性而遊，不逆萬物所好，
> 死後之名，非所取也，故不爲刑所及。名譽先後，年命多少，非所
> 量也。〔註55〕

在楊子看來，「生民之不得休息，爲四事故：一爲壽，二爲名，三爲位，四爲
貨。有此四者，畏鬼、畏人、畏威、畏刑，此之謂遁人也。可殺可活，制命
在外。不逆命，何羨壽？不矜貴，何羨名？不要勢，何羨位？不貪富，何羨
貨？此之謂順民也。」〔註56〕人若能捨棄貪生好利、愛名羨位之心，便是一
個至人。常人受此四事的煩擾、驅使，使人生難有歡樂。楊朱尤其反對儒家
所立的仁義道德，認爲那全是戕賊人類本性的說教。天下之美皆歸於舜禹周
孔，天下之惡皆歸於桀紂，但四聖生無一日之歡，二凶生有縱欲之樂，死後
雖毀譽不同，畢竟同上西天，自己絲毫不知。空有其名，於生無補。爲人犧
牲自己，不過是被名利等所誘惑，並非人類的本性，甚至變成一種虛僞的行
爲。「生非貴之所能存，身非愛之所能厚」，〔註57〕由於「理無不死」的原故，
故當於生時儘其歡。楊朱屬極端的官能性歡樂主義者，附和他學說的人很多，
走向極端的，便墜入放縱色食、自暴自棄之泥潭。

至於楊子的學派歸屬，學界亦頗多爭論，有人據楊朱曾於沛受教於老聃，
而將其歸入老、尹一流，實則不妥。《荀子》的《非十二子》、《解蔽》、《列子》

---

〔註55〕　《列子・楊朱》。

〔註56〕　《列子・楊朱》。

〔註57〕　《列子・楊朱》。

的《黃帝》、《周穆王》、《仲尼》、《力命》、《說符》，《莊子》的《應帝王》、《寓言》、《山木》、《駢拇》、《胠篋》、《天下》、《天地》、《徐无鬼》，《史記·太史公自序》等等都反覆提到楊朱之名；《孟子》、《呂氏春秋·不二》、《淮南子·氾論訓》等都有對其學說的評價，這說明其學說在戰國時代流傳甚廣，實屬當時顯學之一。但《孟子》、《莊子》卻往往是「楊墨」並列而稱，這就不能不引起人們的疑慮與猜測。

孟子痛斥「楊氏爲我，是無君也，墨氏兼愛，是無父也，無父無君，是禽獸也。」認爲楊、墨的主張「是邪說誣民，充塞仁義也。」故指出「楊墨之道不息，孔子之道不著」，而「能言距楊、墨者，聖人之徒也。」〔註58〕孟子尊孔而抑楊墨，無論他怎樣抵毀楊朱都不足爲怪。但令人費解的是，楊朱不僅受到敵對派的責難，同時卻還受到通常被認爲同屬一宗的莊周一派的嚴厲指斥，這就讓人感到意外和困惑。《莊子》一書曾先後借老子之口說楊朱「不可教」，並言其自比於「明王之治」，是「胥易技係，勞形怵心者也。」〔註59〕進而直接批評楊朱「駢於辯者，累瓦結繩竄句，遊心於堅白同異之間，而敝跬譽無用之言非乎？而楊墨是已。故此皆多駢旁枝之道，非天下之至正也。」並要「鉗楊墨之口，攘棄仁義而天下之德始玄同矣」。其後，又毫不留情地指責「彼曾、史、楊、墨，皆外立其德，而以爚亂天下者也。」〔註60〕更譏笑「楊、墨乃始離跂自以爲得、非吾所謂得也，夫得者困，可以爲得乎？則鳩鴞之在於籠也，亦可以爲得矣。」〔註61〕足見《莊子》書是把楊、墨並列，視作論敵而一併攻之。不僅如此，「歸本於黃老」的韓非，也貶斥「楊朱、墨翟，天下之所察也，千世亂而卒不決，雖察而不可以爲官職之令」，不過是些「不用之辯」而已。〔註62〕道家的集大成之作《淮南子》對楊朱也不放過：「百家異說，各有所出。若夫墨、楊、申、商之於治道，猶蓋之一橑而輪之一輻（從王念孫校）。有之，可以備數；無之，未有害於用也，己自以爲獨擅之，不通於天地之情也。」〔註63〕由此可知，楊朱之學並非老學，如其是，後起道家又何以對其群起而攻之呢？楊子雖曾就教於老子，但這正像孔子曾求教

---

〔註58〕《孟子·滕文公下》。

〔註59〕《莊子·應帝王》。

〔註60〕《莊子·駢拇》。

〔註61〕《莊子·天地》。

〔註62〕《韓非子·八說》。

〔註63〕《淮南子·俶眞訓》。

於老子，卻創立了儒家學派一樣，楊子也開創了自成一系的獨立學派。

今觀楊子的學說，與正統道家有違者殊多。如「老聃貴柔」，而楊朱是「向疾強梁」；《老子》力主「絕智棄辯」，而楊朱卻喜「物徹疏明」，故「竊句遊心，致力於堅白異同之辯」；《老子》曰「絕學無憂」，而楊朱卻說「學道不倦，可比明王」。足見楊氏與老子之學大相徑庭。儘管楊朱的「全性保真」與《老子》的「重身輕物」、「視素保樸」不無相通之處，但老子雖「重身」，卻倡導要「無私」、「亡身」、「為天下」，楊朱則不然，「要在貴己、為我」，〔註64〕以至於「拔一毛而利天下不為也。」〔註65〕可見楊子是極端的個人主義者，與正統道家格格不入。

儘管楊朱之學與正統道家大相徑庭，但他確實是受到了正統道學的影響，其學說雖然無法歸入正統道學一流，但與老子學說又不能完全脫離干係，在此述及楊朱一系，只是為了說明正統道家的缺欠極易導致類似的一些消極、甚或不良的後果。

正是由於正統道學自身的不足，使其難以擔當引領戰國早中期思想文化潮流的重任。當儒家與墨家早在戰國前期已初具思想流派體系，奠定了其後各自「顯學」地位的時候，道家還未能構成一個傳承脈絡清晰的流派雛形，其學說體系也不那麼系統一致。這樣的理論更無法應用於社會政治實踐。故當楊朱拿著與道家學說雖有關聯，但卻屬鸚鵡學舌，早已走了樣的楊學去見梁王，「言治天下如運諸掌然」時，梁王反詰曰：「先生有一妻一妾不能治，三畝之園不能芸，言治天下如運諸手掌，何以？」〔註66〕使名噪一時的楊子尷尬至極。

儘管正統道家與社會、人生中的具體問題多有脫節，但《老子》所論及的卻為宇宙、社會、人生的普遍哲理，給後人留下了諸多發揮的餘地。故戰國時，人們已將老子尊為「古之博大真人」，〔註67〕認為他是闡發了「道德」的哲人。其思想言論有人稱引、有人論證、有人鑽研、有人推崇，但多半都是取其一端或數端加以拓展，以服務於自身的新學說體系。這樣一來，老子的思想竟成為名家、法家、術家以及楊朱一系等形成的理論依據，但各家卻並未把老子奉為宗主，老學自身反而很難形成特色鮮明的派別。與儒、墨相

---

〔註64〕《呂氏春秋・不二》。
〔註65〕《孟子・盡心上》。
〔註66〕劉向《說苑・政理篇》。
〔註67〕《莊子・天下》。

比，儒家以教育中的師生關係、墨家以組織中的上下關係，均可以在時間軸上理出其在思想史上傳承延續的軌迹，而正統道家崇尚「不言之教」，老子既沒有建立相關的學派組織，也沒有開門授徒，連一個嚴格意義上的弟子都沒有，這在那個相當閉塞的時代，其學說一時很難形成影響力。其後，正統道家的傳承者亦多具隱世特徵，他們雖都有改造社會的良好願望，但終因缺乏具體方略而無可奈何，只好「遯世無悶」，作個「自了漢」以終其身。這就使司馬遷歎爲「深遠矣」的老子學說，在其學派的發展進程中長期處於劣勢地位。主要表現在：一無公認的開山祖；二無具體的傳授系統；三無明顯的形成時間。故在儒、墨等家已成爲顯學的時候，效法老子的人，便不得已擡出一個黃帝來，借黃帝之名，改造正統道學，並用以提高自身學說的地位。經整合之後，所形成的新思想體系，史籍稱其爲「黃老道德之術」，也就是我們今天所說的黃老思想。

# 第四節　黃老之學的應運而生

## 一、「黃帝情結」與「黃帝思潮」

　　根據史籍的記載，黃老思想的淵源，是祖述黃帝與老子的。老子眞有其人，而黃帝則是個由神而人的傳奇式人物。歷史上關於黃帝的傳說，歷來是眾說紛紜，有關史籍的記載也各不相同，相互矛盾抵捂的地方很多。這種情形也不足爲怪。因爲人類歷史的記載，都是由傳說而進入有史、由野蠻而進入文明的。黃帝這個由神而人的傳說過程，正是對人類歷史向文明進化、演進過程的反映。

　　稽考古代文獻，最早言及黃帝事迹的是《左傳》，其次爲《國語》及《逸周書》。

　　《左傳‧僖公二十五年》記載說：

> 秦伯師於河上，將納王。狐偃言於晉侯曰：「求諸侯，莫如勤王。諸
> 侯信之，且大義也。繼文之業，而信宣於諸侯，今爲可矣。」使卜
> 偃卜之，曰：「吉，遇黃帝戰於阪泉之兆。」

這只是轉述卜辭上的話，並無具體實際內容，但卻已作爲決策的吉兆。同書昭公十七年又記載說：

> 秋，郯子來朝，公與之宴。昭子問焉，曰：「少皞氏鳥名官，何故也？」

　　郯子曰：「吾祖也，我知之。昔者黃帝氏以雲紀，故為雲師而雲名。」
郯子所說的黃帝，雖亦無翔實內容，但已將其視為己祖。

　　《國語・魯語上》關於黃帝的記載，雖較之《左傳》詳細些，但同樣沒
有超出傳聞的範圍：

> 黃帝能成命百物，以明民共財，顓頊能修之。……故有虞氏禘黃帝
> 而祖顓頊，郊堯而宗舜；夏后氏禘黃帝而祖顓頊，郊鯀而宗禹……。

不過值得注意的是，這裡所講的黃帝，均已帶有向祖先崇拜轉化的趨勢，有
虞氏、夏后氏皆因之而祭祀黃帝。

　　至《國語・晉語四》司空季子所講的黃帝，則已經成了姬周的始祖了：

> 黃帝之子二十五人，其同姓者二人而已，唯青陽與夷鼓皆為己姓。
> ……其同生而異姓者，四母之子，為十二姓，凡黃帝之子二十五宗。
> 其得姓者十四人，為十二姓。……唯青陽與蒼林氏同於黃帝，故皆
> 為姬姓，同德之難也如是。昔少典取於有蟜氏，生黃帝、炎帝，黃
> 帝以姬水成，炎帝以姜水成。成而異德，故黃帝為姬，炎帝為姜，
> 二帝用師以相濟也，異德之故也。

這則記載已十分清楚地表明，黃帝是周族的始祖，他與姜族的祖先炎帝「用
師以相濟」，結為同盟。後來，他們聯合打敗了共同的勁敵蚩尤。《逸周書・
嘗麥》篇就記述了黃帝擊敗蚩尤的情況：

> 昔天之初，誕作二后，乃設建典，命赤帝分正二卿，命蚩尤於宇少
> 昊，以臨四方，司□□（按：原引二字不清，當為百工）。上天未成
> 之慶，蚩尤乃遂帝，爭於涿鹿之阿，九隅無遺。赤帝大懾，乃說於
> 黃帝，執蚩尤，殺之於中冀。……乃命少昊清司馬鳥師，以正五帝
> 之官，故名曰質，天用大成，至於今不亂。

擒殺蚩尤，命少昊代蚩尤司命東方，於是「天用大成，至於今不亂」。這樣一
來，黃帝就不僅是周族的始祖了，而是隨著姬周的發跡滅商，統治中原，從
而成為整個華夏民族的共同祖先了。這也正是周成王祖述黃帝以確立自己權
威的實質所在。

　　到了戰國時代，由於大國爭霸局面的形成和稱雄稱霸形勢的需要，黃帝
的存在已逐漸被視為信史。戰國中期的青銅器《陳侯因齊敦》上的銘文說：

> 唯正六月癸未，陳侯因齊曰：皇考孝武桓公（陳侯午）恭哉，大謨
> 克成。其唯因齊，揚皇考昭統，高祖黃帝，邇嗣桓文，朝問諸侯，

合揚厥德。諸侯寅薦吉金，用作孝武桓公祭器敦。以蒸以嘗，保有
齊邦，𠦪萬子孫，永爲典常。

這則銘文裏的陳侯因育就是齊威王，桓公是指威王之父陳侯午，也就是齊桓
公。所謂「高祖黃帝，邇嗣桓文」，意爲遠要祖述黃帝，近則要繼承齊桓公、
晉文公的霸業。其實此時的齊國，田氏已經代齊，尊黃帝爲祖，無非是要表
明田氏篡齊執政的合理合法性。

戰國爭霸的最終目的，是統一中國。而黃帝作爲統一的象徵，在政治上
的作用尤顯突出。

1972 年，山東臨沂銀雀山漢墓出土的《孫子兵法》，記載了黃帝「已勝四
帝，大有天下」的故事。所謂「已勝四帝」，是指黃帝戰勝了東方的青帝，南
方的赤帝，西方的白帝，北方的黑帝。從而統一了天下。《孫子》關於黃帝統
一天下的這一描述，顯然是爲了適應戰國時代統一中國這一歷史任務而塑造
出來的。但《孫子》的發揮和描述，也並非豪無根據，而是上有所承的。《墨
子・貴文》篇就說：

帝以甲乙殺青龍於東方，以丙丁殺赤龍於南方，以庚辛殺白龍於西
方，以壬癸殺黑龍於北方。

這裡所謂的青、赤、白、黑四色之龍，也就是《孫子》書中的青、赤、白、
黑四色之帝，因爲古代常常以龍表示帝神。而《墨子》書中的所謂「帝」，也
就是《孫子》書中所明白指示的黃帝。因黃帝居中而爲黃龍之神。所以《孫
子》書中所謂的「黃帝勝四帝」之說，也就是由《墨子》書中帝殺四龍之說
演繹而來的。不過，《墨子》書中的黃帝還是神，而《孫子》書中的黃帝則已
是人間之王了。

綜上所述，大致周代以前，黃帝是神的化身；到了周代，黃帝成了姬姓
周族的祖先；戰國時代，黃帝進而演變成爲人間的帝王。至秦漢間，黃帝已
由神話傳說轉爲信史，並被正式納入五帝之列。司馬遷在寫《史記》的時候，
儘管認爲堯以前的歷史不可靠，難以爲據：「學者多稱五帝尙矣，然《尙書》
獨載堯以來，而百家言黃帝，其文不雅馴，薦紳先生難言之。」〔註 68〕但對
黃帝的事迹卻極爲重視，作了詳盡的記述，並且十分具體：如說黃帝姓公孫，
名軒轅，代神農爲天子。娶嫘祖爲妻，生了兩個兒子，一個叫玄囂，一個叫
昌意。昌意又生高陽，即爲顓頊。又說黃帝發明了很多東西，諸如衣、裳、

---

〔註68〕《史記・五帝本紀》。

履、杵、臼、釜、甄等。並作宮室，鑄鍾鼎；挖井，作舟車，做樂器，定律呂；作文字，造甲子；作醫術，造日曆等。黃帝死後葬於橋山（今陝西黃陵縣）。他的兒子共有 25 人，其中得姓者 14 人，都分別在後世的各國掌權，這也就是我們自稱是黃帝子孫的緣由。

從中不難看出，黃帝其實不是一個具體的歷史人物，在自然神崇拜的時代，曾是天神的化身。後來，很可能是一個居住於黃土地帶、崇尚黃色的氏族部落或部落聯盟以其作為族名。到了祖先崇拜的時代，由於該部族在歷史上的強勢地位以及華夏民族形成和統一的需要，就進一步將其人格化、具體化為一個威震八方的部族始祖，並將部落的各種發明創造歸屬於其一身，造就出了一個無所不能的英雄，一旦擁有這樣一個祖宗，無疑會有極大的榮耀感和號召力，並可化作征服他族和鞏固統治地位的強有力武器。而其他聯繫相對緊密的各弱勢部族也樂於心悅誠服地歸屬於這個令人值得自豪和驕傲的始祖，從而構成了一個更大範圍的民族聯合體，這應該說就是「黃帝情結」的由來。

由於黃帝在政治上至高無上地位的最終確立，到了戰國中期百家爭鳴的時代，在思想文化領域，便形成了「黃帝熱」的局面，託名為黃帝的著述大量湧現，「黃帝思潮」迅猛興起。正如《淮南子‧脩務訓》所說：

> 世俗之人，多尊古而賤今，故為道者，必託之於神農、黃帝，而後能入說。亂世闇主，高遠其所從來，因而貴之。為學者蔽於論，而尊其所聞，相與危坐而稱之，正領而誦之。

這就將出現黃帝熱的來籠去脈講得再清楚明白不過了。

據《漢書‧藝文志》的著錄，有關黃帝之書共計 12 類 26 種之多。茲列舉如下，以觀其盛。

道家類五種：
《黃帝四經》四篇。《黃帝銘》六篇。
《黃帝君臣》十篇。《雜黃帝》五十八篇。
《力牧》二十二篇。

陰陽家類一種：
《黃帝泰素》二十篇。

小說家類一種：
《黃帝說》四十篇。

兵陰陽類五種：

《黃帝》十六篇。《封胡》五篇。《風后》十三篇。

《力牧》十五篇。《鬼容區》三篇。

天文類二種：

《黃帝雜子氣》三十三篇。《泰階六符》一卷。

曆譜類一種：

《黃帝五家曆》三十三卷。

五行類二種：

《黃帝陰陽》二十五卷。《黃帝諸子論陰陽》二十五卷。

雜占類一種：

《黃帝長柳占夢》十一卷。

醫經類一種：

《黃帝內經》十八卷。

經方類二種：

《泰始黃帝扁鵲俞拊方》二十三卷。《神農黃帝食禁》七卷。

房中類一種：

《黃帝三王養陽方》二十卷。

神仙類四種：

《黃帝雜子步引》十二卷。《黃帝歧伯按摩》十卷。

《黃帝雜子芝菌》十八卷。《黃帝雜子十九家方》二十一卷。

遺憾的是，黃帝類著述，幾乎全部亡佚了。所幸 1973 年長沙馬王堆 3 號漢墓出土了《老子》乙本卷前的《黃老帛書》，它為我們把握「黃帝情結」與「黃帝思潮」，深化對由此而產生的「黃老思想」的認識，提供了可靠的史料依據。

## 二、黃老之學產生的時間推定

「黃老」作為一個學術名稱，從字面意義上說，是指傳說中的原始社會的部落酋長黃帝與道家創始人老子的合稱或並稱。這一學術名詞的提出時間，是在西漢初年，並被兩漢所沿用。然而，在先秦古籍裏，「黃」是「黃」，「老」是「老」，界線分明，從未合稱。

如前所述，《左傳》、《國語》、《逸周書》等上古文獻對黃帝的記載都是單

獨提及的。戰國時期的文獻也是如此，如《商君書》就有幾處關於黃帝的記載，其《畫策》篇說：「黃帝之世，不麛不卵，官無供備之民，死不得用槨。」《管子》對黃帝也有多處記述，如《任法》篇說：「黃帝之治天下也，其民不引而來，不推而往，不使而成，不禁而止。黃帝之治也，置法而不變，使民安其法者也。」《韓非子》在講到黃帝、老子時亦分別敘述之。如《解老》、《喻老》篇，是韓非專門論述老學的，當談到黃帝時，只是說：「昔者黃帝合鬼神於泰山之上，駕象車而六蛟龍，畢方並轄，蚩尤居前，風伯進掃，雨師灑道，虎狼在前，鬼神在後，騰蛇伏地，風皇覆上，大合鬼神，作爲清角。」絲毫沒有涉及黃、老二者之關係。《荀子‧天論》篇在講到老子時，只說：「老子有見於詘，無見於信」而已。《莊子》書是談論黃帝、老子較多的著作，但從未將二者並稱。如《在宥》篇說：「昔者黃帝始以仁義攖人之心，堯舜於是乎股無胈，脛無毛，以養天下之形。」《盜跖》篇說：「世之所高，莫若黃帝。黃帝尚不能全德，而戰涿鹿之野，流血百里。」而在《田子方》篇說：「孔子見老聃，老聃新沐，方將被髮而乾，慹然似非人，孔子便而待之。」《庚桑楚》篇則直呼老聃爲「老子」，並記述了老子不少言論，諸如「衛生之經，能抱一乎？能勿失乎？能無卜筮而知吉凶乎？能止乎？能已乎？能舍諸人而求諸己乎？……」等等。從中絲毫看不出黃、老之間的任何聯繫。成書於戰國末年的《呂氏春秋》，記載黃帝、老子之言頗多，且相當詳細，但從不混同。此類例證甚多，恕不復引述。除此之外，春秋末至戰國初的文獻如《論語》、《墨子》、《孟子》等幾乎找不到有關「黃」、「老」的痕迹。

總而言之，在先秦古籍中是沒有「黃老」連用例證的。但與上述情形相反，「黃」、「老」並稱或「黃老」連用，在秦、漢間卻十分流行，或稱「黃老之術」、或稱「黃老之言」，皆將黃帝與老子並舉或合稱，「黃老術」、「黃老言」幾乎成爲道家學派的代稱。這說明在漢初以前，確實形成了一個傳播「黃老言」、宣傳「黃老術」之學派，漢初仍有大批學者與官吏在弘揚「黃老學」、實施「黃老術」。而「黃老」這一名詞的並稱或合稱，實則是漢初人對這種客觀存在的社會學術文化現象的眞實記錄與概括總結。因此，「黃老」這個名稱可視爲漢初人對黃老學派及其思想理論所引發的社會思潮的習慣稱謂。

不過，雖然「黃老」之稱謂是出自漢初人之口，《史記》是最早黃老合稱的傳世文獻。但這並不意味著「黃老言（或術）」作爲一個學派僅存在於漢初。我們不能對「黃老」這一名稱僅作字面意義上理解，而應當將其作爲一種文

化上的存在來審視，它必然具有一個較長的形成與發展過程。黃老之名雖出現在漢初，但黃老之實在戰國時業已存在。似乎這樣說會更確切些：黃老之學發生形成於戰國時期，黃老道家思想發展盛行於秦漢之際。

　　之所以這樣說，有《史記》為據。《史記・孟子荀卿列傳》說：「慎到，趙人。田駢、接子，齊人。環淵，楚人。皆學黃老道德之術，因發明序其指意。」《史記・老子韓非列傳》也說：「申子（申不害）之學，本於黃老而主刑名。」並說韓非「喜刑名法術之學，而其歸本於黃老。」申不害的生卒年代約在西元前 385 年至前 337 年之間，慎到的生卒年代約在西元前 395 年至前 315 年之間，田駢、接子、環淵的生卒年代雖無法確考，但他們皆曾講學於齊國的稷下學宮，差不多與齊宣王、齊愍王為同時期人。既然上述諸位都本於「黃老」或學習「黃老」，足以證明「黃老」之學至少在戰國中期已經產生，並經他們這一中間環節的傳承，從而傳播和盛行於秦漢之際。因此，漢初人提出「黃老」這一名詞概念，只是他們對黃老學這個客觀社會思潮存在的認可與寫真，而並不是對黃老僅存在於漢初的時間定位。倘若沒有戰國時期形成的黃老學及其演化，漢初人就無從提出「黃老」這一名稱。從先秦將黃帝、老子單獨記述發展到漢初「黃老」相連這一稱謂，是道家學派逐步演化整合的結果，其中暗含著一個時代學術思想理論的變遷，其演化的過程大約就在戰國中期前後。

## 三、黃老之學產生的原由

　　學術思想作為一個社會的意識形態，從來都是圍繞著社會政治的需要發生和發展的。古代中國也不例外，所謂「陰陽、儒、墨、名、法、道德，此務為治者也」，〔註69〕「百家殊業，皆務於治」等等，〔註70〕就是對古代學術這一基本精神的高度概括和準確反映。「然而，學術思想作為意識形態，畢竟是以自己特有的思想理論的形式影響和作用於政治生活的，因而，為政治實踐服務的活動，同時也是一個精神財富的創造過程。」〔註71〕

　　黃老之學的產生，首先是由於時代呼喚新的治世學說。戰國時期是我國封建化運動取得重大進展的時代。當時，各諸侯國順應生產力大發展的要求，

〔註69〕《史記・太史公自序》。
〔註70〕《淮南子・氾論》。
〔註71〕白奚《稷下學研究》，北京：生活・讀書・新知三聯書店，1998，9月，第16頁。

繼春秋時期進行的封建變革之後，進一步加大了社會政治、經濟諸方面的改革力度。伴隨著各國轟轟烈烈的變法運動，封建化進程明顯加快。這一方面為我國古代社會歷史的轉型營造了一種適宜的環境，並由此顯示出了封建制必然取代奴隸制的不可逆轉性；另一方面，也使各國由於政治、經濟發展的不平衡所導致的彼此之間弱肉強食的兼併戰爭更趨激烈，並在強弱、勝敗、存亡的消長變化中，呈現出全國封建大一統的發展趨勢。

面對變化了的現實，人們開始思考一系列新問題：

> 社會發生的深刻變化需要人們從歷史經驗上進行總結，從思想理論上做出說明和解釋；如何才能消除社會危機，解民於倒懸，需要人們拿出切實可行的辦法；個人應如何應付險惡的社會環境，如何看待現實中的是非善惡等等，需要人們提供新的、多樣化的價值標準和人生態度；社會的變化將何去何從，需要人們做出合乎情理的、令人信服的預測。特別重要的是，尋找適合自己需要的治國方案，儘快富國強兵，以便在激烈的兼併戰爭中生存和發展，更是各國君主最為關心的頭等大事。所有這些問題，都要由思想家們來思考和解決；而對所有這些問題的思考和解決，便形成了百家之學。〔註72〕

激烈的兼併戰爭，歸根到底是實力的較量。而實力又取決於對國家治理的好壞，而治理國家又離不開政治理論的指導。所以治理好國家的根本，首先是要選擇適合自己需要的、切實可行的治國方略。因而選擇治國方案，就成為列國君主最為關注的問題。一般說來，在實力相當的情況下，運籌於帷幄常常是決勝於千里的關鍵因素，是在競爭中獲取優勢的法寶。正因為認識到了富國強兵思想理論的重要性，各國間展開了激烈的人才競爭之戰，呈現出求賢若渴的局面，秦孝公就是其中一例，他在即位之初便下令求賢：「賓客群臣有能出奇計強秦者，吾且尊官，與之分土。」〔註73〕如此高昂的代價所要換取的，決不會是什麼具體的謀略和計策，而是治國的大政方針。因而在商鞅提供的「帝道」、「王道」和「霸道」三種治國方略中，他選擇了符合本國實情的「霸道」，通過實施，迅速走上了富國強兵的道路。為後來盪平六國打下了堅實的基礎。當時各種學說的紛紛出籠，正是在這樣的情勢下應運而生的。

---

〔註72〕白奚《稷下學研究》，第14頁。
〔註73〕《史記·秦本紀》。

其次，黃老思想的產生，是道家改造、整合自身學說的客觀要求。春秋戰國時期的社會動盪，人們常以「禮崩樂壞」來概括。禮樂作爲社會上層的行爲規範，不僅標誌著一種社會制度和秩序，而且包含著人們對此種制度和秩序的認可和由此形成的思想傳統，因而它同時又標誌著一種觀念系統和價值體系。「禮崩樂壞」不僅是這一統治秩序的崩壞，同時又是舊有的意識形態的危機。當時的思想家們對此缺乏深刻的認識，故儒家力主恢復周禮，結果到處碰壁。墨家、道家均提出了自己的社會道德標準與治世學說，但由於當時對社會發展趨勢及規律還把握不準，故其學說難以切中時弊，作到對症下藥，也不可能被付諸實施。面對混亂的時局和紊亂的思想理念，正統道家無可奈何，從而採取了避世的態度。

戰國時期的情況已有了明顯的不同，新的社會體制的優越性正逐步顯現，學人們由迷茫、困惑、甚至於厭棄政治轉而積極入世。各種新思想爭相問世，「以干世主」。

然而，在階級社會中，思想文化的狀況、性質，歸根結底是受該社會的政治、經濟發展狀況制約的。這不僅因爲每一種思想都是歷史的產物，同時還因爲思想文化或理論的命運如何，要取決於它是否爲該社會所選擇，是否能滿足於社會、國家和時代的需要。從這個角度看，戰國封建化改革的成功，既爲那個時代的思想文化發展提供了適宜的環境和條件，同時又使春秋以來所興起的各種思想文化和理論遇到了嚴峻的挑戰。各種學說要麼順時應勢，從社會政治層面來肯定和維護新時代所產生的新制度、新事物以及與之相伴的新權威；要麼與新時代、新制度和新事物格格不入，並因偏離現實而使其思想理論流於虛空玄遠，被時代所拋棄。這種情況表明：從春秋末年以來所產生的各個思想流派，只有按照時代精神去調整自身和修正其理論體系，方能使本學派得以生存和發展而不至於與現實脫節、隔絕。由老子所創立的道家，同樣不能超然於時代之外。

眾所周知，老子道學是把自然無爲的「道」作爲宇宙原理和評判價值合理性的最高標準的，後經莊子的發揮，自然無爲的「道」，對於拓展人的思維空間、培養人的超越意識、開闊人的胸襟和教人以自由自在的生活等等，無疑都具有極強的滲透力和潛移默化的作用。然而，由於道家探研的重點逐漸轉向天道問題，而對於與天道相對應的人道卻關注不夠，從而使天道自然與人道有爲陷入二律背反的尷尬中。於是，老莊道家便有了「蔽於天而不知人」

之弊，〔註74〕缺少一種執著現實的人文精神。而自春秋以來發生的一系列改革，其實質就是如何使王權作為獨立的政治關係從宗法關係中分離出來，始終是以「人」為中心的。而道家所追求的超越脫俗、無拘無束的自由生活，以超脫的人文精神拋棄傳統的宗法秩序和新興王權政治系統，顯然是與充滿變革氣息的時代精神相悖的。在這種情況下，道家學說只有順應時勢，不斷調整自身以適應時代發展的要求，才能找到自己的存在位置和表現形式，否則，是難有立足之地的。道家後學正是清醒地認識到了這一點，故力圖改造和發展自身的學說體系，以便賦予其新的更強的生命力。

再者，黃老思想的產生，與戰國時期所形成的特有的文化背景也密不可分。由於受社會變遷和封建化改革的驅使，自春秋時期學術思想文化下移而興起的百家爭鳴局面，至戰國時期已進入了高潮，因而為道家調整和重構自身準備了豐富的思想理論資源。

當此之時，諸子蜂起，學派林立，百家各持其說，各種觀點、學說猶如雨後春筍，破土而出。思想文化領域呈現出空前繁榮的盛況和學術自由的寬鬆氛圍。由於各個流派、各種思想無不代表著不同的階級、階層的利益，因而它們皆按照各自的價值取向去研討現實、構思和設計未來理想社會的藍圖。由於各家對一些問題的看法及其解決途徑很不一致，於是彼此間展開了激烈的爭辯，甚至發展到水火不相容的境地。然而，由於諸子百家又是以同一個時代所提出的問題為思考對象，談論問題所涉及的範圍雖廣，諸如天與人、古與今、禮與法、常與變等等無所不包，但終歸不外乎是探討自然、社會與人生之間的關係問題。加之各家又生活在同一個時代及空間範圍之內，所以彼此在駁難中不可避免地會吸取對方有益的思想營養，於是就形成了各種學說互滲互補的思想文化格局。這種格局既改造和利用著傳統，又不斷構建著新的理論體系，從而使爭鳴的思想園地充滿著一派盎然生機。

而在參與當時爭鳴的學派中，勢力最大和影響最深的要數儒、墨、道、法四家，他們的學說各有所長亦各有所短，只有通過互滲互補，才能不斷得以完善，譬如道家「蔽於天而不知人」，而儒家則恰恰相反，是「蔽於人而不知天」。儒家始終把社會政治倫理作為探研的側重點，孔子針對春秋末年禮崩樂壞的局面，立足於恢復三代宗法傳統，提出了仁與禮的學說，試圖以此協

〔註74〕《荀子·解蔽》。

調「尊尊」與「親親」的關係，並由此把人道提升到精神反思的本體論地位。
但他對外在於俗世社會的「天」卻很少論及，即便他說過「唯天爲大」的話，
也仍然使「天」保留著濃厚的人格性、意志性色彩，表現出對自然關注的不
足。再如墨家與法家：墨家雖然同儒家一樣，也偏重於社會政治倫理，並針
對當時新舊制度的嬗變設計了一個由王權控制的「尚同」社會，主張用「兼
相愛，交相利」的新型社會關係來取代愛有差等的等級制度。但由於這套主
張缺乏一種合理的社會體制加以保證執行，而把它交給了一個能賞善罰惡的
有意志的天神來監督實施，最後使其社會設計變成了主觀幻影，從而暴露了
墨家空想的弱點。形成稍晚的法家作爲新興王權政治的忠實代言人，對維護
新制度提出了許多權宜之計，但由於法家的基本價值傾向是極端的個人功利
主義，把人間的一切關係都歸結爲冷冰冰的利害關係，故它缺乏一種關心人
類終極生存意義的偉大情懷，遲早要失去其風行一時的地位。因此，戰國諸
子百家中的任何一家，只能是當時社會意識形態的一端，其理論價值都具有
相對性，單靠一家之說無法擔當起設計封建制度命運的重任。它們只有在百
家爭鳴所形成的互滲互補格局中，充分汲取其他學派所提供的思想營養，才
能豐富和完善自己，才能爲封建制度所選擇。道家對社會人文關注不足的缺
陷，正是儒、墨、法諸家所長，它只有充分吸取這幾家執著現實的人文精神，
才能切近時代的脈搏，爲新興王權政治所接納。戰國時期通過百家爭鳴所形
成的互滲互補的文化格局，正好爲道家吸取各家所長和調整自身，創造了難
得的機遇。而吸收、調整則意味著學派生存方式的改變，預示著新學派的誕
生。黃老學說之所以產生在這一時期，在很大程度上就是得益於百家爭鳴這
個千載難逢的文化氛圍。

## 四、黃老之學產生的方式

先秦諸子，出於論戰的需要，往往把自己某些主張的發明權，轉讓給他
們所崇拜的古人，以此擡高身價，表明其「堅壁不可撼」。清人趙翼在總結這
一司空見慣的社會現象時曾引顧炎武言指出：「昔人著述，往往自藏其名，而
託之於古人。」〔註75〕黃老之學也是以這樣的方式產生的。

---

〔註75〕《陔餘叢考》卷 14《竊人著述》。

### 1、依託黃帝以貴其說

戰國時期，道家之所以託名於黃帝，是與當時興起的「尊古而賤今」這一託古之風尤其是黃帝崇拜熱大有關係。在百家爭鳴過程中，由於各個學派無不想駁倒對方而占上風，從而得到新興王權的青睞與採納，於是，各家在用其特有的理論思辨駁難對方的同時，紛紛追求自身理論的權威性，這就形成了推崇古代聖賢，託古人立說以自重的社會心理。

儒家鼻祖孔子早在創說伊始就把堯舜作爲「仁聖」的楷模。而其後繼者孟子，更是「言必稱堯舜」。〔註76〕墨家則「背周道而用夏政」，把大禹尊爲自己學說的始祖，宣稱：「禹，大聖也，而形勞天下如此」，「非禹之道也，不足謂墨」。〔註77〕農家則效法神農，認爲自己的學說、主張是在推行「神農之言」、〔註78〕「神農之教」、〔註79〕「神農之法」。〔註80〕正統道家崇尚自然，是反對俗世權威的，但在社會潮流面前，面對自身的學說體系能否延續的挑戰，有一些道學傳人也不得不趨時順勢，加入託古的行列，並把注意力投向了比神農、堯、舜、禹更爲久遠的黃帝，於是黃帝便成了道家崇拜的偶像，似乎道家學說就是傳承黃帝的旨意，這就爲道家與黃帝的結合開闢了道路。前列《漢書·藝文志》道家類與黃帝直接相關的五種書，無一不是依託黃帝而論道，以貴其說。班固在《黃帝君臣》下注云：「起六國時，與《老子》相似也。」在《雜黃帝》下注云：「六國時賢者所作。」在《力牧》下注云：「六國時所作，託之力牧，黃帝相。」對《黃帝銘》，班固未作注，而顧實在《漢志講疏》中說：「黃帝《金人銘》，見於《荀子》、《太公金匱》、劉向《說苑》；黃帝《巾幾銘》，見於《路史》。是六銘尚存其二也。」與黃帝直接相關的道家類著作，有的徑直託名於黃帝，有的則和黃帝的相力牧牽扯上了關係，使黃帝君臣與道家息息相關，難以割裂了。可惜這些書除《黃帝銘》借它書幸得零星殘存外，均已久佚。令人欣喜不已的是，1973年長沙馬王堆3號漢墓出土的《老子》乙本卷前的古佚書，經近人唐蘭先生考證，認爲就是《漢書·藝文志》所著錄的，班固及後代學者唯一未曾作注的，道家類與黃帝直接相關的五種著作之一的《黃帝四經》，並推定其問世時間約在西元前400年前後。

---

〔註76〕　《孟子·滕文公上》。
〔註77〕　《莊子·天下》。
〔註78〕　《呂氏春秋·愛類》。
〔註79〕　《孟子·滕文公上》。
〔註80〕　《淮南子·齊俗訓》。

　　儘管人們對 1973 年長沙馬王堆 3 號漢墓出土的《老子》乙本卷前的古佚書究竟是《黃帝四經》抑或是另外一種黃老著作尚有爭議，但佚書與漢志所著錄的五種道家類著作均出自先秦，同屬於反映道家與黃帝結合情況這一類型，內容上有相通之處卻是毋庸置疑的不爭事實。所以，不論唐氏的這個考證是否確實可信，我們姑且按多數學者的意見，將其稱為《黃老帛書》。假若帛書確係《黃帝四經》，它便為我們瞭解這五種同類著作依託黃帝而論道，提供了最直接的有力證據；假若古佚書屬於另一種黃老著作，則也為我們瞭解戰國時期道家依託黃帝而貴其道，同樣提供了必要的實證。因此，無論哪一種情況，《黃老帛書》都是研究戰國時期道家依託黃帝而論道，從而走上黃老結合道路的不可多得的珍貴資料依據。

### 2、借黃帝之名，兼取百家之長

　　道家是探討自然、社會、人生及其相互關係的學說，可發揮的餘地大，能與黃帝掛鈎、融會的地方也就多。這就使道家在借黃帝之名，兼取百家之長方面擁有著得天獨厚的先決條件。而從「黃帝崇拜」、「黃帝始祖」、「黃帝情結」、「黃帝思潮」再到借黃帝之名，兼取百家之長，這種層進式的發展演變過程，不外乎下以幾方面的原因：

　　其一，大概是因為黃帝與華夏族的形成有關。史書上所說的「阪泉之戰」，是居住在姬水流域的姬姓部落同居住在姜水流域的姜姓部落之間所展開的戰爭，結果是代表姬姓部落的黃帝獲勝。「涿鹿之戰」是黃帝族與居住在古黃河下游一帶的九黎族之間所展開的一場戰爭，結果同樣是黃帝族獲勝。雖然這兩次戰爭已無法詳考，但應是發生在我國原始社會向奴隸制社會的過渡時期，對華夏族的形成具有重要的促進作用。經過這兩次戰爭之後，黃帝族的控制範圍已「東至於海」、「西至於空桐」、「南至於江」、「北逐葷粥，合符釜山，而邑於涿鹿之河」。〔註81〕而炎帝族也把自己的勢力向東方及南方轉移，與長江流域的「荊蠻」、「苗蠻」交錯相處，逐漸融合。因而，關於這兩次戰爭的傳說，實際上是對遠古時期部族融合的一種折射，它是華夏族形成的重要步驟。後經堯、舜、禹和夏、商、周三代的發展，華夏族進而初具規模。

　　其二，黃帝與中央王國的形成密切相關。隨著黃帝族勢力範圍的不斷擴大，與其他部族逐漸結成了一種永久性的聯盟關係，黃帝也因之取得了部落

---

〔註81〕《史記·五帝本紀》。

聯盟最高首領的地位，乃至被神化爲「中央天帝」。所謂黃帝「置左右大監，
監於萬國」，「舉風后、力牧、常先、大鴻以治民」等記載，〔註82〕就反映了
黃帝已處於執掌中央王國的顯赫地位。因此，黃帝及其所進行的兩次戰爭也
折射了我國原始社會向奴隸社會轉化過程中，中央王國形成的情況。後經堯、
舜、禹的擴大聯合，部落聯盟得到了進一步發展，促進了中央王國的誕生，
從而爲奴隸制國家的出現奠定了基礎。正因爲傳說中的黃帝對中央王國的形
成起了奠基作用，所以戰國時期的人們多把黃帝視作中央王權的象徵，像鄒
衍推衍五德終始時，就是從黃帝開始的。從先前把黃帝奉爲中央天帝，到此
時的「土居中央」，在意義上是一致的，都是把黃帝作爲中央王國的象徵。

　　其三，與黃帝是華夏文明的象徵有關。從先秦典籍記載來看，上古時代
各個方面的發明創造，諸如日常生活中的衣食住行、社會生產中的各種器
械、科學文化中的音律五聲等，無不出自黃帝之手。像井、熟食、舟楫、杵
臼、五聲、弓箭等等，都是由黃帝首創制作而成，黃帝成了華夏文明和智慧
的象徵。

　　黃帝在人們心目中至高無上權威的確立，不但有利於道家依託黃帝而論
道，以貴其說；更有利於道家借黃帝之名、兼取百家之長。因爲儒、墨、法
各大學派各另有其所效法的始祖，道家是在參照、比對其效法創始人的基礎
上，搬出了時代更早、更具權威地位、影響力更大、更易於爲人們普遍認可
和接受的黃帝作爲效法的對象，這便於使其學說佔據更勝一籌、壓倒對方的
先機。而其餘諸如兵、陰陽、農、醫等家，是局限於某一方面具體學問的學
說，即使有依重黃帝的意願，也只能借助黃帝崇拜的某一端加以發揮，達到
依託黃帝以重其說的有限目的，不可能與黃帝全面而有機地結合。道家則不
然，其探討自然、社會、人生及其相互關係的開放性學說體系，使得集黃帝
於一身的諸多優勢，都可爲其所用，因而道家在黃帝的名義下，隨心所欲、
得心應手地將各種有益於治世的思想理論，兼取並蓄，取長補短，用以改造
和整合原有的學說體系，從而走上了黃老結合的復興之路，形成了不同於正
統道家的黃老思想新流派。這既與王權統治和天下統一的大勢相一致，又與
社會心理趨向相吻合，因而獲得了巨大的成功。

---

〔註82〕《史記‧五帝本紀》。

# 第二章　黃老思想體系的形成

　　黃老思想因順時代之需，孕育、成說於稷下學宮；奠基於《黃老帛書》等道家類黃帝書；傳播、豐富於《管子四篇》、《莊子》外雜篇、《文子》、《鶡冠子》等黃老學著述；後經《呂氏春秋》的政綱化改造與提升，遂發展成為一個系統而完整的「道治」理論體系。

## 第一節　黃老思想的搖籃──稷下學宮

　　「黃老」之稱首見於《史記》。但司馬遷父子並未從學術內涵上對什麼是黃老之學做出任何界定，而只是籠統地說某某「學黃老之術」、某某之學「歸本於黃老」等，從而導致了學術界的諸多分歧。

　　若從漢初奉行的「清靜無為」、「與民休息」的基本國策來看，適應這種政治經濟狀況，並在當時占統治地位的政治指導思想必屬道家無疑。可歷史上老莊正統道家雖對理想社會進行過構思，但卻缺乏具體的實施方案。故漢初流行的道家不可能是老莊派，而只是從正統道家那裡擇取了「清靜自然無為」的基本精神及其道論而與之發生關係的新道學理論體系，這就是黃老思想。其與正統道家的主要不同在於它的積極入世，探索治國之術。黃老思想對老莊正統道家學說進行了重大改造，對統治集團採取了積極的合作態度。正因為如此，才能夠為漢初政治所用並得以大行於世，從而成為占統治地位的政治指導思想。

　　對黃老之學的學術內容，雖說法不一，但總歸離不開這樣兩個界定標準：一是依託黃帝而立言；二是道法結合、以道論法、兼采百家之長，而後者更為其實質之所在。我們知道，早在太史儋《老子》書中，已有了君人南面之

術等世俗化傾向，《列子》一書更是與黃帝發生了瓜葛，書中有多處關於黃帝的文字，並專設《黃帝》篇以記述黃帝的活動。但由於《列子》一書的眞僞問題沒有最終解決，我們還不能因此而斷言列子一派就屬於戰國時的黃老學者，因爲當時百家爭鳴的局面還未形成，兼取各家之長的條件並不具備，眞正的黃老學派尙難產生。基於這樣的認識，從嚴格意義上講，我們認爲齊國稷下學宮才是黃老之學的搖籃。

## 一、稷下學宮始末

　　論及春秋戰國時期的百家爭鳴，大凡有些歷史知識的人，或略知一、二；或口述能詳，雖程度不一，總歸有所瞭解。但若論及稷下學宮，能說出個子丑寅卯的人就不那麼多了。實際上，它是百家論戰的主要陣地。若無百家爭鳴，恐怕今天無從得知稷下學宮；反過來講，如果沒有稷下學宮，百家爭鳴也很難有如此輝煌的成就。稷下學宮不僅是百家爭鳴的舞臺，還是黃老之學誕生的聖地，因此，毫不誇張的講，它對中國傳統思想文化的傳承有著不可磨滅的功績，故有必要對其歷程加以探討。

### 1、序　曲

　　對稷下學宮創立於何時，至今尙有爭議。但多數學者認爲創始於戰國田齊桓公午執政期間，筆者贊同這一說法。

　　稷下學宮之所以產生於戰國齊地並非偶然，它是齊國數百年來開明政治與寬鬆文化傳統的必然結果。據《漢書・地理志》記載：太公始封，周公問：「何以治齊？」太公曰：「舉賢而上功。」太公將「舉賢而上功」作爲治理齊國的信條，顯然有著與眾不同的獨到之處。這一理念經太公首倡後，遂成爲齊國的一項基本國策和社會風尙，得到了長期推行、繼承甚至發揚光大。

　　正因爲如此，稷下學宮重視人才的種種舉措，在春秋五霸之首齊桓公小白那裡也不難找到類似的蹤影。據《說苑・尊賢》記載：「齊桓公設庭燎，爲士之欲造見者，期年而士不至。於是東野鄙人有以九九之術見者，……乃因禮之。期月，四方之士相攜而並至矣。」先秦有兩個齊桓公：一爲春秋時姜齊桓公小白，一爲戰國時創立稷下學宮的田齊桓公午。「設庭燎」者究竟是哪位齊桓公呢？《三國志魏志・劉廙傳》裴松之注引有這樣一條《戰國策》佚文：「有以九九求見齊桓公，桓公不納。其人曰：『九九小術，而君納之，況大於九九者乎？』於是桓公設庭燎之禮而見之。居無幾，隰朋自遠而至，齊

遂以霸。」我們知道，隰朋是同管仲一起輔佐齊桓公成就霸業的人物，可見此「設庭燎」者乃春秋首霸姜齊桓公。對於「九九之術」，《漢書‧梅福傳》顏師古注曰：「九九，算術，若今九章五曹之輩」，古代中國一直將其視為不登大雅之堂的雕蟲小技，而齊桓公為招賢納士，對懷此「小技」的人，竟能給予空前的禮遇，「設庭燎之禮而見之」。關於「庭燎」一詞，見於《詩‧小雅‧庭燎》：「夜如何其？夜未央，庭燎之光。」疏云：「庭燎者，樹之於庭，燎之以明，是燭之大者。」《周禮‧秋官‧司烜氏》進而指出：「凡邦之大事，共墳燭庭燎。」據《大戴禮》，古代根據爵位的尊卑，所用庭燎之數有著嚴格的規定，天子一百，公爵五十，侯伯子男僅三十。齊桓公為表明待士之誠意，竟然以公爵身份動用天子之禮，實屬冒天下之大不諱！難怪鄭玄在為《禮記‧郊特性》「庭燎之百，由齊桓公始也」一句作注時，毫不留情、一針見血地指出：「僭天子也。」這樣的禮節在當時是何等的隆重，便可想而知！

齊桓公求賢若渴，他不僅「設庭燎」以招攬有用之才，還「為遊士八十人，奉之以車馬、衣裘，多其資幣，使周遊於四方，以號召天下賢士。」〔註1〕

齊桓公諸如此類的舉措，並非做做樣子，詁名鈞譽。而是一旦發現人才，便迫不及待地委之以重任，使其施展才華，讓齊國從中受益。「寧戚販牛而歌，齊恒公舉火授爵」，〔註2〕路遇麥丘邑人，便「挾而載之，自御而歸，禮之於朝，封之以麥丘，而斷政焉。」〔註3〕這些都成為後人津津樂道的佳話。不僅如此，他還不惜以萬乘之尊五顧布衣之士小臣稷，比家喻戶曉「三顧茅廬」

〔註 1〕 《國語‧齊語》。
〔註 2〕 《乾隆‧汲縣志》卷之九《人物志上‧賢哲‧宦望》記載：寧戚家貧不遇，欲干齊桓公。窮困無以自進，於是為商旅賃車以適齊。暮，宿於郭門之外。桓公郊迎客夜開門，賃車者執火甚盛，從者甚眾。寧戚販牛於車下，望桓公而悲擊牛角，疾商歌曰：「南山燦，白石爛，中有鯉魚長尺半。生不逢堯與舜禪，短布單衣才至軒。從昏販牛薄夜半，長夜漫漫何時旦？」桓公聞之，撫其僕之手曰：「異哉！此歌者非常人也！」命後車載之。寧戚見，說桓公以合境內。明日復見，說桓公以為天下。桓公大說，將任之。群臣爭之，曰：「客衛人，去齊五百里，不遠。不若使人問之，固賢人也，任之不晚也。」桓公曰：「不然，問之恐其有小惡忘人之大美。此人主所以失天下之士也，且人固難全權用其長者。」遂舉大用之，管仲請立為大司田，後遷相國。
〔註 3〕 據西漢韓嬰撰《韓詩外傳》及西漢劉向撰《新序雜事》記載：齊侯桓公曾出獵於麥丘，見八旬老人，問其年齡，並求其祝。老者從容應對，並直言規勸：「主君無羞學，無惡下問。賢者在旁，諫者得人」；「使主君無得罪於群臣百姓。」令桓公口服心服，「扶而載之，自御以歸，禮之於朝，封之以麥丘而斷政焉。」

的故事有過之而無不及。更有甚者，他所重用的管仲竟是「鄙之賈人也，南陽之弊幽」，〔註4〕且與自己有一箭之仇。齊桓公打破身份界限、不拘一格選拔人才的作法，發揚、光大了「舉賢而上功」的國策，收到了極佳的效果，並對後世產生了深遠的影響。出身微賤的鮑叔牙，「東夷之子」晏嬰，「田氏庶孽」司馬穰苴，「贅婿」淳于髡都先後為齊所用，對刷新齊國政治立下了不朽之功。若不是尊賢上功，唯才是舉，而只是看重出身、門第，上述「贅婿」、「田氏庶孽」、「東夷之子」之輩，「鄙之賈人，南陽之弊幽」之流，又怎能被齊王優禮相待？日后稷下學宮那人才濟濟的局面又何以形成？

齊桓公除善於招徠、發現和使用人才之外，還十分重視培養人才。魯僖公九年，齊桓公召集了著名的葵丘之會，在與諸侯會盟的第二條便提出了「尊賢育才，以彰有德」〔註5〕的主張。那麼，他人才培養計劃獨到的地方何在呢？據《國語‧齊語》記載，他採納管仲的建議，「令夫士，群萃而州處，閒燕則父與父言義，子與子言孝，其事君者言敬，其幼者言悌。少而習焉，其心安焉，不見異物而遷焉。是故其父兄之教不肅而成，其子弟之學不勞而能。夫是，故士之子恒為士。」這就是說，讓士人居住在一起，為其創造清靜、安逸而舒適的環境，以便切磋交流為人處事的道理，並讓其後代自幼就受到良好的道德品行與文化素養方面耳濡目染的熏陶，從而安於本業，世代相傳，以此為國家構築儲備豐富的雄厚人才庫。這一富有創意的措施，為齊國開闢了一條不同於別國的由本國定位培養品德高尚人才的新路，這對齊國文化的繁榮昌盛以及國勢的久盛不衰，發揮了不可替代的積極作用。尤其是對其后稷下學宮的產生，更有著架橋鋪路之功。

齊桓公為了給人才參政議政提供更多的機會，他還參照古代傳說中的有益經驗，設立了一個稱之為「嘖室之議」的機構，專用於議政及諮詢。管仲舉薦「能以正事爭於君前」的東郭牙主管這一機構，以便「下聽於人」、「廣詢於下」和「觀人誹」，並鼓勵人們「非上之所過」。〔註6〕所謂「嘖室」，《說文》曰：「嘖，大呼也。」《荀子‧正名》：「嘖然而不類」，楊注曰：「嘖，爭言也。」這就將士人們言詞激昂、無所顧忌、針砭時弊時的情景躍然於紙上。齊桓公設「嘖室之議」，鼓勵士人暢所欲言，議論時政，品評得失，擇善而從。

---

〔註4〕 《戰國策‧秦策五》。
〔註5〕 《孟子‧告子下》。
〔註6〕 《管子‧桓公問》。

這可以說是其后稷下學宮建言獻策、「不任職而論國事」的先導。

綜上所述，齊桓公尊重人才，招賢納士，不拘一格，量才錄用，廣納賢言等優禮以待士的作法以及所開闢的國家培養士子的途徑與相關措施，成為其後繼者效法的榜樣，從而使齊國一度成了天下士人嚮往與敬仰的地方，為齊國躍居而為當時的思想文化中心提供了政治環境上的保障和思想文化傳統方面的滋養，積纍了成功的經驗和寶貴的借鑒，為稷下學宮的最終產生奠定了全方位的牢固基礎。其後的田齊君主們「設大夫之號，招致賢人而尊崇之」，〔註7〕「皆賜列第為上大夫」，〔註8〕「受上大夫之祿」，〔註9〕以極高的政治地位和優厚的物質待遇，千方百計地搜羅列國之士，其種種舉措與齊桓公如出一轍。所以說，齊桓公為日后稷下學宮的人才濟濟開了先河。稷下學宮的創制正是田齊政權在新形勢下為了適應政治上的需要而對姜齊桓公「愛才」、「重才」、「育才」、「用才」政策的因襲與推進。

## 2、初 創

有關稷下學宮初創的資料寥寥無幾，且互不一致，因而導致了很大的分歧。《太平寰宇記》卷十八引劉向《別錄》云：「齊有稷門，齊之城西門也，外有學堂，即齊宣王所立學宮也。」〔註10〕依據這條資料可知，齊都臨淄城的稷門，為城之西門，其外有學堂，是齊宣王時所設立的學宮，因「稷下」有稷門下或稷門外之意，故斷定學宮因稷門而得名。至於學宮在稷門外的具體方位，與稷門距離的遠近，是學宮的原創地還是幾經遷徙、擴建而來，均不得而知。就是說該條材料並不足以解決稷下學宮確切地址的位置，要真正解決這一問題，還有賴於考古的發掘。不僅如此，該條材料反而還成為否認學宮創立於戰國田齊桓公午在位時的證據，不少人據此認為學宮創立於齊宣王之時。但值得注意的是，《史記·田完世家》卻毫不含糊地明確指出，齊宣王時「齊稷下學士復盛」。在此不禁要問，若無初創，又何來「復盛」？這說明在宣王之前，學宮業已存在，故創立於齊宣王時之說難以成立。

又三國徐幹《中論·亡國》記載：「昔齊桓公立稷下之官，設大夫之號，招致賢人而尊崇之，自孟軻之徒皆遊於齊。」於是，學人們多從此說，認為

---

〔註7〕徐幹《中論·亡國》。

〔註8〕《史記·田完世家》。

〔註9〕《鹽鐵論·論儒》。

〔註10〕關於稷下學宮的地理位置，歷來眾說不一，但都認為學宮因齊都臨淄城之稷門而得名，「稷下」即稷門之下或之外，然其具體位置，至今聚訟不下。

稷下學宮爲田齊桓公午所創。但不無遺憾的是，這條材料卻有前後矛盾之處。因爲孟子遊齊是在齊威王之時，桓公午時尚未到過齊國。所以，有人又據劉向《新序‧雜事》所云「鄒忌既爲齊相，稷下先生淳于髡之屬七十二人皆輕忌」一條，與孟子遊齊互爲佐證，認定學宮的創立當在齊威王時期。其實此條材料只能說明鄒忌任齊相時淳于髡等皆己身爲稷下先生，卻無從證明是齊威王創立了稷下學宮。

那麼，如何看待孟子遊齊這一時間上的誤差呢？筆者認爲，徐幹的《中論》屬子書而非史書，其《亡國》篇旨在說明尊賢納士國家就會昌盛、反之就會亡國的道理。正是由於桓公午爲尊賢而創建了稷下學宮，以孟子爲代表的一批賢士才先後聚集齊國，從而使齊國出現了蒸蒸日上、興旺發達的景象。道理講明了，所舉人物主要是從典型性與影響力角度考慮，其年代似無必要苛求。在與《中論》時代相同或相近的其他子書甚至極爲嚴謹的史書中也不乏同樣的例證。如應劭《風俗通義‧窮通》曰：「齊威、宣之時，聚天下賢士於稷下尊崇之，若鄒衍、田駢、淳于髡之屬甚眾，號日列大夫，皆世所稱，咸作書刺世。」鄒衍居稷下遲在襄王、王建時期，怎會得到威、宣王的尊崇？再如《史記‧儒林列傳》曰：「於威、宣之際，孟子、荀卿之列，咸尊夫子之業而潤色之，以學顯於當世。」荀卿是稷下學宮後期的學者，又豈能以學顯於威、宣之際？因而據孟子遊齊一事在時間上的不吻合來否定稷下學宮創始於田齊桓公午，是缺乏說服力的。

力主稷下學宮創立於齊威王之說的另一理由是，田齊桓公午時期，齊國國力極弱，經常被動挨打，在這種情況下不可能動手修建稷下學宮這樣龐大的建築和拿出鉅額經費來維持稷下學宮的開支。

其實，田齊桓公午時期，正值田氏代齊後不久，齊國經過長期的內亂，國力確實相當衰弱，但這種被動挨打的處境恰恰會激發齊人發憤圖強、洗雪國恥的決心。而創建稷下學宮恐怕正是桓公田午招賢納士、勵精圖治、重振國威的初衷。而學宮初建時，並不會像齊宣王時那樣，憑藉雄厚的國力大規模擴建，粗具型制，花費未必很多。而對於一個急於復興的大國及具有政治遠見的君主來說，自然不會視爲負擔。

另外，認爲田齊桓公無力或無暇創辦稷下學宮，從而堅持稷下學宮爲齊威王創建的人，卻恰好忽視了齊威王在即位之初的幾年間，「好爲淫樂長夜之飲，沉湎不治，委政卿大夫，百官荒亂，諸侯並侵，國且危亡，在於旦暮」

〔註11〕的情形，實則是在八、九年之後，他才奮發圖強，任用鄒忌為相，開始扭轉齊國衰弱的局面。而此時淳于髡等七十二人皆已為稷下先生了，這說明稷下學宮創建在齊威王除舊布新之先。而「威王初即位以來，不治，委政卿大夫，九年之間，諸侯並伐，國人不治。」〔註12〕指靠此時的齊威王去創辦稷下學宮，恐怕有點異想天開、畫餅充饑的意味。如果說桓公午時期沒有足夠的財力與精力興辦學宮的話，那麼，威王初年就更不具備創辦稷下學宮的理由與條件了。所以，在沒有找到否定桓公田午創辦稷下學宮的力證之前，我們姑且將稷下學宮的創立時間定位於桓公田午之際較為妥當。

田齊桓公午在位十八年，他繼承了齊國尊賢養士的傳統，創辦稷下學宮，「設大夫之號」，以國君的身份擴大養士的規模，並憑藉國家的行政權力與財政力量，提高士的級別和待遇，這就為稷下學宮以後的發展提供了制度上的保障和經濟方面的支撐，此後的歷代田齊統治者沿襲了這一具有開創性的做法。稷下學宮得以延續和擴展。

### 3、鼎　盛

稷下學宮經桓公田午草創，初期規模較小，也難有驚世駭俗的建樹，但隨著田齊國勢的日見增強，學宮也隨之日益興盛。

在列國變法潮流的激盪震撼下，齊威王終於振作了起來，他任用鄒忌為相，進行了變法改革。鄒忌為威王推薦了大批人才，據《說苑·臣術》記載，先後有田居子、田解子、黔涿子、田種首子、北郭刁勃子等等，這些人都為齊國的強盛發揮了重要作用。威王在他們的輔佐襄助下，勵精圖治，頗見成效：「於是齊最強於諸侯，自稱為王，以令天下。」〔註13〕威王也從中深刻體會到了人才的珍貴。一次，他與魏惠王一起在郊外打獵，魏惠王玄耀自己有「徑寸之珠」十枚，可以「照車前後各十二乘」。齊威王則說：「寡人之所以為寶與王異」，他視之為「寶」的是一批能夠安邦治國的得力人才，而其「將以照千里，豈特十二乘哉！」〔註14〕齊威王如此重視人才，那麼他支持、發展稷下學宮應在情理之中。在齊威王變法圖強和爭霸稱雄的一系列活動中，稷下學宮在出謀劃策、製造輿論、輸送人才等方面無疑是立下大功的。鄒忌本人很可能就是稷下先生出身，司馬遷在《史記·孟子荀卿列傳》中把鄒忌、

〔註11〕　《史記·滑稽列傳》。
〔註12〕　《史記·田敬仲完世家》。
〔註13〕　《史記·田完世家》。
〔註14〕　《史記·田敬仲完世家》。

鄒衍、鄒奭並稱爲齊之「三鄒子」，而鄒衍、鄒奭都被司馬遷列爲稷下先生，所以，不能排除鄒忌是稷下先生出身的可能。

齊威王之後，至宣王時期，稷下學宮進入了鼎盛階段。

當時，列國的政治、經濟、軍事優勢已逐漸集中於少數幾個大國，天下一統的**趨勢**已初露端倪，具有雄才大略的齊宣王，有著「蒞中國而撫四夷」〔註15〕的強烈願望。不過他也清醒地認識到，要富國強兵，則離不開切實可行的治國方略；要確保決策的正確，更離不開集思廣益；要少走彎路、盡可能的避免失誤，就必須依靠輿論的正確引導和監督。而這一切，實質上都可以歸結爲人才的競爭。爲了使稷下學宮成爲齊國政治指導思想方面取之不盡、用之不竭的理論來源，成爲齊國經邦治國人才的儲備基地，齊宣王對祖宗留傳下來的這份基業倍加珍惜，重視的程度幾乎到了無以復加的地步。

據《史記·孟子荀卿列傳》記載：「宣王喜文學遊說之士，自如鄒衍、淳于髡、田駢、接輿、慎到、環淵之徒七十六人，皆賜列第爲上大夫，不治而議論，是以齊稷下學士復盛，且數百千人。」「自如淳于髡以下，皆命曰列大夫，爲開第康莊之衢，高門大屋尊崇之。攬天下賓客，言齊能致天下賢士也。」這就是說，在政治與生活上，給稷下先生以極高的榮譽和地位，在四通八達、交通極爲便利的康莊大道旁爲其建造高門大屋，並讓他們享受上大夫的待遇，使其過上優裕、富足的生活，以便稷下先生們心甘情願、死心踏地地爲齊國所用。不僅如此，更爲重要的是，稷下先生在學宮中保持著相當自由的身份，對各派學者一概來者不拒，均優禮相待，去者饋禮相送，使其在更大的範圍內對齊國進行輿論上的宣傳與支持，以便擴大齊國的影響，提高齊國在列國中的聲望。並通過他們使齊國得以吸引更多的人才。這種寬鬆的政治、文化氛圍，收到了顯著的效果。使學宮迅速成爲列國學者的薈萃之地與百家爭鳴的樂園。史載「齊宣王褒儒尊學，孟軻、淳于髡之徒，受上大夫之祿，不任職而論國事。蓋齊稷下先生千有餘人。」〔註16〕其盛況可想而知。

桓公、威王時重視學宮的主要目的，是想從中選拔一些具有某種專長，能夠勝任某一職責的政府官員。至宣王時，學宮中已是人才濟濟，除滿足政壇上的人才需求外，一改過去的實用味道，從而使學術的特色突出的顯現了出來。由於宣王「喜文學遊說之士」，「褒儒尊學」，爲學人們提供了優厚的待遇，並創

〔註15〕 《孟子·梁惠王上》。
〔註16〕 《鹽鐵論·論儒》。

造了極爲寬鬆的政治、思想文化環境，因而四面八方、異國他鄉的學者趨之若鶩。他們雖不能人人親自從政，但通過「不治而議論」，即不任職而論國事，同樣可以充分地施展各自的才華。正如《新序·雜事》所說「齊稷下先生善議政事」，並通過這種方式服務於齊國的政治實踐。須略作說明的是：此處「議論」的「議」，主要是指「非議」。「天下有道則庶人不議」，〔註17〕「聖王不作，諸侯放恣，處士橫議」〔註18〕均爲適證。故《辭源》給「議」所下定義是「評論是非，多指非議」。待遇優厚的稷下先生們的主要職責之一就是通過各種方式批評時政，以使齊君能夠避免或及時地糾正處理政務時所出現的失誤和偏差。當然，這種議論是受一定制度保障的，不會輕易獲罪或引來殺身之禍。

稷下學宮同時又是一個諮詢中心，齊君經常就一些重大問題提出諮詢，稷下先生們針對這些問題出謀劃策，指陳利弊，協助齊君做出判斷，進行決策。稷下學宮這種議政和諮詢的職能，不正是齊桓公「嘖室之議」的發揚光大麼？！如果齊國沒有長期以來的開明政治和隨之而形成的寬鬆文化傳統，又怎能出現數百千人的先生學士在稷下學宮中「咸作書刺世」，〔註19〕批評時政，「格君心之非」〔註20〕的盛況呢？

不過，這些學有專長的士人們在思想理論及培養人才方面對齊國的貢獻更爲突出。各家代表人物在學宮中暢所欲言，爭鳴辯駁，自由發揮，標新立異，著書立說，傳業授徒，使學宮呈現出前所未有的興盛局面。「自鄒衍與齊之稷下先生，如淳于髡、慎列、環淵、接子、田駢、鄒奭之徒，各著書言治亂之事，以干世主，豈可勝道哉。」〔註21〕在如此活躍的學術環境中，「數百千人」的稷下先生們爭鳴探討的問題更加廣泛，更爲深入，各自不僅宣揚自身的治世方略，而且使學術思想本身也獲得了空前的發展。經過激烈地爭鳴駁難，各家優、劣盡顯，再經過切磋學習，取長補短，不僅使各家各派的學說更加豐富和成熟，而且在爭鳴與吸收過程中，又不時會出現某些新的切合點。於是，對後世具有重大影響的一些新學說、新理論便應運而生。諸如黃老之學、陰陽五行學說、精氣理論等異軍突起，紛紛湧現。百家爭鳴遂達到了高潮，盛極一時。稷下學宮便當仁不讓地成爲戰國時期名符其實、無與倫

---

〔註17〕《論語·季氏》。
〔註18〕《孟子·滕文公下》。
〔註19〕《風俗道義·窮通》。
〔註20〕《孟子·離婁上》。
〔註21〕《史記·孟子荀卿列傳》。

比的學術中心。經過威、宣二世的經營，齊國的國力在列國中也堪稱首屈一
指。當此之時，學宮與國力相輔相成、相得益彰。

### 4、衰 落

宣王的後繼者齊閔王卻是一個貪得無厭、急功近利、獨斷專行、狂妄驕
橫、窮兵黷武、毫無信義的昏暴之君。《鹽鐵論·論儒》說齊閔王統治時「矜
功不休，百姓不堪，諸儒諫不從，各分散。慎到、接子亡去，田駢如薛，而
孫卿適楚。」關於「田駢如薛」之事，《淮南子·人間訓》也記載說：「唐子
短陳駢子（即田駢）於齊威王，威王欲殺之，陳駢子與其屬出亡奔薛。孟嘗
君聞之，使人以車迎。」此處的「威王」當為「閔王」之誤，對此，學術界
早已公認。〔註22〕可見，稷下先生們的相繼離去，並不僅僅是因為他們的勸
諫不能被採納，而是閔王根本就容不下他們，稍有不慎，便會招致殺身之禍。
這大概是由於稷下先生們習慣了威、宣時期開明寬鬆的政治氛圍，在閔王時
仍口無遮攔、毫不顧忌的議論朝政，以致閔王討厭他們說三道四、評頭論足，
多嘴多舌、礙手礙腳。若再有人誣陷，便動輒萌生殺機。齊閔王如此對待稷
下先生的態度，同威王、宣王的禮賢下士、虛心納諫、從善如流相比，實在
是不可同日而語。這是稷下先生們離開的根本原因。

此外，由於齊閔王的窮兵黷武，耗盡了國家的財力，以致學宮資產匱乏，
稷下先生的生活水平也一落千丈。《淮南子·人間訓》記有田駢奔薛後對孟
嘗君所講的這樣一番話：「臣子處於齊也，糲粢之飯，藜藿之羹，冬日則寒
凍，夏日則暑傷。」與昔日那種「資養千鍾」的豪華生活相比，簡直有著天
壤之別。而在孟嘗君這裡，他卻過上了「食芻豢，飯黍粱，服輕暖，乘牢良」
〔註23〕的優裕生活，田駢的因禍得福，反倒應感謝唐子的誣陷。

政治、經濟、文化、生活等方方面面的惡劣環境，導致了稷下學宮的迅
速衰落。

齊閔王的倒行逆施，給整個齊國也帶來了滅頂之災。閔王十七年，五國
聯合伐齊，七十餘城僅殘存其二。《戰國策·燕策二》曰：「閔王末年，齊君
臣不親，百姓離心，燕因使樂毅大起兵伐齊，破之。」燕軍攻入齊都臨淄後，
「盡取齊寶，燒其宗廟」，〔註24〕齊國幾乎滅亡。齊閔王自己也丟了身家性命。

---

〔註22〕據《史記·孟嘗君列傳》：田文代立於薛，在閔王時，閔王乃威王之孫，或誤
以閔王為威王。

〔註23〕《淮南子·人間訓》。

〔註24〕《史記·燕世家》。

好端端的一份帝王基業，短短十幾年就被斷送了。幾代人苦心經營起來的稷下學宮，在兵荒馬亂之中，自然也難免厄運。田單復齊之前，臨淄被燕軍佔領達五年之久，在這段歲月裏，人員離散，學宮的活動無法正常進行，從而被迫中斷。

　　襄王五年，田單復國。經歷了國破家亡教訓的襄王，立志在一片廢墟上重建齊國，試圖有所作為，重振國威。因而他效法祖先的優良傳統，將復興稷下學宮也列入了議事日程。《史記・孟子荀卿列傳》記載說：「田駢之屬皆已死，齊襄王時，而荀卿最為老師。齊尚修列大夫之缺，而荀卿三為祭酒焉。」這就是說，齊襄王為了使稷下學宮能在他振興齊國的計劃中發揮作用，仍尊稷下先生為「列大夫」。由於田駢等老一輩稷下先生亡故的亡故，散離的散離，於是又採取了選拔新人以補充列大夫缺額等切實可行的措施，大體上恢復了學宮的建制，使學宮的日常活動得以維繫。在此時的稷下先生中，以荀子最為學識淵博，德高望重，故先後三次被推薦為學宮的領袖——祭酒，主持學宮的事務。經過此番努力，學宮出現了中興的氣象。

　　然而，經過浩劫後的齊國，早已元氣大傷，喪失了昔日一等強國的地位。得以恢復的稷下學宮，也同田齊政權一樣，難以再現往日的輝煌。其知名度和影響力已今非昔比，很難再有所作為了。齊襄王在位的十九年間，無力扭轉齊國的頹勢，也未能扭轉稷下學宮每況愈下的局面。在齊王建即位後的四十餘年裏，秦國的政治、經濟、軍事地位已占居了明顯的優勢，秦統一全國的趨勢已十分明朗，秦相呂不韋廣招天下學者，使秦國迅速取代齊國，一躍而成為戰國末年的學術文化中心。就在這種情況下，「齊人或讒荀卿。荀卿乃適楚。」〔註25〕身為學宮祭酒的荀卿尚且被迫出走，其餘人才的外流更可想而知，他們直接或間接聚之於呂不韋門下者為數不少。至此，稷下學宮已是日薄西山，苟延殘喘，即便是勉強維持，也形同虛設，名存實亡了。不久，齊繼五國之後為秦所滅，稷下學宮就這樣走完了它曲折而又坎坷的歷程。

## 二、黃老之學成說於稷下

　　黃老之學是戰國時期一部分熱衷於治世之道的道家學者，為適應當時現實社會政治的客觀需要，將正統道學與春秋以來流行的黃帝思潮有機結合併加以整合改造的產物。它的產生有著獨特的社會歷史根源和思想文化背景，

〔註25〕《史記・孟子荀卿列傳》。

而齊國恰恰具備了產生這一新道學體系的各種極為有利的條件。

　　齊國是個歷史悠久的濱海之國，浩翰無垠的大海賦予了齊人廣闊的胸襟、爽朗直率的性格和富於詩意的浪漫情懷，造就、孕育了博大、包容、善於變通的齊文化。《史記・齊太公世家》說齊國「其民闊達多匿智」，《貨殖列傳》也說「其俗寬緩闊達而足智，好議論。」開國明君姜尚順應齊地民風，「因其俗，簡其禮」，〔註26〕使得齊人的思想在很大程度上擺脫了各種條條框框的限制，這就與照搬西周禮儀制度而趨於墨守成規的魯國形成了鮮明的對照。

　　姜太公的開明政治與「舉賢而上功」的國策，為後世君主樹立了榜樣，成為效法的楷模。一代名相管仲繼承了這一優良傳統，「與俗同好惡，……俗之所欲，因而予之；俗之所惡，因而去之」，〔註27〕「不慕古，不留今，與時變，與俗化」，〔註28〕從而造就了齊學務實、主變、開放、富於創新等諸多特點。這種良好的文化傳統和開明的政治風氣，是其他列國所望塵莫及的。

　　同時，齊「膏壤千里」，〔註29〕「通商工之業，便魚鹽之利」，〔註30〕有著得天獨厚發展多元經濟的自然資源。經濟的多元化必然帶來思想文化上的多樣性，商業的發達又促進了齊國同外界思想文化的交流。在這種文化背景的耳濡目染與長期熏陶下，使得齊人的思想較之於其他列國遠為活躍。他們不封閉、不保守，樂於接受外來的新鮮事物，易於包容各種不同的意見，從兼采並蓄中汲取豐富的營養，以便揚長避短，為己所用。

　　正是齊國良好的文化政策、文化氛圍和齊人健康的文化心理素質促成了黃老之學在齊地的產生。我們知道，黃老思想「因陰陽之大順，采儒、墨之善，撮名、法之要。」其最為突出的特點就是道法結合、以道論法、兼采百家，並依託黃帝而立言。它類似於今天所說的綜合性極強的交叉學科，倘若沒有各家學說的爭鳴、交流與融彙，黃老之學便無從產生。而齊國正好在天時、地利、人和諸方面為各家學說的爭鳴、交流與融彙提供了適逢其時的機遇和恰如其分的場所。

〔註26〕《史記・齊太公世家》。
〔註27〕《史記・管晏列列》。
〔註28〕《管子・正世》。
〔註29〕《史記・貨殖列傳》。
〔註30〕《史記・齊太公世家》。

於是，黃老之學在齊國稷下學宮的應運而生已是萬事俱備，只欠東風了。其「東風」或者說更為直接的具體原因，便是田氏代齊之後，採取了一系列行之有效的措施，以鞏固剛剛到手的新政權。其重要措施之一就是為自己正名，申明取姜齊而代之並非篡國違禮，而是具有宗法上的合理、合法性，以便得到周王室及各諸侯國的認可。於是他們精明地打出了黃帝這一自春秋以來逐漸被尊為中華人文始祖的招牌。因為黃帝姬姓，田氏原為陳國公族，乃姬姓之後，而姜齊則是姜姓炎帝之後，田氏尊黃帝的目的顯然是附合和利用了黃帝戰勝炎帝而享有天下的歷史傳說，以正統血脈作為田氏代齊的合法依據。田齊統治者聲稱自己是黃帝之胄，並將這一杜撰的得意之作鑄造在青銅祭器上，使「子子孫孫永保用」，〔註31〕這就為自己的篡權奪國找到了必要的自認為充分的理由，同時也大張旗鼓地為日後的王霸之業製造了輿論。田齊政權這一舉措的初衷與道家尊崇黃帝以貴其說的意願有異曲同工、殊途同歸之妙，因而得到了道家後學的積極回應，二者的一拍即合，在客觀上極大地刺激了春秋以來「黃帝之言」的廣泛傳播與盛行，使齊國成為黃帝思潮的發源地和聚合中心，這對道家打著黃帝的旗號以兼采百家之長，從而使黃帝之言與老子道學的有機結合起到了水到渠成、推波助瀾的作用，進而順理成章地促成了黃老之學這一新道學思想體系在齊地的呱呱落地。

春秋戰國以來，列國政治舞臺的主旋律是變法圖強。齊國的變法雖沒有秦、楚那樣轟轟烈烈的悲壯局面，但其理論準備卻遠比秦、楚等國充實和深刻。這一來與齊國特殊的歷史文化條件有關，二來更是得力於稷下學子們厚實的理論積澱。管仲輔佐齊桓公爭霸其間，在齊國所推行的一系列社會改革措施，深得人心，在齊人心目中，管仲就是法家的先驅，法家的思想理論，在齊國早就有了相當深厚的社會基礎。春秋末年，早期道家的重要人物范蠡入齊，將道家思想傳到了齊國，齊人對道家思想也有耳濡目染，並不陌生。稷下學宮建立後，更是吸引了來自各國的大量著名學者，各家各派的學人會集於稷下，無不想將自身的學說發揚光大，並運用於社會實踐，以體現其價值，顯示其卓越與高超。

在田齊政權變法改制客觀需要地刺激和推動下，稷下學宮的理論家們迫切尋求一種既適合於田齊的政治需要，符合田齊統治者的胃口，又能切合齊國的國情，具有齊國特色的變法理論。他們終於發現，傳統道家學說中所包

---

〔註31〕「陳侯因育敦」銘文，轉引自民國九年修《臨淄縣志》。

含的順應天道和人的本性，崇尚自然，反對人爲過多干預，追求人與自然和諧相處的思想，涵蓋面廣，極具相容性，有利於發揮，可用來論證實行法治的合理性，必然性和可行性，也易於爲世人所接受，適合作爲變法的理論依據。於是他們從中找到了道法結合、以道論法的這條新路，並進行了深入地鑽研和廣泛地探討。同時，在田齊統治者「高祖黃帝」舉措的啓迪下，他們借助黃帝這面大旗，冠黃帝於老子之上，聲稱自己的學派乃是直接繼承了黃帝的統緒，這就把帝王之祖黃帝與高尚道德的化身老子的形象巧妙的揉合起來了。用虛設假託的所謂黃帝之言改鑄實實在在的老子之學，從而一舉將構思理想社會的老子之學儘其所能地改造成爲探討如何才能富國強兵以適應天下大爭局面的爲政之道——黃老之學。這無疑是一個高明之舉，它不僅使道家學派在百家爭鳴中全然擺脫了原先的被動不利地位，更爲重要的是使道家學者得以借用黃帝的名義，名正言順的改造傳統的道學理論，打著黃帝的旗號隨心所欲地「采儒、墨之善，撮名、法之要」，根據自身學說與客觀實際的需要豐富、創新道家學說的內容，從而使道家學說脫胎換骨，煥然一新。

　　若略作分析比對，就不難發現，其實黃老之學從傳統道家思想中只是擇取了其道論的宇宙觀以及由此而衍生的自然無爲的方法論，以此作爲自己政治主張的哲學基礎，進而注入了其他鮮活的內容，使道家學說的發展通過相容並蓄而得以另闢蹊徑，並脫穎而出，從而開創了一個全新的學派。這一學派以它奇特獨有的道法結合理論超然於以《商君書》爲代表的三晉法家，它使得法治思想獲得了前所未有的理論深度，給了變法實踐以理論上的滿足，克服了早期法家那種嚴酷的、疏於哲理的刀筆式缺陷。同時也一改傳統道家消極無爲的思想傾向和冷漠的不合作態度，增強了其在社會政治實踐中的可操作性，使其具有了更高的實用價值，從而成爲戰國中後期人數最多，影響最大的學派，一舉躍升爲當時首屈一指的眞正顯學。正如蒙文通先生在《略論黃老學》一文中所總結的那樣：「百家盛於戰國，但後來卻是黃老獨盛，壓倒百家。」〔註32〕

　　稷下學宮從齊桓公時起，中經威、宣、愍、襄諸王，到齊王建止，歷時長達一百五十年之久，規模宏大，人物眾多，著述頗豐。是諸子百家各顯神通的絕佳舞臺。《史記·太史公自序》所概括的六家學術，在稷下皆有著名的代表人物。其有據可查者，儒家有荀子、顏斶、魯仲連；名家有尹文、兒說

---

〔註32〕《蒙文通文集》第一卷《古史甄微》，巴蜀書社 1987 年版第 267 頁。

與田巴；陰陽家有鄒衍和鄒奭；宋鈃則是墨家精神的真正繼承者；法家雖無
著名代表，但《管子》一書的作者卻主要是一批法家人物，他們是為田齊變
法提供理論指導的主要力量。其中勢力最大，人物最多者則是道家，計有田
駢、慎到、彭蒙、接子、環淵等人。須特別指出的是，稷下諸子由於經常在
一起爭鳴交流，因而各家學術思想多有交織融彙，其分野不似稷下之前那樣
明晰，往往有兼治兩家甚至多家的人物，如告子就是一位「兼治儒墨之道者」，
〔註33〕稷下元老淳于髡更是「學無所主」、〔註34〕兼治各家的碩學通才。這種
情況致使人們常常難以確定他們的學派歸屬，而這恰恰是稷下學術的突出特
色，代表和引領著先秦學術思想發展的主流趨勢。

對稷下學術的盛況，《史記‧孟子荀卿列傳》曰：

> 自騶衍與齊之稷下先生如淳于髡、慎到、環淵、接子、田駢、騶奭
> 之徒，各著書言治亂之事，以干世主，豈可勝道哉！
>
> 淳于髡，齊人也，博聞強記，學無所主。
>
> 慎到，趙人。田駢、接子，齊人。環淵，楚人。皆學黃老道德之術，
> 因發明序其指意。故慎到著《十二論》，環淵著《上下》篇，而田駢、
> 接子皆有所論焉。

從中不難看出，司馬遷曾幾次集中提到田駢、接子、慎到、環淵等幾位學「黃
老道德之術」的人，而且在其所列舉的名人中佔了大半，這說明無論從人數、
著述還是從影響上來看，黃老之學在當時佔有明顯的優勢。

根據這一記載，慎到、田駢、接子、環淵屬於稷下黃老學派。但《莊子‧
天下》篇在論述道家分化的時候，又將宋鈃、尹文作為一系，彭蒙、田駢、
慎到為一系，關尹、老聃為一系，故郭沫若據此則將稷下黃老學分為三派，
即宋鈃、尹文派，彭蒙、田駢、慎到派，以及承繼老聃遺說的環淵派。郭氏
還認為「關尹」乃「環淵」之音變。這樣一來，便有一個宋鈃、尹文是不是
稷下黃老學派的爭論。

誠然，《漢書‧藝文志》唐顏師古注引劉向云：宋鈃與尹文「俱遊稷下」，
且劉向《說苑‧君道》亦記載過齊宣王曾向尹文請教「人君之事」。但在《史

---

〔註33〕　《孟子‧告子》趙（歧）注云：「告，姓也。子，男子之通稱也。名不害。兼
　　　　　治儒墨之道者。」
〔註34〕　《史記‧孟子荀卿列傳》。

記》兩處〔註35〕提到的稷下學士名單中皆無宋、尹，而《鹽鐵論》提到的稷下學士名單中亦無宋、尹，《史記》更沒有說宋、尹是「學黃老道德之術」。如果以《莊子·天下》篇為據，宋鈃、尹文倒頗有一點墨家風度，所謂宋尹為「救世之士」，「願天下之安寧，以活民命」等語，正體現了他們具有墨家兼愛無私的精神。其後《荀子·非十二子》說宋鈃「大儉約而慢差等」，同樣是把宋鈃視為墨翟一派。因此，我們判斷稷下黃老學派應以《史記》為據，它是以田駢、慎到、接子、環淵等為代表。至於郭沫若把關尹與環淵視為同一個人，認為「關尹即是環淵，關環尹淵均一聲之轉」，〔註36〕「環淵音變而為關尹」，〔註37〕這種以音變或通假為立論的根據，更難以令人信服，關尹前文已有論及，筆者認為屬於稷下黃老學派者是環淵而非關尹。

當然，我們說宋鈃、尹文不屬於稷下黃老學派，這並不意味著他們與老子道家毫無牽涉。《莊子·天下》篇說他們「以禁攻寢兵為外，以情欲寡淺為內」，「其為人太多，其自為太少」，這既是對墨家救世的利他主義精神的繼承，又吸取了老學中知足反戰的思想，這不僅展示了當時各個學派的分化情況，同時也為黃老學的產生提供了思想資料。不過，從根本學術立場上觀察，宋鈃、尹文同田駢、慎到、接子、環淵還是有很大區別的。前者主要是站在墨家的立場上吸取道家和其他各家的思想，後者則是站在道家的立場上，或突出發揮了老學的某些思想使之為現實服務，或者將道與某一家或某幾家思想相結合，從而為形成有系統的黃老學做了前奏。

司馬遷將田駢、慎到、接子、環淵列為稷下黃老學派，不過他們的思想也是既有聯繫又有區別的。

《莊子·天下》篇說：「公而不黨，易而無私，決然無主，趣物而不兩。不顧於慮，不謀與知，於物無擇，與之俱往。古之道術有在於是者，彭蒙、田駢、慎到聞其風而說之。」又說：「彭蒙之師曰：『古之道人，至於莫之是莫之非而已矣。』」而「田駢亦然，學於彭蒙，得不教焉。」這就是說，彭蒙及其師都具有那種不以主觀的好惡判斷是非、順其自然的古道者之風，而田駢又師承了其「莫之是莫之非」的思想。不過，田駢進而還提出了著名的「貴齊」之說，主張「齊死生、等古今」，認為古今生死是大道的正常運行，對此不必動情，更不應執著，而應坦然處之。「齊萬物以為首，曰：『天能覆之，

---

〔註35〕即《田敬仲完世家》和《孟子荀卿列傳》。
〔註36〕郭沫若《青銅時代》第238頁。
〔註37〕郭沫若《稷下黃老學派的批判》，見《十批判書》第161頁。

而不能載之；地能載之，而不能覆之；大道能包之，而不能辨之。萬物皆有所可，有所不可。故曰：選則不遍，教則不至，道則無遺者矣。』」〔註38〕據說田駢曾對齊王宣講他以無政而可以得政的「道術」，認爲「因性任物而莫不宜當」。〔註39〕基於類似的認識，愼到更是直接了當地提出了棄知、去己，盡可能排除人爲的主張：

> 是故愼到棄知去己，而緣不得已。冷汰於物，以爲道理。曰：「知不知，將薄知而後鄰傷之者也。」謑髁無任，而笑天下之尚賢也。縱脫無行，而非天下之大聖。椎拍輐斷，與物宛轉；舍是與非，苟可以免；不師知慮，不知前後，魏然而已矣。推而後行，曳而後往，若飄風之還，若羽之旋，若磨石之隧，全而無非，動靜無過，未嘗有罪。是何故？夫無知之物，無建己之患，無用知之累，動靜不離於理，是以終身無譽。故曰：「至於若無知之物而已，無用賢聖，夫塊不失道。」〔註40〕

愼到還用一則寓言，以說明鳥飛於天，魚遊於海，都是因爲其「無知」，若是用智刻意而爲，則「必墜必溺」，從而得出「任自然者久，得其常者濟」〔註41〕的結論。

在彭蒙、田駢、愼到看來，萬物平等，各有其所長，亦有所短，若以人的知慮來評判衡量，就有違於道了。因爲天下萬事萬物各有其可與其不可，而理智是有局限的，聖賢也難免一葉、一斑、一隅之見。只有去除個人的偏執，拋棄一切理性之權威，才會對萬事萬物所存在的差異持有相對主義的「齊物」等觀態度，從而對生活採取自然主義的「順情」應對方式。所以他們主張絕慮棄智，等觀萬物，無是非，無進退。既便有進退往還，亦當如飄風、如羽毛、如磨石，純屬被動而爲。他們認爲，智慮於事無補，能任自然而後可，所以不必力求。由於他們深知「道」的廣袤無垠而不可把握，「物」的豐富多樣而難以遍知，因此希望通過一種「棄聖絕智」的相對主義來超越一切或用一種「無可無不可」的自然主義態度去隨順萬物；〔註42〕同時，又感受到天地有天地的法則，宇宙有宇宙的規律，只要順其法則就可以得其自然，

---

〔註38〕《莊子・天下》。
〔註39〕《呂氏春秋・審分覽》。
〔註40〕《莊子・天下》。
〔註41〕守山閣叢書本《愼子》13 頁。
〔註42〕葛兆光《七世紀前中國的知識、思想與信仰世界》復旦大學出版社。。

不必主觀人爲的固執。依此而推，人間一切若得其法，即使沒有賢智指導也照樣可以治理，只要有了固定的法則，天下便歸之於治了，而尙賢則是多餘可笑的。故《荀子・解蔽》篇說：「愼子蔽於法而不知賢。」這種有法無賢、視法爲全能的態度，正是道家轉變爲道、法結合的黃老新道家的一個關鍵性環節。

稷下黃老道家的另一位著名學者接子，《史記・田完世家》作接予，《漢書》、《鹽鐵論》一併作捷子。因接、捷古字通，故捷子即爲接子。《史記・孟荀列傳》曰：「接子，齊人，……學黃老道德之術，因發明序其指意。」接子的著作，《漢書・藝文志》道家類著錄有《捷子》二篇，但因其久佚，故接子的思想已難確知。不過《莊子・則陽》記有「季眞之莫爲，接子之或使，二家之議，孰正於其情？孰偏於其理」一條，陸德明《釋文》曰：「或與莫爲對文。莫，無也；或，有也。」成玄英《疏》云：「莫，無也；使，爲也。季眞以無爲爲道，接子謂道有爲，使物之功，各執一家。」據此，猶可窺知接子思想的一鱗半瓜。馮友蘭先生對「莫爲」與「或使」是這樣解釋的：「季眞主張『莫爲』，就是認爲萬物都是自然而然地生出來的，不是由於什麼力量的作爲。接子主張『或使』，就是認爲總有個什麼東西，使萬物生出來。」〔註43〕可見，戰國中期，隨著人們思維水平的提高，究竟是否存在一個支配自然和社會的力量或主宰的問題，已爲人們所普遍關注，「莫爲」和「或使」就是兩種截然相反的回答。莫爲說否定這個主宰，認爲道是自然無爲的，或使說則認爲一切均由大道所規定和支配。其實，在筆者看來，「或使」說的眞正可貴之處，在於其含有在必要的時候可以借助人爲的力量使事物朝著更有利於客觀需要、更符合人們意願的方向發展，已孕育著有所爲、有所不爲的思想成份，這是對純粹的、消極無爲思想的重要昇華。

關於環淵，《史記・孟荀列傳》云：「環淵，楚人，學黃老道德之術，著上下篇。」《漢書・藝文志》道家類著錄有《蜎子》十三篇，班固自注云：「名淵，楚人，老子弟子。」古時昌、睘互通，彼此可以替代。如《新語・道基》有「蚑行喘息，蜎飛蠕動」之語，《淮南子・原道》則作「蚑行喙息，蠉飛蠕動」，又《戰國策・楚策一》記有「楚王問於范環」一事，而《史記・樗里子甘茂列傳》卻作「楚王問於范蜎」。此皆「蜎」、「環」可互通之確證，故蜎淵即環淵。因《蜎子》十三篇久佚，其學術思想已無法確知。有人借用上引《戰

---

〔註43〕轉引自張秉楠《稷下鈎沈》，上海古籍出版社1991年5月版第165頁注〔3〕。

國策》中范環答楚王問的材料來闡述環淵的主張，這是牽強附會，不足為信的。因為這個范蜎或范環並非環淵。《史記·孟荀列傳》司馬貞《索引》引劉向《別錄》曰：「環」作姓也，《漢書·藝文志》顏師古注亦云：「蜎，姓也」，環、蜎皆為姓，而范環、范蜎之「環」、「蜎」卻是名，豈能因前者之姓同於後者之名就認定其為同一個人？持其論者又舉證范、環相通以圓己說，這麼一來，范蜎、范環豈不成了「環蜎」、「環環」？改了范環（蜎）的姓，卻丟了環（蜎）淵的名，翻來覆去，總是牛頭不對馬嘴。再從范環（蜎）答楚王問的話語來看，也只不過是就事論事、權衡利弊而已，難以體會出道家的韻味。總而言之，環淵的思想已無從知曉，我們不必強為申說，姑且存而不論。

通過上述分析，似可得出以下幾點結論：

其一，稷下黃老學者雖學有所長，各有所主，但他們無非是在齊地傳播和發揮了老學的某一或某些思想，並使之與封建制度相結合，從而服務於現實政治。這是因為高官厚祿豢養下的學士，其著書立說不得不「以干世主」為主旨，難免有為當時人所譏諷的「有意阿世」，「苟合而已」〔註44〕的成份。為鞏固世主的統治，自然要提出一套「法」、「術」來，以幫助其管理臣民，治理國家。把「老子之學」導向「君人南面之術」，他們從中所起的轉換作用是不容忽視的。

其二，稷下黃老學者雖仍標榜清高，但其學術、政治立場已與正統道家大相徑庭了。譬如田駢「高義，設為不宦」，齊人卻譏之曰：「今先生設為不宦，貲養千鍾，徒百人。」猶之乎「鄰女設為不嫁，而有子七人」。〔註45〕由於這些黃老學者寄身於齊王籬下，阿世苟合，缺乏列子、莊子之輩那清高自守、安於貧窮的純粹道家風骨。難已想像，他們有誰能夠像莊子一樣，說出「田成子一旦殺齊君而盜其國」之類的話來。由此也不難推知，環淵絕不會是關尹，假如關尹是賣身投靠卻「設為不宦」的假清高，莊子怎麼會推崇他為「古之博大真人」？

其三，稷下黃老學者既然要炮製「君人南面之術」，就需要找到一個古代世主作為依據，老子因無從政經歷故而難當此任，於是他們便擡出了黃帝，「因發明序其旨意」，使老子之學與黃帝之言巧妙有機地結合了起來，從而形成了「黃老道德之術」，黃老學派就這樣伴隨而生了。

---

〔註44〕此句在先秦諸子及《史記》中較為常見。

〔註45〕《戰國策·齊策四》。

　　司馬遷雖在《史記・孟子荀卿列傳》中只列舉了慎到、田駢、接子、環淵四人，說他們「皆學黃老道德之術，因發明序其旨意。」且「皆有所論焉」。實則稷下學黃老的人物，遠不止這些。錢穆《先秦諸子繫年》列「稷下學士」17 名，〔註46〕大多與黃老之學有關。除此而外，還有諸多未留下姓名者。且不說那「數百千人」，僅《史記・田敬仲完世家》所提及的「七十六」位名流之中也會有不少「學黃老道德之術」的人。而這些著名大師應有不少弟子，如《戰國策・齊策四》云：「齊人見田駢曰：……今先生設爲不宦，赀養千鍾，徒百人。」由此可見，稷下學黃老道德之術的人是相當多的。這批人，無論是集中於當時，抑或後來分散於各地，都以不同的方式對黃老思想體系的形成發揮著應有的作用和不可忽視的影響。

　　稷下黃老著名學者多數都是有著作的，只不過在流傳中大都散失罷了。還有不少是未題名作者的著作，如《漢書・藝文志》中所列的那些以「黃帝」命名的著作以及《管子》書中以《心術》、《內業》、《白心》爲代表的諸篇等等。這些書至西漢末年幾乎亡佚殆盡了，現今又有某些西漢流傳的黃老著作得以出土面世，足以說明當時的論著確實爲數不少。這些黃老學者的思想言論，或口耳相傳，或著書立說，對當時及其以後的思想文化均產生了深遠影響。《莊子》、《荀子》等書的稱引也好，批駁也罷，就是這種影響的眞實反映。《荀子》中稱引黃老之學的言論就不少，如論及宋鈃，顯然關注的是其黃老之學的一面，所謂「孫卿道宋子，其言黃老意」，〔註47〕就充分說明了這一點。

　　我們說稷下黃老學者應屬黃老學派，自有其理由，因爲他們都是學習而且發明黃老道德之術的人，對黃老之學的形成多有貢獻。但說他們不一定是黃老學派也未尚不可，這又因爲如莊子所說，他們各自喜悅「道術」的某一方面，在不同方面或角度加以「發明」甚或創造，從而有可能走向另外的學派。如申子、韓非「本於黃老」，但從來就沒有人把他們視爲黃老道家。田駢、慎到等人「發明」過黃老「旨意」，所屬學派也存在爭議。先秦時期哪些人物是純粹的黃老道家的典型代表，是很難完全說清楚的，不過，孕育、產生於稷下學宮的黃老之學卻是不可否認的，《漢書・藝文志》道家類所著錄的歸屬於黃老之學的著作就爲數不少，它們基本上都成書於稷下學宮，這無疑可作爲黃老之學成說於稷下學宮的力證。

---

〔註46〕錢穆，先秦諸子繫年〔M〕・北京：商務印書館，2001。

〔註47〕《漢書・藝文志》：《宋子》十八篇注。

# 第二節　黃老思想的基石之作──《黃老帛書》

《漢書・藝文志》所著錄的道家類著述，大體上可分爲兩大類：一類是《莊子》、《列子》以及思想與之相近的書；另一類就是我們所說的黃老之學的著作，包括《伊尹》、《太公》、《黃帝四經》、《黃帝銘》、《黃帝君臣》、《雜黃帝》、《力牧》等等，是假借黃帝、力牧、伊尹、太公之名，依據《老子》的道論，發明黃老之學的旨意，這部分書佔有相當的份量。前者可以說屬於「老莊」系列，後者則屬於「黃老」體系。

「黃老」系的著作無疑對黃老思想體系的形成具有不同程度的奠基作用，但遺憾的是這些著作幾乎散佚殆盡，這就使得人們在研究黃老之學時常有史料缺乏的困惑。1973 年馬王堆 3 號漢墓出土的《老子》乙本卷前分別標明《經法》、《十六經》、《稱》、《道原》的四種古佚書，在很大程度上彌補了這一缺憾。從而極大地激發了人們對黃老思想的研究熱情，但也隨之引起了諸多爭議，諸如書名、成書年代、作者等等。

關於書名，唐蘭先生曾先後撰文斷定此四種古佚書就是久已失傳的道家要籍《黃帝四經》。〔註48〕其主要理由有三：

第一、在內容上，四篇恰構成一個整體，可視爲一本書。《經法》主要論法，《十大經》（後改爲《十六經》）〔註49〕主要論兵，《稱》主要講辯證法，《道原》則論道。體裁雖各異，但卻互爲聯繫，與《黃帝四經》之四正相符。

第二、從帛書抄寫於黃老之學盛行的漢初這一時代背景看，很難想像在國家提倡黃老之時，《老子》的前面會冠以別的不相干的書。而這四篇古佚書恰好又承載著黃老之言，顯然只有《黃帝四經》才能當之。

第三、從傳授源流和流傳情況看，法家的申子、韓非子之學皆出於黃老之學，而戰國中期到晚期的很多法家著作都對此書有所徵引；又，《漢書藝文

〔註48〕參見《座談長沙馬王堆漢墓帛書》，《文物》1974 年第 9 期及《馬王堆漢墓帛書〈經法〉》，文物出版社 1976 年版，第 150～154 頁。

〔註49〕初釋其文爲《十大經》，後在張政烺、裘錫圭等古文字學家的主持下，對以往的帛書注釋和釋文加以修訂，最終形成了文物出版社 1980 年版的國家文物局古文獻研究室《馬王堆漢墓帛書〔壹〕》一書，在所有的帛書版本中被視爲最佳而成爲定本。經過反覆推敲，該本將先前各本中的《十大經》考定爲《十六經》，指出：「六」，帛書寫作大，末筆不連接，與大字不同，帛書《周易》類古佚書《要》、《繆和》、《昭力》等篇中之六字皆如此寫，今據以寫定。過去或釋爲大，特此更正。同時還就此書不足十六篇而僅存十四篇半的情況加以說明：恐係簡編錯亂或亡佚所致。從而否定並堵住了著眼於十字做文章的路子。

志》道家 37 種中有關黃帝之書共有五種，僅《黃帝四經》稱經，古佚書的《經法》和《十六經》恰又爲經，《稱》和《道原》兩篇也屬經的體裁，與黃帝四經相合。

唐先生的觀點，將失傳而得以復出的古書與一直保存下來的著錄加以對應，涉及到四種古佚書歸屬的原則問題，因而引起了學界的強烈反響，贊同者大有人在，反對者亦不乏其人。裘錫圭先生在相關論著中，詳細陳述了自己的不同觀點，遂成爲持相反意見的典型代表。他否定唐氏上述判斷的理由可歸納爲四點：其一，四種古佚書體裁不同，篇幅長短懸殊；其二，《十六經》屢次提到黃帝，其他三篇則一次未提，四種古佚書不像是一部書；其三，四種古佚書在思想內容上有積極進取的精神，「撮名法之要」的特點很明顯，同《隋書·經籍志》中與《老子》並提，最得「去健羡、處沖虛」「深旨」的《黃帝》四篇顯然不能相合；其四，魏晉以前所引黃帝之言都不見於四種佚書，也可證明它們並非《黃帝四經》。〔註50〕

爭論雙方均言之成理，持之有故，因而互不相讓，但各自也在不同程度上存在著一定的漏洞。倘若四種古佚書果眞是《黃帝四經》，那麼，假託黃帝立言、論道不應僅僅集中表現在《十六經》中，其他三篇也應如此。而事實上，其他三篇一次也沒提及黃帝的名字。因而說四種古佚書就是《黃帝四經》，確實還有諸多疑點，難以令人置信。再用《隋書·經籍志》道經部所云「漢時諸子道書之流有三十七家，大旨皆去健羡、處沖虛而已……其《黃帝》四篇、《老子》二篇，最得深旨」爲標準來與四種古佚書的積極進取精神相對照，也很難得出四種古佚書就是《黃帝》四篇（即《黃帝四經》）的結論來。而另一方面，四種古佚書「不像是一部書」的推斷也很難讓人苟同。儘管《十六經》之外的其他三篇沒有提到黃帝的名字，但這四篇都是以道論法，並體現出了道家與其他各家思想的融彙，它符合通常所理解的黃老學涵義，這所反映的正是早期黃老學著作應有的特色。因此，在尚未發現其他確鑿證據之前，我們姑且沿用學界的慣例，把四種古佚書稱之爲《黃老帛書》或《帛書黃老》。〔註51〕

〔註50〕見裘錫圭《馬王堆帛書〈老子〉乙本卷前古佚書並非〈黃帝四經〉》內容提要，文載陳鼓應主編《道家文化研究》第 3 輯。

〔註51〕鍾肇鵬先生在《文物》1978 年第 2 期發表《黃老帛書的哲學思想》一文時，爲了避免揣測，以質命名，從而有了《黃老帛書》之稱。但他係出於《經法》等四篇與《老子》抄在一起的現象而主是名的。也就是說，《黃老帛書》是對

關於成書年代，筆者贊同戰國早中期這一學術界普遍認同的觀點，即西元前 400 年前後，是先於管、愼、孟、莊諸書的。

至於作者，分歧更大，有鄭人說、楚人說、越人說、齊人說等等。但筆者認爲，不論該書的作者是何國人，其孕育構思、謀篇布局、初具形制於齊地的可能性最大。因爲，若沒有大範圍的學術交流溝通，要寫出這樣一部以道論法，兼采各家的巨著是幾乎不可能的事，而只有齊在當時具備了這種學術交流的客觀環境。所以該書很有可能是稷下學宮中佚名的早期黃老學者的著述。

儘管對該書還存在著諸多的爭議，但它卻是迄今爲止除醫書《黃帝內經》之外，我們所能看到的唯一一部內容涉及政治、經濟、哲學、軍事諸方面的「黃帝書」，又與《老子》抄存在一起，客觀、眞實的記錄著「黃老之學」的具體內容，是研究「黃老之學」無可替代的珍品，雖不能說是黃老思想的唯一基石，但無疑是極其重要的基石之作。

下面，我們就具體分析一下這部具有典型代表意義的黃老學著作，從中明晰黃老思想理論體系的實質及其特點。《黃老帛書》的內容主要側重於社會政治方面，這可以說是黃老思想與正統道家的根本性區別，也正是道家學說從偏重於學術思想向注重政治理論演變的實質性標誌。

## 一、治世學說

### 1、以「道」爲體，以「法」爲用的治世原則

《黃老帛書》之《經法・道法》起篇便開宗明義，闡述了以「道」爲體，以「法」爲用這一治世的總原則：

> 道生法。法者，引得失以繩，而明曲直者殹（也）。故執道者生法而弗敢犯殹（也），法立而弗敢廢殹〔也〕。□能自引以繩，然後見知天下而不惑矣。〔註52〕

包括《經法》等四篇和《老子》在內的一個總稱。這種稱謂無疑會在具體指稱中造成不便，因爲《老子》之名是確定了的。實際上，他在以《黃老帛書》的哲學思想爲題做文章時專以《經法》等四篇爲考察對象，即《黃老帛書》在行文中又收縮爲專指《經法》等四篇的名稱。

〔註52〕本文所引《黃老帛書》四篇的內容，主要以文物出版社 1980 年版的國家文物局古文獻研究室《馬王堆漢墓帛書〔壹〕》一書爲據，並參照了其他各本釋文的內容。

這便將道與法有機地結合、統一了起來，揭示了道與法之間的辯證關係，這不僅從宇宙觀的高度為法治找到了理論根據，從而使之易於接受、便於實施。而且也為道這一抽象的本體和法則在社會政治領域找到了歸著點，是道這一宇宙的根本法則在社會領域的落實和體現。使道再也不像以往那樣虛無縹緲，高高在上，而是具備了實用性和可操作性。由於法是君主根據道的原則製定出來的，是道這一宇宙間最高法則在社會政治生活中的體現，因而便有著「引得失」、「明曲直」的絕對權威性。「執道者」也不可「犯」、不可「廢」，只有「自引以繩」，以身作則，方能確保法律的尊嚴。依此權衡統攬天下，「而不惑矣」。

那麼，為什麼要如此注重刑名法術的作用呢？這是因為：

> 虛無刑（形），其裴冥冥，萬物之所從生。
>
> ……或以死，或以生；或以敗，或以成。禍福同道，莫知其所從生。……
>
> 虛無有，秋毫成之，必有刑（形）名。刑（形）名立，則黑白之分已。〔註53〕

這是說，生之於道的刑名是判斷禍福得失的尺規，「刑名立」，才能明辨是非，分清善惡，從而把握生死、成敗的玄機。而且「應化之道，平衡而止。輕重不稱，是胃（謂）失道。」〔註54〕即萬事萬物發展變化的內在規律是達到某種平衡，如果沒有一個衡量標準，便是「失道」，以致一事無成：

> 是故天下有事，無不自為刑（形）名聲號矣。刑（形）名已立，聲號已建，則無所逃迹匿正矣。〔註55〕

只要制訂了法令和規章制度，就有章可循，天下之事，自會在其掌握之中，從而得到妥善的處理。該篇對此還形象的比喻說：

> 事如直木，多如倉粟。斗石已具，尺寸已陳，則無所逃其神。故曰：
>
> 「度量已具，則治而制之矣。」

用刑名法術衡量事物，就像用斗石、尺寸量粟、直木一樣，具有同等的效力，如果運用得當，是非常靈驗的。即所謂「稱以權衡，參以天當，天下有事，必有巧驗。」故曰：「法度者，正之至也」，〔註56〕是為最公正的標準。

---

〔註53〕《經法·道法》。
〔註54〕《經法·道法》。
〔註55〕《經法·道法》。
〔註56〕《經法·君正》。

　　刑名法術確立後，就能使社會與自然一樣，有了各自所遵循的規則，統治者只要能公正執法，便會將天下治理得井井有條，即所謂：「精公無私而賞罰信，所以治也。」〔註57〕一切都井然有序了，從而達到以靜制動，無為而無所不為的以道為本的治世效果。

　　這種以「道」為體，以「法」為用，道法結合的治世原則，克服了三晉正宗法家那種缺乏理論深度、拒斥百家的刀筆式弊端，從而以較為溫和的面目行諸於世。這也正是其後漢初思想界把亡秦的原因歸罪於刻薄寡恩的法家，而黃老思想卻能大行於世的緣故。

### 2、「用二文一武者王」

　　這是《黃老帛書》極為重要的治世思想。《經法·君正》篇說：

> 天有死生之時，國有死生之正（政）。因天之生也以養生，胃（謂）之文，因天之殺也以伐死，胃（謂）之武。〔文〕武並行，則天下從矣。

就是說大自然的運行，有著春夏秋冬的交替，伴隨而來的是花開花落、葉枯葉茂的生生不息。治理國家也不例外，不但要用「文」的一面，給老百姓提供養生送死、休養生息的條件，以改善人民的生活；同時，還須用「武」的一面來強制、鎮壓，嚴防老百姓犯上作亂。只有二者並用，把握好分寸，才符合「天道」，方能統一天下，治理好國家。

　　文武並用的主張運用於打天下的時候，應該是：

> 武刃而以文隨其後，則有成功矣。〔註58〕

就是先要用武力削平敵對勢力，然後文治緊隨其後，這樣才能一統天下。

　　而在治理國家的時候則略有不同：

> 春夏為德，秋冬為刑。先德後刑以養生。……先德後刑，順於天。〔註59〕

就是說治理國家，主要靠文治、德政，決不能恃武弄刑，德在先為主，刑在後為輔。

　　我們知道，儒家的治世學說強調的是王道、仁政，也就是崇尚文治，法

---

〔註57〕《經法·君正》。
〔註58〕《經法·四度》。
〔註59〕《十六經·觀》。

家卻適得其反，力主霸道，重農戰與嚴刑峻法，崇尚的是武功。兩家都難免片面、偏頗之處。而《黃老帛書》卻能兼采各家之長，主張文武並用，刑德兼行，並要求根據不同情況加以靈活運用。《經法・君正》指出統治者若能「審於行文武之道，則天下賓矣。」而「文武並行」，並不意味著文、武對半，平分秋色，而只有「用二文一武者王」，〔註60〕這就進而恰如其分地擺正了二者之間的先後主次，可以防範「過極失當」之弊端。在政治策略上做出如此細緻地度量分界，無疑是《黃老帛書》在理論上的一個重大建樹。漢代所謂的「王霸道雜之」的統治術，實際上就是對《黃老帛書》「文武並行」思想的實際運用。

### 3、等級名分思想

以老莊爲代表的正統道傢具有一定的平等思想，在他們看來，大道對天地間的一切皆一視同仁，因而他們不以社會等級爲然。《黃老帛書》則不同，其《十六經・果童》篇曰：「貴賤必諶，貧富又（有）等，前世法之，後世既員」，就是說貴賤等級、貧富差別的存在世代如此，後世只能承認這一既成的事實。既然這種存在是必然的，那麼，它就符合天道，是天經地義而應該遵守的。故《經法・道法》進一步明確指出：「天地有恒常，萬民有恒事，貴賤有恒位。」在《黃老帛書》看來，人間的貴賤等級就如同天在上、地在下一樣永遠如此。在《黃老帛書》的其他篇裏，也不時可以找到一些諸如「貴賤有別」、「富貴有等」之類的論述，這是道家由理想主義極濃的學術思想向比較現實的政治理論過渡的明顯標誌。

在承認貴賤、貧富等級客觀存在的前提下，《黃老帛書》闡述了它的名分思想。《道原》篇曰：

> 分之以其分，而萬民不爭；授之以其名，而萬物自定。

這就是說，人們由於各自在尊卑貴賤的等級序列中的不同地位，而確立了自己應遵守的名分，繼而根據自己的名分確定了自己的權利範圍，不生非分之想，不作非分之舉，如此「循名復一」，則「民無亂紀」。〔註61〕作者把這樣的秩序看成神聖不可逾越的天下之成法，以此作爲替封建等級制度辯護的理論依據。

---

〔註60〕《經法・四度》。
〔註61〕《十六經・成法》。

　　上下尊卑的等級名分之所以不可顛倒混淆，是因為天地陰陽的基本關係決定了人們之間的等級秩序，是天道使然。故《稱》篇云：「主陽臣陰，上陽下陰，男陽女陰，父陽子陰，兄陽弟陰，長陽少陰、貴陽賤陰……制人者陽，制於人者陰」，而「諸陽者法天」，「諸陰者法地」，只有按等級逐層進行統治，上下界線分明，才能維持社會的安定，確保國家的強盛，即「主主臣臣，上下不赿者，其國強。」〔註62〕

　　《黃老帛書》認為：遵守名分謂之順，超越名分謂之逆。順是王霸之本，逆為危亂之源。並詳細列舉出何為「五逆」、「六逆」、「六順」、「六危」等等。指出「六順六逆者，存亡興壞之分也。」〔註63〕為能嚴格區別君臣父子上下尊卑的名分關係，《經法・君正》篇甚至說：「貴賤有別，……衣服不相逾。」連服色都要嚴加界定，那麼被統治者只能對統治者服服貼貼、絕對服從。故《經法・六分》篇進而說：「臣肅靜，不敢蔽其主，下比順，不敢蔽其上」。如不安分守己，敢越雷池一步，妄圖有所僭越的話，那是絕不允許的。「君臣易位謂之逆，賢不肖並立謂之亂。」〔註64〕對於逆、亂，自然要採取果斷的鎮壓。所以《道原》篇主張「分己以其分，而萬民不爭。」就是人人各當其位，各安其處，各儘其分，嚴守等級，從而使天下太平無事。

　　這一套理論是極合新興地主階級統治者胃口的，漢初黃老學者黃生所講的「冠雖敝，必加於首；履雖新，必關於足。何者？上下之分也。」〔註65〕就是對這一理論的解釋與運用。

### 4、無執、無處、無為、無私

　　《經法・道法》篇說：「故執道者之觀天下也，無執也，無處也，無為也，無私也。」其大意是說，統治者駕馭天下，應不固執己見，不先入為主，不人為的大搞政績，不夾雜私念。其核心是要做到無為而治。因為在《黃老帛書》看來，世界上的萬事萬物，都有自己的刑（形）名聲號，按照自身的規律運行，遵循著一定的準則秩序。只要明確了衡量標準，事非曲直、善惡成敗便自有分曉。只要存有公正之心，就會事半功倍，成為天下的楷模而受到擁戴。即「公者明，至明者有功。至正者靜，至靜者聖。無私者知（智），至

---

〔註62〕　《經法・六分》。
〔註63〕　《經法・六分》。
〔註64〕　《經法・四度》。
〔註65〕　《史記・儒林列傳》。

知（智）者爲天下稽。」〔註66〕煞費苦心，過分人爲，往往會適得其反。

《十六經》進一步揭示了這種無爲而治的本質：

> 欲知得失，請必審名察刑（形）。刑（形）恒自定，是我愈靜，事恒
> 自施，是我無爲。

就是說治理國家的成敗得失，取決於製定好各種政策法令，大家都依制度法令辦事了，統治者便能夠以靜制動。凡事都按其規律依章辦理了，最高統治者自然會獲得無爲而無所不爲的最佳治理效果。

這一思想在閹冉答黃帝如何布政問中，更加具體化了：「左執規、右執矩，何患天下？男女畢迥，何患於國？五政既布，以司五明，左右執規，以待逆兵。」〔註67〕有規矩之所以成方圓，任何事情都會迎刃而解。

需特別說明的是，《黃老帛書》的「無爲」與老子的「無爲」既同源而又有所區別。老子的「無爲」重在任其自然，而《帛書》的「無爲」卻是以既定的統治秩序爲前提的。沒有自下而上的各負其責，沒有人們各自的安分守己，所謂的主靜無爲只能是一句空話，這種「無爲」暗含著謀定而後動的積極進取成份。戰國時齊國著名稷下先生愼到在《愼子·民雜》篇中對這種「無爲」思想作了精闢的闡述：「君臣之道，臣事事而君無事，君逸樂而臣任勞。臣盡智力以善其事，而君無與焉，仰成而已。故事無不治，治之正道然也。」後來，韓非在《韓非子·解老》篇中又把這一思想發展爲「人君無爲，臣下無不爲」的法術之學。人君只需總體規劃，把握方向，臣下按照既定的大政方針當好差，辦好事，使人儘其力，物儘其用，以無爲之舉措收有爲之功效，正如陸賈所概括總結的那樣：「故無爲者，乃有爲者也。」〔註68〕足見《黃老帛書》的「無爲」與老子所側重的消極「無爲」有著本質上的區別。

無爲而治的思想在具體施政方面，必然與省刑罰、輕繇薄賦、與民休息緊密相連。《經法·君正》篇說：

> 一年從其俗，二年用其德，三年而民有得，四年而發號令，……一
> 年從其俗，則知民則。二年用〔其德〕，民則力。三年無賦斂，則民
> 有得。四年發號令，則民畏敬。五年以刑正，則民不幸（倖）。六年
> □□□□□□□。〔七〕年而可以正（徵），則朕（勝）強適（敵）。

---

〔註66〕《經法·道法》。
〔註67〕《十六經》。
〔註68〕《新語·無爲第四》。

俗者順民心殹（也）。德者愛勉之〔也〕。〔有〕得者，發禁拖（弛）
關市之正（徵）殹（也）。號令者，連爲什伍，巽（選）練賢不宵（肖）
有別殹（也）。以刑正者，罪殺不赦殹（也）。□□□□□□□□殹
（也）。可以正（徵）者，民死節殹（也）。

這就將無爲而治所能預期到的良好效果作了詳細列舉，並緊接其後強調：「〔
省〕苛事，節賦斂，毋奪民時，治之安。」這就是之所以要無爲而治的根本
原因所在。

### 5、重民思想

　　馬克思在《路易·波拿巴的霧月十八日》一文中指出：「同一切的君主的
權力一樣，封建主的權力不是由他的地租的多少而是由他臣民的人數決定
的，後者又取決於自耕農的人數。」這是說「民」是一個政權存在的前提與
基礎，沒有了民，一切便都會化爲子虛烏有。《黃老帛書》深諳統治者與民眾
的相互依存關係，懂得民用足而國力強的道理，知道民心向背對一個政權意
味著什麼？因而突出地體現了民本主義思想。

　　《十六經》借黃帝之口說：「吾受命於天……吾畏天愛地親民……吾愛民
而民不亡。」統治者只有愛民，老百姓才不至於逃亡，有了勞動力的保障，
就有了立國之本。故《經法·國次》將「失民」歸爲「五逆」之一，認爲是
過極失當所致，必然招致禍殃。

　　欲保民必得合民心、順民意。故《經法·君正》在其製定的七年規劃中，
第一年就是要「從其俗……俗者順民心。」《十六經·前道》亦云：「聖人舉
事，合於天地，順於民。」《經法·四度》也強調要「參於天地，闔（合）於
民心」，只有這樣，才能上下齊心，步調一致。一再將民心與天地並列，足見
對民心之重視程度。《經法·君正》則進一步指出：「號令合於民心，則民聽
令。」這與「刻薄寡恩」、一昧用暴力手段迫使人們服從的三晉法家有著本質
的不同，法家視民如動物、工具，只注重如何驅使他們種糧打仗，根本談不
上親民愛民。而《黃老帛書》的作者已體察到讓百姓心甘情願地聽令於指使
比之強迫命令要高明得多，效果也會好得多。基於對民心重要性的認識，《黃
老帛書》主張愛民、親民，以換取人民的支持和擁戴。《經法·君正》篇曰：
「兼愛無私，則民親上」，《十六經·立命》亦云：「優未愛民，與天同道。」
把愛民提到「與天同道」的高度，在當時還是不多見的。這種愛民思想，促
使民本的呼聲越來越高，孟子終於發出了「民貴君輕」的呼聲。

重民則必然關心民生，妥善養民。《十六經・果童》說：「夫民卬（仰）天而生。符地而食。以天爲父，以地爲母。」又說：「夫民之生也規規生食與繼。不食不繼，無與守地。」就是要讓老百姓吃飽肚子，能夠養家糊口，得以傳宗接代，否則便會失民荒地，一切無從談起。養民來源於農業生產，爲了確保農業生產的正常進行，《十六經》說：「故爲人主者，……毋亂民功，毋逆天時。」即統治者不要違背農時，擾亂生產。而對生產干擾破壞最甚者莫過於繁重的賦斂與徭役。於是《經法・君正》篇便提出了「節民力」的主張：「人之本在地，……民之用在力，力之用在節。」節民力的根本保證在於「毋苛事，節賦斂，毋奪民時」。只有這樣，才可能五穀豐登，「民乃蕃滋」，最終「長利國家社稷，世利萬夫百姓」。

《黃老帛書》不僅強調重民、保民、養民，而且還包含著原始的民主思想。《十六經・三禁》說：「毋壅民明。」就是不要淹沒、堵塞人民的聰明才智，讓言路暢通，使老百姓好的見解能夠上達，這是由重民心民意所引申出的開發民智的主張。同時還指出，假如君主「左右比周壅塞」的話，則將「禍及於身」。這反映了新興的封建地主階級心胸寬闊的一面。

與原始民主主義思想相關聯，《黃老帛書》對貴族專制和個人獨裁也表明了須加以限制的態度。《稱》篇曰：「聖人不爲始，不專己，不豫謀，不爲得。」意思是說君主不應獨斷專行，不能搞個人獨裁，而應廣泛聽取臣下乃至民眾的意見，這也就是《稱》中所說的「因民以爲師」。

重民、保民、養民的主張自然與殘酷掠奪人民的苛政水火不容。《十六經》說：「人惡苛……苛而不已。人將殺之。」即人們最厭惡、痛恨的是苛刻的統治，當老百姓被苛政逼得走投無路時，就會鋌而走險，起來造反。苛政的惡果是自取滅亡。《稱》篇也說：「取予當，立爲□王，取予不當，流之死亡。」闡述的都是同樣的道理。

《帛書》之所以非常重視保民、養民問題，是與戰國時期各諸侯國所面臨的農民不斷逃亡、人口不斷減少這一社會問題密切相關的，而漢初也遇到了同樣的社會問題，故漢初崇尚黃老政治便不足爲奇了。

## 二、以「道」爲基點的宇宙觀

《黃老帛書》繼承了老子的「道論」，以「道」爲基點探討宇宙的奧秘，

在《道原》篇中，集中地論述了「道」的本原、性質及作用。對「道論」有所豐富、有所深化、有所發揮、有所修正與揚棄。從而構建起了以「道」為基點的宇宙觀。

### 1、「道」的本原論

同老子的「道論」一樣，《黃老帛書》也把「道」作為自己哲學的最高範疇，認為道是世界的本源。《道原》篇在描述道體之特徵時是這樣說的：

> 恒先之初，迵同大虛。虛同為一，恒一而止。濕濕夢夢，未有明晦。

就是說「道」在天地尚未形成的宇宙之初始，就以陰陽合一這種「大虛」的形式存在著，由於它是獨一無二的最高物類，因而到此為止。「道」的特徵是「濕濕夢夢，未有明晦」，即是一個虛無飄渺，混混沌沌，既不明亮也不昏暗的存在物，「古（故）無有刑（形），大迵無名。」〔註69〕所以沒有具體形狀，也沒有確切的名稱。由於「道」：「虛無形，其裻冥冥，萬物之所以生。」〔註70〕即正是因為「道」具有虛懷包容、混沌一體的特性，故萬事萬物才得以從中產生。

那麼，產生萬事萬物，是否會對「道」造成影響呢？

> 天地陰陽，〔四〕時日月，星辰雲氣，規（蚑）行僥（蟯）重〔動〕，戴根之徒，皆取生，道弗為益少；皆反焉，道弗為益多。堅強而不攙，柔弱而不可化。〔註71〕

這是說天地陰陽、日月四季、星辰雲氣、各種各樣的動物及植物，無不因「道」「皆取生」，而「道」並不會因此減少或增多，仍然保持著其堅不可攙、柔不可化的本性。

既然「道」是天地萬物生成的本根，所以「獨立不偶，萬物莫之能令。」〔註72〕即唯其獨尊，不受任何事物支配，它高而不可察，深而不可測。是宇宙萬事萬物的終極本源與最根本的依賴。

### 2、「道」的生成論

本源論主要著眼於宇宙的本體、根源，而由本體到各種具體對象，則涉

---

〔註69〕《道原》。
〔註70〕《經法·道法》。
〔註71〕《道原》。
〔註72〕《道原》。

及到宇宙生成論的問題。對此,《黃老帛書》認為「道」:

> 天弗能復(覆),地弗能載。小以成小,大以成大。盈四海之內,又
> 包其外。在陰不腐,在陽不焦。一度不變,能適規(蚑)僥(蟯)。
> 鳥得而蜚(飛),魚得而流(遊),獸得而走。萬物得之以生,百事
> 得之以成。〔註73〕

在《黃老帛書》看來,「道」是一個超越天地,不受任何具體對象限制的客觀
存在。它天不能覆,地不能載,至大無外,至小無內,無所不包,陰陽協調,
是宇宙萬物的根源。鳥、蟲、魚、獸,萬事萬物皆賴之以生。而「道」卻不
因此受到任何影響,是一種永恒的存在。

　　不僅如此,由於各種事物得道的程度與方式不同,因而又有了「小以成
小,大以成大」的區別,以及「鳥得而飛,魚得而遊,獸得而走」的各自特
性。歸根結蒂,道是「萬物得之以生,萬事得之以成」的總根源。是世間一
切事物之所以生成的終極原因。沒有「道」,就沒有人世間千差萬別的萬事
萬物。

　　那麼,這個至高無上,神秘莫測的「道」,是否能為人們所認識,並加以
運用呢?《黃老帛書》認為,一般人辦不到,而聖人卻是可以的。《道原》篇
說:「故唯聖人能察無形,能聽無聲,知虛之實。」既然聖人能體悟出「道」
的奧秘,所以便能「知人之所不能知,服人之所不能得。」以至於「通天地
之精。」〔註74〕當然,這樣的聖人無疑包括著最高統治者。一國之君若能「抱
道執一」,則可統一天下,即「聖王用此,天下服。」〔註75〕這正是帛書的核
心所在與真實目的。黃老之學就是要把自己的學術思想推演為政治理論,運
用於治理社會,按照自己的意願,重建理想社會的新秩序。

### 3、「道」的規律論

　　在《黃老帛書》看來,「道」不僅是宇宙的本源,萬物因道「皆取生」。
同時,道還貫穿一切,無時無刻不體現在自然與人類社會的各個層面,萬事
萬物無不遵循著「道」的法則在運行,即:

> 日月星辰之期,四時之度,〔動〕靜之立(位),外內之處,天之稽

---

〔註73〕《道原》。
〔註74〕《經法‧道法》。
〔註75〕《經法‧道法》。

也。

高〔下〕不敝（蔽）其刑（形），美亞（惡）不匿其請（情），地之
稽也。

君臣不失其位，士不失其處，任能毋過其所長，去私而立公，人之
稽也。〔註76〕

這裡所謂的天之稽、地之稽、人之稽，無非指的是法則、準則、規則、法式
之類，都是就規律性而言的。

這種具有規律意義的「道」，不就事論事，普遍而廣泛，雖然讓人捉摸不
透，但它卻滲透在每個具體事物及其整個過程之中，只是「人皆以之，莫知
其名。人皆用之，莫見其刑（形）」〔註77〕而已。故《經法‧論》曰：

明以正者，天之道也。適者，天度也。信者，天之期也。極而〔反〕
者，天之生（性）也。必者，天之命也。

《經法‧論約》亦曰：

四時有度，天地之李（理）也。日月星辰有數，天地之紀也。三時
成功，一時刑殺。天地之道也。……一立一廢，一生一殺，四時代
正，冬（終）而復始，〔人〕事之理也。

其中的「度」、「期」、「性」、「命」、「理」、「紀」等等，都是「道」在某一特
定事物發展過程中的不同表現形式，因而有著各自不同的稱謂。「道」在不
同事物中所表現出的這些不同特點「理」之類，又構成了總體意義上的「道」。
「理之所在，謂之道」以及「道」寓於「器」的哲理不正在於此嗎？

「道」的規律性體現在社會層面，那就是《經法‧道法》所謂的：

天地有恒常，萬民有恒事，貴賤有恒位，畜臣有恒道，使民有恒度。

天地之恒常，四時、晦明、生殺、柔剛。萬民之恒事，男農、女工。

貴賤之恒位，賢不肖不相放。畜臣之恒道，任能毋過其所長。

這顯然是利用「道」的理論，為新的封建社會等級制度和社會關係服務，賦
予了哲學意義上的「道」以「君人南面之術」的內容。

總而言之，「道」是本體，不僅產生萬物，而且萬物莫不有「道」，「道」
融於萬事萬物而萬事萬物無不體現、遵循著「道」的法則。

---

〔註76〕《經法‧四度》。
〔註77〕《道原》。

## 三、辯證思維

《黃老帛書》的辯證思想也極為豐富，主要表現在以下幾個方面：

### 1、認識與實踐的統一

《黃老帛書》強調主客觀相統一的認識方法。如在《經法・論》中就指出，一個有作為的帝王，必須「審三名」、「執六柄」、「察逆順」、「知虛實」。唯有這樣，才能「盡天極」、「用天當」，〔註78〕避免執政的重大失誤。而其中所謂的「執六柄」，就是要求把對客觀事物所獲得的正確認識運用到具體的行動實踐中去，而不要只停留在認識上。「六柄」的具體內容及各自所具有的功能是：

> 一曰觀，二曰論，三曰僮（動），四曰轉，五曰變，六曰化。
>
> 觀則知死生之國，論則知存亡興壞之所在，動則能破強興弱，轉則
>
> 不失諱（韙）非之□，變則伐死養生，化則能明德除害。〔註79〕

可見，觀和論是屬於主觀認識範疇，而動、轉、變、化則是根據認識所採取的實際行動。這就將理論與實踐有機的統一起來了。這與《老子》及太史儋書以不知為知、并割斷認識與實踐之間聯繫的做法大不相同。正是以此為出發點，《黃老帛書》主張把言行一致作為人的行動準則，指出：「言之壹，行之壹，得而勿失。」〔註80〕「聲華實寡，危國亡土。」〔註81〕《黃老帛書》這種言與行、認識與實踐相統一的方法論，充滿著務實精神。黃老學說之所以能把原始道家從玄虛拉回到現實，就是這種務實精神在起作用。這種務求實效的積極取向，恰恰體現了戰國時期新興封建地主階級要求執政治國，奮發向上的進取精神。

### 2、事物的對立與統一

《黃老帛書》認識到無論在自然界抑或人類社會，都充滿著矛盾對立現象，並用陰、陽對其加以概括。

在自然界：「天陽地陰，春陽秋陰，夏陽多陰，晝陽夜陰」；「天地之道，有左有右，有牝有牡」；〔註82〕天「有晦有明，有陰有陽」；「地有山有澤，有

---

〔註78〕《經法・國次》。

〔註79〕《經法・論》。

〔註80〕《十六經・行守》。

〔註81〕《經法・亡論》。

〔註82〕《稱》。

黑有白，有美有亞（惡）」〔註83〕等等。

在人類社會：「大國陽，小國陰。重國陽，輕國陰。有事陽而無事陰。信（伸）者陽，屈者陰」，〔註84〕以及主陽臣陰、男陽女陰、父陽子陰、兄陽弟陰、夫陽妻陰、制人者陽而制於人者陰等等。

而所有這些上下、晦明、陰陽、黑白、剛柔、動靜、順逆、生死、文武、刑德、禍福、美惡等，都是相互聯繫的，既對立、又統一，互為依存的條件。故《十六經‧果童》指出：

> 不險則不可平，不諶則不可正。觀天於上，視地於下，而稽之男女……
> 地俗德以靜，而天正名以作。靜作相養，德瘧（虐）相成。兩若有
> 名，相與相成。

就是說一切事物都是相反相成的，無不「兩相養，時相成。」〔註85〕失去一方，另一方亦不復存在。世界的運動變化正是由於其本身所固有的這種事物的既相矛盾又相統一的規律推動的。《黃老帛書》的以上認識，無疑是對古代辯證法的進一步抽象、深化與發展。

### 3、對立雙方的可轉化性

《黃老帛書》不僅認為一切事物都是相反相成的，是對立面的統一。而且認為對立面的相互依存並非一種凝固不變的關係，而是隨著對立雙方彼此力量的消長，二者之間是可以相互轉化的：「極而〔反〕者，天之生（性）也。」〔註86〕「極而反，盛而衰，天地之道也，人之李（理）也。」〔註87〕那麼，對立雙方又是如何轉化的呢？《經法‧道法》說：

> 絕而復屬，亡而復存，孰知其神。死而復生，以禍為福，孰知其極。
> 反索之無刑（形），故知禍福之所從生。應化之道，平衡而止。

就是說生死、禍福、存亡之間的相互轉變，似乎神秘莫測，但並不是不可知的，也不是毫無條件的。而是「陰陽備物，化變乃生。」〔註88〕當事物雙方的各種條件具備了，矛盾雙方才會隨著彼此力量的消長進行轉化。而這種轉化的規律就是從不平衡到平衡的過程，即「應化之道，平衡而止。」對其轉

---

〔註83〕《十六經‧果童》。
〔註84〕《稱》。
〔註85〕《十六經‧姓爭》。
〔註86〕《經法‧論》。
〔註87〕《經法‧四度》。
〔註88〕《十六經‧姓爭》。

化，人們是能夠認識的，「見知之道，唯虛無有」；「反索之無刑（形），故知禍福之所從生。」〔註89〕就是只有從「道」這個根本上去把握，才能知道整個事物發展的過程及其轉化的規律。這樣一來，生死、禍福、存亡的原委就清晰可見了。只有從這個根本點去觀察認識事物，才能高屋見翎。因而《經法・論約》特別強調：

> 故執道者之觀天下也，必審觀事之所始起，審其刑（形）名，刑（形）名已定，逆順有立（位），死生有分，存亡興壞有處。然後參之於天地之恒道，乃定禍福死生存亡興壞之所在。是故萬舉不失理，論天下而無遺策。

這是《黃老帛書》將其學術思想運用於指導治世的突出標誌。

### 4、對主觀能動性的肯定

正統道家在闡述對立面相互依存和相互轉化的關係時，誇大了統一性，而忽視了對立面的鬥爭性，因而缺乏一種發展的機制，容易陷入相對主義。而《黃老帛書》則不然，它肯定和強調對立面的鬥爭性，明確指出：

> 夫天地之道，寒涅（熱）燥濕，不能並立，剛柔陰陽，固不兩行。

〔註90〕

這裡所謂的「不能並立」、「固不兩行」，指的是矛盾雙方存在著鬥爭，而不是靜止不變，一潭死水，始終共居一體。因而帛書就突出了一個「爭」字，《十六經・姓爭》曰：

> 天地已定，規（蚑）僥（蟯）畢掙（爭）。作爭者凶，不爭亦毋以成功。

就是說「爭」雖屬兇險之事，但必要的時候不爭也一事無成。這種既強調統一性，又注重鬥爭性的辯證法，就是讓人們在處理各種矛盾關係時要充分發揮其主觀能動性，用以促進事物的轉化和矛盾的圓滿解決，而不是在客觀規律面前消極被動的等待、觀望，以至於坐失良機。譬如《黃老帛書》雖然主張貴柔守雌，但並不是提倡單純的怯懦、軟弱、退縮，而是要以靜制動，以柔克剛。運用到政治上，就是要以慈惠愛民來爭取人心，化被動為主動，最終達到反敗為勝之目的。所以《十六經・三禁》說：「剛不足以、柔不足（恃）。」只有辯證掌握，靈活運用，才會收到理想效果，「守弱節而堅之，胥雄節之窮而

---

〔註89〕《經法・道法》。
〔註90〕《十六經・姓爭》。

困之。」〔註91〕這與老子的「不爭」主張相比，無疑更加全面深刻，更爲獨道。

不僅如此，尤爲可貴的是，《黃老帛書》所注重的主觀能動性，並不是毫無節制的隨心所欲，任其發揮。而是提出了三條應該遵守的基本原則：一曰「因」。《十六經·觀》說：「天因而成之，弗因則不成，（弗）養則不生。」就是要人們順應客觀事物的發展趨勢，承認和遵循事物自身的規律。但這並不是要人們墨守成規，毫無作爲。而是要因勢利導，順勢而爲，以收四兩拔千斤之效。故《十六經·兵容》說：「天地刑（形）之，聖人因而成之。」可見「因」反映的是主觀能動性應與客觀規律相統一的辯證關係。二曰「時」。就是說發揮主觀能動性還須把握時機、抓住機遇。《十六經·觀》說：「當天時，與之皆斷，當斷不斷，反受其亂。」如果不能恰如其分的把握好時機，果斷採取行動，就會喪失機遇，反受其害。三曰「度」。就是告誡人們應把主觀能動性建立在客觀條件允許的範圍內，若「變恒過度」，就會「過極失當，變故易常。」〔註92〕以至失得其反，導致出惡果。

《黃老帛書》注重主觀能動性但又不誇大主觀能動性作用的思想，與老子的「不爭」，單純追求「道法自然」而忽視人爲因素的主張相比，無疑是認識上的一次飛躍；與後來把主觀能動性無限誇大，以至絕對化的「人定勝天」理論比較，更顯示出《黃老帛書》思想的科學性與嚴謹性。

## 四、倫理道德取向

《黃老帛書》的倫理道德思想是對老子「視素保樸、少私寡欲」社會道德標準的承繼與發揚。同時也吸收了儒家仁義、墨家兼愛等思想成份。具體表現在以下幾個方面：

### 1、謙卑誠信

《經法·名理》篇認爲做人要「唯公無私」，「虛靜謹聽」，而不要帶著私心雜念剛愎自用，自以爲是。《十六經·雌雄節》進一步說：「憲傲驕倨，是謂雄節；□□恭儉，是謂雌節。」持雌節的人會天天「積德」，而持雄節的人則天天「散德」、「積殃」，以致「大人則毀，小人則亡。」所以力主持「雌節」

---

〔註91〕《十六經·順道》。
〔註92〕《十六經·姓爭》。

而棄「雄節」，認爲「埤（卑）而正者增」，「高而倚者傰（崩）。」就是說謙
卑正直的人威望會越來越高，而高傲自大的人最終反而要垮臺、遭殃。《經法·
名理》也說：「以剛爲柔者栝（活），以柔爲剛者伐。重柔者吉，重剛者滅。」
既然重柔與重剛有如此不同之結果，故《十六經·前道》指出：

> 是故君子卑身以從道，知（智）則辯之，強以行之，貴道以並進，
>
> 柔身以寺（待）之時，王公若知之，國家之幸也。

就是說有道之士都是謙卑己身以遵從天道，用他們的才智去辨識道，努力按
道的要求行事，追求爲人處事與道的切合之處，卑屈己身以待天時。國家的
治理者，如果懂得了賢哲們之所以「卑身以從道」、謹言愼行的道理，便是國
之大幸。

做人不但要謙卑，而且要誠信，只有這樣，才能取信於人，在社會上站
穩腳跟。否則，便會有虛僞之嫌。所以，《經法·論》曰：「信者，天之期也。」
將誠信提升到如此高度，足見《黃老帛書》對誠信的重視程度。

誠信最直接的體現就是要講信用、守諾言。故《經法·名理》說：

> 若（諾）者，言之符也。已者，言之絕世。已若（諾）不信，則知
>
> （智）大惑矣。已若（諾）必信，則處於度之內也。

就是說爲人處事要言與心符、言與行合，說話算數，做到誠信無欺。對所承
諾的事情一定要兌現，不能隨意表態，空話連篇。《經法·道法》也說：「事
必有言，言有害，曰不信，曰不知畏人，曰自誣，曰虛誇，以不足爲有餘。」
這是說言而無信，無異於「自誣」；「虛誇」吹牛，有如自欺欺人，都是極爲
有害的。故《經法·亡論》指出：「聲華實寡，危國亡土。」即只承諾而不兌
現人，會導致國破家亡。這樣的人不可結交，更不能重用。

基於對誠信的高度重視，《黃老帛書》反對「有一言、無一行」的欺騙
行爲，更反對搞陰謀詭計。《十六經·順道》曰：「不陰謀，不擅斷疑，不謀
削人之野，不謀劫人之宇。」《十六經·行守》更是一針見血的指出，搞陰
謀詭計絕沒有好下場：「陰謀不羊（祥），刑於雄節，危於死亡。」聯想到《史
記·陳丞相世家》所記陳平之言：「我多陰謀，是道家之所禁。」實此之謂
也。

以上觀點，都與《老子》「絕智棄辯」、「絕巧棄利」、「絕僞棄詐」等主張
有諸多的相通之處。

### 2、節儉省欲

《黃老帛書》主張樸實無華，崇尚節儉，反對縱欲斂財。這實際上也是《老子》「視素保樸，少私寡欲」思想的集中體現。

《經法‧君正》篇指出「節民力以使，則財生。」《稱》篇則提倡為人應該「實不華，至言不飾。」而《十六經‧順道》篇又強調，「恭儉」是人的福份之所在，並以古代大庭氏「良濕（溫）共（恭）僉（儉），卑約生柔」而終有天下加以佐證。可見帛書不僅認為儉約自持是以道修身的基本要求，而且也是古聖先王之所以成功的根本保障。

把「恭儉」提到如此高度來認識，自然不會容忍縱欲奢侈。《稱》篇就嚴厲指出：「宮室過度，上帝所惡。」在談到個人有「三凶」時，「縱心欲」就是其一；在論及天下有「三死」時，其中就有「嗜欲無窮死。」既然如此，懂得「王術」者，就應做到「驅騁馳獵而不禽荒，飲食喜樂而不湎康，玩好娟好而不惑心。」〔註93〕就是要用理性控制自己的情欲，對男女飲歡、狗馬玩好，都要有節制，不能恣意放縱。否則，就會傷及身、心，於人於己都大有害處。

縱欲與斂財又是密不可分的，故《經法‧四度》說：「黃金珠玉藏積，怨之本也。女樂玩好燔材，亂之基也。守怨之本，養亂之基，雖有聖人，不能為謀。」就是說，縱欲與斂財是怨和亂的禍根，若身陷其中，聖人也束手無策，難以相救，終將導致國破身亡的結局。

足見帛書崇尚節儉，反對縱欲奢侈的態度是何等的鮮明，又是何等的堅決！

### 3、慈惠愛人

「絕偽棄詐，民復孝慈」，是老子社會道德標準的重要組成部分，《黃老帛書》繼承了這一思想，並對其有所發展。《十六經‧順道》說：「體正信以仁，慈惠以愛人，端正勇，弗敢以先人。」《經法‧君正》也說：「兼愛無私，則民親上。」其發展主要體現在二個方面：其一是《黃老帛書》兼采吸收了早期儒家的仁義與墨家兼愛的觀念，將親情間的孝慈社會化了，主張在更寬泛的範圍內建立起人與人之間的慈惠互愛的和諧關係。這就使「慈惠以愛人」的思想具有了更為廣泛的社會性。其二，《黃老帛書》將老子的社會道德標準

---

〔註93〕《經法‧六分》。

政治化了。在容納「仁愛」、「兼愛」思想的基礎上，強調「無私」的成份。仁愛也好，兼愛也罷，都要暢開心扉，擯棄「尊尊」、「親親」之類狹隘的親情範疇，衝破各種人為界限，用廣博的泛愛來爭取人心，團結一切可以團結的力量，使民親上，以謀求政治上的成功。這也是道家學術思想向政治理論轉變的具體體現。

## 五、《黃老帛書》的理論貢獻

　　道家哲學思想是《黃老帛書》立論的理論基礎，但它又不同於正統道家，《帛書》雖然繼承了老子的道論，卻在方法論上對老子學說有較大的修正和發展。在固守自然無為的「道」，提倡以「謙誠」、「恭儉」、「省欲」、「慈惠」進行修身，以及將柔弱、雌節作為處事原則等方面，與老子哲學都是相通的。但在以「無形」、「唯虛」、「無有」描述道體的同時，《黃老帛書》則著重把老子的「道」與客觀事物作了溝通，將「道」還原為客觀世界的規律，並由此構建起法天道而治的政治哲學。注重實踐，承認矛盾與鬥爭，肯定人在認識和改造客觀世界中的地位和作用等，都是《黃老帛書》對正統道家的創造性貢獻。《黃老帛書》把老子哲學從遁世主義轉向了經世致用，從消極無為轉變為積極有為，從排斥社會文化轉為兼取百家之長。為道學從學術思想成功的轉化為政治理論墊鋪了道路。

　　從「道論」的演進角度來看，《黃老帛書》雖沒有明確地把「道」闡釋為物質性存在，但已將「道」視為客觀世界的必然性或者說規律性。使「道」的神秘面紗漸次揭開。在對待天人關係的態度上，與正統道家一樣，《黃老帛書》也強調人的行為必須順應自然，符合天道、天理，遵循天時。但所不同的是，正統道家片面地強調順應自然，甚至過分地苛求人對自然的服從。而忽視了天人關係應有的另一方面——人的主觀能動性對自然的反作用，因而具有消極被動的缺陷。《黃老帛書》在很大程度上克服了這一弊端，在天人關係上表現出了積極向上的進取精神。《黃老帛書》認為人對於天並非單純是被動的、消極服從的關係，而應是在遵循自然規律的同時，恰如其分的發揮人的主觀能動性，把握和運用自然規律，更好地為人類社會造福。在正統道家眼裏，自然和人為是對立的，人為必然會破壞自然。而《黃老帛書》認為遵循自然規律前提下的人為不但不會破壞自然，而且還會得到自然的襄助。《十六經·姓爭》就說：「靜作得時，天地與之。」《黃老帛書》強調「得時」，而

反對「靜作失時」，即違背自然規律的行為。對「因天時」的人為，是大力提倡和支持的。這充分反映了《黃老帛書》對天人關係的辯證認識，這種積極主動的進取精神無疑是對正統道學的重大發展。

《黃老帛書》的政治哲學，實際上是對形而上的「道論」的世俗化，從而將較為空洞的學術思想改造成了經世致用的政治理論。這就為新興地主階級建立其所需的社會秩序以及選擇與之配套的統治方式，提供了本體論的依據。一方面，是從道的原理出發，推演引申出了各種符合於社會政治實踐需要的治世學說；另一方面，又將各種行之有效的治世方略歸之於「道」使之然的高度。可以說，整個黃老學的發展過程，實質上就是道家的道論與封建政治實踐活動相結合的過程。這既是《黃老帛書》有別於正統道家的重要標誌，也是構成戰國黃老之學以及秦漢黃老新道家的思想精髓。由於《黃老帛書》是以「道」統攬一切的，故它講法治而沒有把法治推向極端，講刑名而沒有把刑名變為框框條條的督責之術。其思想同法家相比具有溫和的色彩，同正統道家相比則又具經世的特色，這大概也正是黃老新道家在漢初能得以支配社會政治實踐的原因所在。

至於《黃老帛書》的辯證思想，更是閃爍著理性的光輝。特別是它既正視矛盾又肯定必要的鬥爭，既尊重客觀規律又注重人為的思想，成功地克服了老子思想的消極因素，對黃老學乃至後世道家的發展都產生了積極而深遠的影響。

因此，不論從哪個角度講，《黃老帛書》都是黃老之學的經典代表著作，將其稱之為黃老思想的基石之作是當之無愧的。

## 第三節　黃老思想的傳播與豐富

《漢書・藝文志》所著錄的絕大多數黃老道家著作亡佚已久，極個別的有幸得以重新出土，如馬王堆帛書之類；有些書猶存，如《管子》與《莊子》的部分篇目、《文子》、《鶡冠子》之類，但與原本已有很大差別。不過，通過這些可見到的文字，我們還是可以理出一條以《黃老帛書》、《管子》與《莊子》的部分篇章、《尹文子》、《鶡冠子》為代表的黃老學派發展的較為清晰的某種連貫線索來。

從總體上看，道家後學著述有幾個比較明顯的共同特點：

　　第一，它們大都與《老子》有著密切關係，不論是自己署名，抑或是偽託古人的論著無不如此，如《黃帝君臣》原注即曰：「起六國時，與《老子》相似也。」思想上的相似，是以「道論」為其理論依據的必然結果；文字上的相似，無疑是引述承襲所致。但不無奇怪的是，《老子》一書卻沒有單獨出現於著錄之中，而有《老子鄰氏經傳》、《老子傅氏經說》、《老子徐氏經說》及劉向《說老子》等四家，其書又早亡，已無從判斷其屬老莊、抑或黃老。可見，注重對《老子》的改造發揮曾是當時的主流趨勢。

　　第二，它們都或多或少的對《老子》思想有所發展、創新，即所謂「發明序其旨意」。在哲學思想方面的闡釋與完善，有道論中的「元氣」說之類；在政治思想方面的補充與創新，則有「無為而無不為」之類等等。

　　當以《黃老帛書》為代表的道家新思想問世之後，很快得到了絕大多數道家學者的認可與接受，並將其在更大的範圍內加以傳播，使其得到了進一步地豐富、完善與廣泛流傳。從而為登上政治治理舞臺奠定了堅實的基礎。

## 一、《管子》四篇中的黃老思想

　　今存《管子》是經劉向整理編次而成的，《管子敘錄》述及在勘訂該書時，收集了「凡中外書五百六十四篇」。「中」即劉向所謂的官方所藏「中《管子》書三百八十九篇；「外」指的無非是民間獻書，應包括有「太中大夫卜圭書」、「臣富參書」、「射聲校尉立書」和「太史書」等各種不同傳本，劉向將其刪定為八十六篇（今亡十篇）。郭沫若先生經系統研究，指出今本《管子》包含有兩部分內容：「一部分是齊國的舊檔案，一部分是漢時開獻書之令時由齊地獻彙而來的。」〔註94〕關鋒、林聿時的《管仲遺著考》〔註95〕亦認為其中有「被當作齊國的國家檔案保存下來的」部分篇章，這些說法都是言之有據的。不過，早在劉向之前，已有《管子》在民間廣為流傳。《韓非子・五蠹》云：「今境內之民皆言治，藏商、管法者家有之」，此處所指的「管法」方面書，不可能包括「舊檔案」之類的內容，也不會像今本《管子》這般的錯亂龐雜。學術界稱其為「原本《管子》」，它的內容已被彙入今本《管子》中了。

---

〔註94〕見郭沫若《青銅時代》中《宋鈃尹文遺著考》一文，載《郭沫若全集》歷史編第 1 卷，人民出版社 1982 年 9 月版。

〔註95〕載《春秋哲學史論集》，人民出版社 1963 年版。

　　然而，託名爲管仲的原本《管子》，卻也「非一人之筆，亦非一時之書」，〔註96〕這是學界古已有之的共識。朱熹對此早就分析說：「仲當時任齊國之政，事甚多，稍閒時又有三歸之溺，決不是閒工夫著書底人。著書者是不見用之人也。」〔註97〕這話是不無道理的。且不說管仲之時尚無私家著書之事，即便是其後諸子百家蜂出並作的時代，有書流傳於後世者，又有幾人是顯赫的政壇人物？至此有人會說，先秦諸子之書原本就多非本人親手撰定，而大都是經其門人弟子後來纂集而成。但當管仲之時，並未開私人講學授徒之風，故原本《管子》是管仲門人弟子彙集其遺著編輯而成的說法恐怕也只能是無稽之談。

　　那麼，原本《管子》的作者究竟是誰？學術界目前較爲一致的意見是，它是稷下學宮中的某些先生及學士所爲。顧頡剛先生就認爲《管子》「是一部稷下叢書」，〔註98〕馮友蘭先生亦說其是「稷下學術中心的一部論文總集」，〔註99〕此外還有一些諸如「稷下先生著作集」、「稷下學報」等等之類大同小異的說法。但稷下學宮歷時一個半世紀，最盛時先生與學士多達「數百千人」，究竟是其中哪一時段、哪些人物的作品呢？

　　前文曾論及，齊威王時，齊已「最強於諸侯」，而繼其之後的宣王又「喜文學遊說之士」，他憑藉雄厚的國力「厚招游學」，意在「覽天下諸侯賓客」。這一舉措極大地促進了稷下學宮的發展，一時間天下游學之士雲集而至。當時聚集在稷下學宮的學者從地域上可分爲兩類：一是齊國本土學者；一是異國游學之士。異國學者從四面八方帶來了列國的學術與文化，他們在學宮中極爲活躍，形成了一股很大的勢力，在促進齊國與外界思想文化的交流、豐富和繁榮齊國文化的同時，必然對齊國固有的思想文化造成極大的衝擊。白奚對此分析說：

> 　　面對如潮水般湧入的異國思想文化，當時齊地學者們心頭形成的巨
> 大心理壓力是不難想像的。在這種強大衝擊的壓力下，許多齊國本
> 土的學者不甘於這種喧賓奪主的局面，於是，如何接受外來思想文
> 化的挑戰，弘揚齊國固有的思想文化，使其始終保持齊國特色，與
> 外來思想文化爭奪稷下學宮中的主導地位，便成爲擺在他們面前的

---

〔註96〕（宋）葉適《習學記言》卷45。
〔註97〕《朱子語類》137卷。
〔註98〕顧頡剛《「周公製禮」的傳說和〈周官〉一書的出現》，載《文史》第六輯。
〔註99〕馮友蘭《中國哲學史新編》第二冊第197頁，人民出版社1983年修訂本。

> 緊迫課題。在齊國本土的學者中，除個別自成一派的著名人物如田
> 駢、尹文外，大部分都是佚名學者。他們沒有田駢、尹文等人那樣
> 大的名氣、地位和影響，需要一面精神上的旗幟，來號召和團結那
> 些以繼承和弘揚本土思想文化爲職志的齊人。於是自然而然地把目
> 光投向了輔佐齊桓公「九合諸侯、一匡天下」的大英雄管仲，共同
> 創作了齊學的結晶——《管子》一書。〔註100〕

作者在上述分析的基礎上指出，《管子》是齊宣王、閔王時期，在受到異國學
術大批湧入稷下的外來刺激後，由稷下學宮中一批推崇管仲的佚名齊地土著
學者依託管仲編輯創作而成的，這樣的作品只能是稷下學宮鼎盛時期的產
物，而不可能是學宮初創時期和衰落時期的產物。故一概地稱其爲「稷下先
生的論文集」或「著作總集」、「稷下叢書」等未免過於籠統了。上述的分析
與結論還是具有相當說服力的。

　　界定《管子》的成書時間及其作者，對我們從學術發展史的角度研究其
與同時代各學派與人物的學術聯繫，考察它們之間的相互影響、吸取和改造，
以及在此基礎上的發展和創新，從而對該書在學術思想史上的地位和價值做
出恰當的判斷與定位，無疑是大有幫助的。

　　既然《管子》是齊地本土的稷下佚名學者在收集、追記和整理管仲的遺
說佚聞基礎上編輯而成的，主要是爲了依託管仲之名藉以闡發自己對現實社
會政治的思想觀點，而由於他們自身又各有所主，各有所長，由此便形成了
《管子》書中諸多學派思想雜陳的風格。但《管子》書雖雜，然通觀全書，
卻可以明顯地感覺到書中具有法家的基本傾向。這一方面是對戰國政治舞臺
上變法圖強主旋律的反映，另一方面也是由管仲本人的思想特點和齊國長期
以來的政治實踐決定的。不過，《管子》書中的法家思想又有著不同於三晉主
流法家的兩個顯著特色：其一是它吸收了流行於齊國已久的道家思想，用道
家哲理闡發法家的政治主張，爲法治找到了形而上的依據；其二是它受到了
來自近鄰鄒魯之地的儒、墨等思想的影響，吸收了它們的長處，論證了禮法
並用的必要性，從而以其所體現出的較爲溫和的面目而有別於冷冰冰、陰森
森的刀筆式三晉法家。這反映出的又是戰國中期學術大融合的趨勢和在此基
礎上所逐漸形成的黃老學獨盛、壓倒百家，向主流意識形態與思想觀念逐步

---

〔註100〕白奚《稷下學研究》，山東大學出版社，1997年12月版，第219頁。

演進的趨勢及過程。

正是由於《管子》書中的《心術》上下、《內業》、《白心》等篇側重於以道家哲學論說法家的政治理論，並注重相容他家之長，因而引起了人們的格外關注。自從上世紀 40 年代郭沫若先生提出此四篇是宋鈃、尹文的遺著之後，〔註101〕就引起了很大的爭議。爭論中意見雖不盡一致，有人甚至對郭氏據此所劃分的「稷下道家三派」中的「宋尹學派」的是否存在也闡發了相當尖銳的質疑意見，〔註102〕不過總體上認爲：儘管四篇的內容各有側重，但有關修養內心、保蓄精氣、抱虛守靜、排除嗜欲與成見等方面的哲學觀點卻大體相同，且其治身與治國、內治與外治相統一的基調也極爲吻合。這就從特定層面對正統道家的內在結構進行了調整，將其引向了極積入世的領域。因此，不管它們出自誰人之手，都是屬於同一個思想體系。在稷下著名黃老學者的著作皆已缺佚的情況下，無疑成爲我們研究稷下黃老之學走向豐富與成熟的代表作之一。

除四篇之外，《管子》書中的《樞言》、《宙合》、《重令》、《君臣》、《法禁》、《勢》、《正第》、《形勢解》、《九守》等篇，也帶有黃老學的痕迹。但總體上看，這些篇章只是接受了黃老學的某些思想觀點的影響，尚未構成黃老學的完整體系，故不納入討論之列。

## 1、精氣理論

同正統道家一樣，四篇也把「道」視爲其全部學說的最高哲學範疇，認爲「道」是萬物所以生所以成的本根。《內業》篇說：「凡道無根無莖，無葉無榮，萬物以生，萬物以成。」既然「道」是宇宙的本源，所以它無處不在，無時不有，表現爲一種無限永恒的普遍性存在：

> 道在天地之間也，其大無外，其小無內。〔註103〕
>
> 道滿天下，普在民所，民不能知也。〔註104〕
>
> 道之大於天，其廣於地，其重如石，其輕如羽。民之所以知者寡。
>
> 道者，一人用之，不聞有餘。天下行之，不聞不足。……小取焉，

---

〔註101〕見郭沫若《青銅時代》中《宋鈃尹文遺著考》一文，載《郭沫若全集》歷史篇第一卷，人民出版社 1982 年 9 月版。

〔註102〕白奚《稷下學研究》，三聯書店在 1998 年 9 月版，第 191 頁。

〔註103〕《心術上》。

〔註104〕《內業》。

則小得福；大取焉，則大得福；盡行之而天下服。〔註105〕

不僅如此，「道」還在不斷地運動著，它「一來一逝」，〔註106〕從而造成不同事物的「殊形異勢」，〔註107〕但其本身卻能：

不與萬物異理，故可以為天下始。〔註108〕

就是說「道」不會因萬物的變化而改變自身的規律，也不會隨某一事物的滅亡而消失。具體對象有生有滅，而道的運動卻是超越的，沒有終極的。即「道也者，動不見其形，施不見其德，萬物皆以得，然莫知其極。」〔註109〕

上述種種對「道」富有創意性的生動而形象描述，正如《淮南子》所說，是「多為之辭，博為之說。」但從中卻無法看出其與正統道家有什麼本質的不同。說明四篇並沒有完全擺脫正統道家的思維框架。

然而，正統道家的最大缺憾在於其把「道」視為世界本源的同時，卻將宇宙本源的道與構成這種本源的質料割裂了開來。在他們那裡，「道」只是作為一種純粹想像中的境界而「存在」，「大」也好、「無」也罷，在本質上是虛空的，而不是指某種實體。四篇則不然，它不僅將道視作宇宙萬物的本源，而且還認為作為宇宙本源的「道」同構成這個本源的質料是相統一的。在四篇看來，構成這個本源的質料不是別的什麼東西，而是「精氣」。「精也者，氣之精者也，氣道（通「導」，通也）乃生。」〔註110〕按《說文》：「精，擇米也。」其本義是細米，可引申為一切細微的東西。據此，精或精氣就是指氣之中最精微、最細密的成分。四篇把「道」詮釋為由精氣所構成的物質性實存，這就克服了老莊道家關於世界本源與構成世界本源的質料相分離的缺陷，從而把「道」根植於物質概念之上，實現了「道」、「氣」合一，使「道」由一種抽象性存在演變成為一種物質性實體。

正是由於四篇將道、氣作了溝通，實現了道、氣合一，故它開始突破了正統道家所謂「道可道，非常道」的絕對理念，指出道是一種能夠為人們所把握的真實性存在，「不見其形，不聞其聲，而序其成，謂之道。」〔註111〕

---

〔註105〕《白心》。

〔註106〕《內業》。

〔註107〕《心術上》。

〔註108〕《心術上》。

〔註109〕《心術上》。

〔註110〕《內業》。

〔註111〕《內業》。

就是說道從感覺上雖是無形無聲、無息無為的，但卻並沒有超出時空的範圍。因「道」貫穿於事物之中，而非超然於具體對象之外，這就使道擺脫了純粹形而上的形式：

> 虛無無形謂之道，化育萬物謂之德。

> 無形則無所位赴，無所位赴，故遍流萬物而不變。德者道之舍，物得以生，……舍之之謂德，故道與德無間，故言之者不別也。〔註112〕

這裡的「德」，指的是從「道」（精氣）獲得的具體規定及特點本質，是道作用於萬物的表現形式，人們是完全可以認識和體會的。這樣一來，道雖然是萬物所以生、所以成的根源，但它本身與各種具體對象並不隔絕，而是融為一體的。四篇以氣與道的溝通為中介，有效地克服了正統道家關於世界本源與具體對象相分離的傾向。從四篇維護道、氣的一元地位，以及堅持本源與構成、本源與具體對象相統一的模式來看，它無疑超越了正統道家，表現出了物質論的進步思維。

四篇於道論的各項內容中，尤為注重探討道與萬物的生成關係。老子曾提出「天下之物生於有，〔有〕生於亡」的觀點，但「亡」與「有」之間相生的鏈條卻是斷裂的，沒有聯繫的紐帶。鑒於正統道家抽象的、不確定的「道」難以回答有無相生的問題，而以往用五行、八卦等多種物質元素作為宇宙本原又不能解釋世界多樣性和統一性的矛盾，四篇便突出了氣的實存性與可感性，使之與道相溝通並用以回答上述問題。《內業》篇曰：

> 凡物之精，此則為生，下生五穀，上為列星。流於天地之間，謂之鬼神。藏於胸中，謂之聖人。

這就初步實現了先秦道家從道論到氣論演進的哲學變革，建立了某種物質論的本體論，其理論貢獻是不可低估的。但「氣」在先秦卻是一個既包括物質又包括精神的寬泛概念，其確切意義取決於是往哪個方向去發展與運用。四篇在使用「氣」的概念時，尚保留著先秦時期「氣」的全部原始意義，特別是當它用作世界本源的「道」與構成這種本源的「精氣」相統一的範式，生搬硬套地去解釋精氣與形體、精氣與心的關係時，其精氣說所閃爍著的詩意光輝便黯然失色，甚至把自己的物質論引向了破產與幻滅的境地。《內業》篇曰：

> 凡人之生也，天出其精，地出其形，合此以為人。和乃生，不和不生。

---

〔註112〕《心術上》。

這是說人是精氣與形體相結合的產物。既然精氣由天而來，形體由地而來，兩者結合則有生命的產生。那麼，精氣不僅可以與形體結合，也可以游離於形體而獨立自存。這就把物質性的精氣又導向了非物質化的屬性，使精氣變成了不滅的靈魂一類的精神實體，結果不可避免地陷入了難以自拔地二元論泥潭。

不過，我們也無須苛求四篇，因爲從中外哲學發展的歷程中去考察，對物質與精神關係相混淆的缺憾不僅存在於中國古代哲學之中，就是在古代西方的樸素唯物論中，同樣未能克服這一弊端。它只能在人類認識的發展過程中逐步得到修正。

四篇不僅以精氣論道，豐富與發展了古代的道論；而且還以精氣論心，深化了古代的心性學說，這可以說是精氣理論的又一重要貢獻。

在精氣與心的關係方面，四篇認爲「心」是精氣的居留之所，它猶如精氣的「館舍」和貯存器，稱之爲「精舍」；而精氣則是內含智慧種子的物質基因，只有精氣存留於心中才產生智慧，即「精之所舍而知之所生。」〔註113〕

那麼，如何才能使流動於天地之間的精氣進駐人心這個「精舍」呢？作者對此進行了深入的探討，認爲最大的障礙莫過於「心」被嗜欲及主觀偏見所遮蔽和引誘，「夫心有欲者，物過而目不見，聲至而耳不聞。」〔註114〕故而提出了「敬除其舍」的主張。作者不但把心比作館舍，還將精氣比作「貴人」，指出「館不辟除，則貴人不舍」。〔註115〕可見清除館舍，被視爲精氣駐留的首要條件。既然「欲」——私欲及其所引發的各種心態與情緒是導致心舍不潔的根源，所以，只有將此類不潔之物掃除乾淨，使心中無私無欲，精氣自然而然就會前來安家：「有神自在身，一往一來，莫之能思，失之必亂，得之必治。敬除其舍，精將自來。」一旦「定心在中」，便會「耳目聰明，四枝堅固」，心於是就成了名副其實的「精舍」。〔註116〕

四篇以精氣論心，不僅關注的是讓更多的精氣進駐心舍以養生的問題，更重要的是探討人的精神現象，力圖說明智慧來源的奧秘，也就是怎樣通過內在的心性修養來達到「悟道」、「體道」、「得道」之目的。故精氣入舍只是人獲得認識能力的前提與開端，是人「得道」所必備的先決條件，這只不過

---

〔註113〕《內業》。
〔註114〕《心術上》。
〔註115〕《心術上》。
〔註116〕《內業》。

是「得道」進程中的第一步。

「得道」的第二步就是要千方百計地保住這些已進入人心的精氣，而這絕非輕而易舉之事。確保精氣不得而復失的關鍵是保持心靈的「虛」、「靜」。《心術上》說：「天之道虛，地之道靜。虛則不屈，靜則不變。不變則無過，故曰不伐。」就是說「虛」、「靜」體現了天、地的本性，故欲體道、得道就須符合大道的精神，首先做到以虛、靜修心。「靜則得之，躁則失之」；「心靜氣理，道乃可止」，〔註117〕說的就是這其中的道理。四篇認為，「虛」則「無藏」、「無求」、「無設」、「無慮」，這就要求人們排除一切成見、欲望、臆想和私心雜念，使心始終處於平、靜、安、敬、寧、虛的本然狀態，「故必知不言無為之事，然後知道之紀。」〔註118〕而要達到如此的境界，就需要用「修心」和「治心」等內在功夫來不斷地調整心態與心境，以免受到外界的影響、干擾與破壞。故稱之為「內得」、「中得」或「內業」。

吸納並保住精氣固然重要，但還不是最終目的。在此基礎上進一步讓精氣不斷聚積與擴充，才能真正「得道」。《內業》云：「是故此氣也，不可止以力，而可安以德。」「德」即德行，是內心修養之所得，就是說精氣是不能用強力迫使它止於心中，而只能通過內心修煉來保持和積纍。運用這樣的方法便能「日新其德」，使修養的層次每天都得到提升。《內業》將這一過程概括為「敬發其充，是謂內得。」「敬」是指堅持不懈的修養；「充」則為充實、擴充。因為「充不美則不得」，〔註119〕故只有讓進入到心舍的精氣不斷積聚擴充，使其達到一定程度，方能心有所得，以達「內得」之目標。而達到該境界的聖人，「乃能窮天地，被四海」；「遍知天下，窮於四極」；「萬物畢得」，〔註120〕從而成為修養與智慧的高人。

### 2、「心術」與「治術」

四篇進而還將通過內心修養而「得道」的學說引入到政治理論之中，實現了從「心術」到「治術」的轉換，從而體現出了其含有理論探索和外在事功的雙重積極意義。《心術上》曰：

〔註117〕《內業》。
〔註118〕《心術上》。
〔註119〕《心術下》。
〔註120〕《內業》。

> 心之在體，君之位也；九竅之有職，官之分也。心處其道，九竅循
> 理；嗜欲充溢，目不見色，耳不聞聲。故曰：上離其道，則下失其
> 事，毋代馬走，使儘其力；毋代鳥飛，使弊其羽翼；毋先物動，以
> 觀其則。

這是用心與九竅的關係來喻指君主與臣下的關係，君之於國，好比心之在身，
國設百官，猶如身有九竅。心保持安靜自若，九竅便會各盡所能；倘若心被
嗜欲遮蔽，眼就看不見顏色，耳就聽不到聲音，即所謂「動則失位，靜乃自
得。」〔註121〕君主役使臣下，臣下替君主辦差，就如同形體受心靈驅使一樣，
是由各自不同的地位決定的。心靈能掌握進退的尺度，處於控制的一方，而
形體則屈伸仰俯，專受心靈所支配。雙方功能不同，應各司其職，各盡其責，
而不可相互替代。否則，便會「上離其道，下失其事」。為此，四篇特別強調
「心」的控制地位：「心術者，無為而制竅也，故曰君。」〔註122〕若運用於「治
術」，則「無為而制下也。」〔註123〕

　　把「無為」作為一種統治術，在正統道家那裡可以說已初露端倪，如老
子提出的「以亡事取天下」、「我亡為而民自化」、「聖人居亡為之事」、「行不
言之教」、「以其不爭也」、「故天下莫能與之爭」、「亡為而亡不為」等命題，
以及稍後的道家學者在此基礎上所形成的貴柔守雌、柔弱勝剛強等思想意識
觀念，皆不無權術的因素。然而，由於正統道家的修身術是訴諸對空靈虛無
的「道」的體認上，追求的是與道合一的精神境界，其修身的目的雖也有治
國的成分，但所構思的理想王國卻力圖返回到原始混沌的小國寡民社會狀
態。這就決定了他們不可能把「無為」提升成較完整的統治術，也不可能對
此作出系統的論證。四篇則不同，因為它的「道」是一個可為人捉摸的物質
性存在，且其「心術」論又攝入了某些認識論因素而具備了向外在事功轉化
的契機，故它不僅能夠把「無為」提升為君主的統治術，而且還為如何操作
這種統治術從哲理上進行了深入的闡述。

　　四篇認為要想形成「君無為而臣有為」、「君無事而臣有事」的有序統治
格局，人君就應像心靈控制形體那樣去駕馭群臣。而要把「心術」變通為「治
術」並加以運用，就必須將內在的虛、靜轉化為外在的實、動。為此，四篇

〔註121〕《心術上》。
〔註122〕《心術上》。
〔註123〕《心術下》。

提出了以靜制動、以陰制陽、以虛制實、以名制形的操作機制。

首先，四篇用靜與動、陰與陽來表示君主與臣下的關係，指出「陰則能制陽矣，靜則能制動矣。」故「人主者立於陰，陰者靜。」〔註124〕其所強調的居陰處靜，並非是讓君主無所事事，不去作為，而是讓他冷靜地觀察臣下的行動，並督責臣下按照自己的意志去辦事。

其次，四篇將「虛」的概念也引進了君臣關係之中，這一方面有效法無形天道之義，讓君主深藏不露，使臣下感到高深莫測，「不出於口，不見於色，言無形也。四海之人，孰知其則，言深囿也。」〔註125〕藉以樹立君主的威勢；另一方面，「虛」只是要求君主破除主觀好惡，並不是讓他對臣下一無所知。

在四篇看來，君主處理政事應保持像心靈上的虛、靜狀態一樣，又要做到用名去統治形。這裡的「名」是指不同官職的名稱及其所應盡的職責；而「形」則是指臣下各按其職責所應幹出的治績。倘若君主按照官吏的名稱與職責去考覈和監督他們的治績，就會收到以「名」制「形」的效果。

四篇把上述各種「治術」歸之為「靜因之道」：

> 無為之道因也。因也者無益無損也。以其形因為之名，此因之術也。

> 是故有道之君，其處也若無知，其應物也若偶之。靜因之道也。

〔註126〕

這可以說是對老子「自化」、「自正」等思想的引申與發揮，所追求的是君靜臣動、君逸臣勞的統治模式。「靜因」要求君主遇事泰然處之，大智若愚，而只有通過「治心」才能做到這一點，故「心術」實際上也是「君術」、「治術」。只要掌握了「心術」的道理，就不愁天下不治。故《內業》云：「治心在於中，治言出於口，治事加於人，然則天下治矣。」這就是精氣論在政治上的指導意義，它對正統道家趨於被動消極的自然無為理論進行了一次具有實際意義的重大改造。使「無為」從而變成了積極有為的前提。

「心術」雖強調的是「治心」，但四篇卻敏銳的覺察到，形體感官亦能反作用於心，從而形成彼此相制的互動關係。因此四篇把以虛、靜修心的過程，也視為「正形攝德」的過程，強調「內得」、「中得」或「內業」的修養方法，尚須以端正人的外形加以協調和配合。即「形不正，德不來。中不靜，心不

〔註124〕《心術上》。
〔註125〕《心術上》。
〔註126〕《心術上》。

治。正形攝德，天仁地義，則淫然而自至。」〔註127〕就是說「心」、「形」雖有主次之分，但卻不能顧此失彼，重「心」廢「形」，只有保持「心」與「形」的和諧一致，才是養生及得道的根本，也是治理好國家的保證。「心」與「形」的這種關係，又與社會政治領域中的道及仁義禮法的關係有著某種相通之處，故四篇緣此而提出了道兼仁義禮法的治世方式，欲藉此建立自己心目中理想的社會政治秩序。

正統道家對仁、義、禮、法的態度總體上是否定的，今本《老子》38章中雖有「上德」、「上仁」、「上義」、「上禮」之類的提法，但總的基調卻是：「失道而后德，失德而後仁，失仁而後義，失義而後禮。夫禮者，忠信之薄，而亂之首。」對「法」也是毫不客氣：「法物滋彰，盜賊多有。」四篇與正統道家追求超然的形而上之道不同，對道與仁義禮法之間的關係提出了獨創性見解：

> 故道與德無間，……間之理者，謂其所以舍也。義者，謂各處其宜也；禮者，因人之情，緣義之理，而為之節文者也。故禮者，謂有理也。理也者，明分以諭義之意也。故禮出乎義，義出乎理，理因乎道者也（本作「理因乎義」，依郭沫若校改）。法者，所以同出，不得不然者也。故殺僇禁誅，以一之也。〔註128〕

前者認為「大道廢，有仁義。」〔註129〕即失去道與德後才尋求仁義禮法進行彌補；後者則說仁義禮法歸根結底是「出乎道」，是由「道」產生的，這和「失」而後「有」的看法顯然不同。不僅如此，後者還指出仁義禮法是「因人之情」、「緣義之理」、「各處其宜」、「不得不然」也，進而強調了其存在的合理性與必要性。在四篇看來，仁義禮法之類的社會性規範，同其他萬物一樣，也出自於「道」。其與道的關係，是以德、理為中介而衍生出來的。道體現的是普遍意義上的規律與屬性，而「德」則是由於萬物得道的「理」各異而反映出的各自不同的具體樣式、性質及作用，故曰「虛無無形謂之道，化育萬物謂之德。」〔註130〕而道與德在本質上是「無間的」。四篇認為，「道」通過「理」體現在社會領域的「德」首先應對君臣、父子等尊卑關係加以確認，只有確立了尊卑關係才能各有所宜，故稱之為「義」。而把這種尊卑貴

〔註127〕《內業》。
〔註128〕《心術上》。
〔註129〕《老子》18章。
〔註130〕《心術上》。

賤的等級關係加以制度化、固定化，並通過一定的儀節把它表現出來和得到感情上的認同，於是又產生出「禮」。這就是所謂的「禮出乎義，義出乎理，理因乎道者也。」

與此同理，法也由道而來：「事督乎法，法出乎權，權出乎道。」〔註131〕講的就是法來自於道的關係。「權」的本義是稱錘，可引申為「衡量」、「標準」等，因其具有社會共同認可的公正性與權威性，故充當了衡量事物的標準和尺度。「法」之所以可以用來「督事」——判明是非曲直，是因為法本身也追求不偏不倚，這就等於把「權」的功能賦予給了「法」，故曰「法出乎權」。而「權」無可爭議的公正性與權威性，又取法於天道的自然無私，即「權出乎道。」於是以「權」為中介，便把「法」與「道」聯繫起來了。「道」是宇宙萬物的總規律總原則，「法」則是人類社會生活的行為規範，是「道」在社會領域中的體現和落實，稟承著「道」公正無私的基本精神。道與法被有機地結合了起來，從而為法治的政治主張找到了哲學方面形而上的依據。這種「以道為體，以法為用」的理論模式，是對《黃老帛書》「道生法」命題的展開與深化。四篇就是這樣為道家與儒、法諸家思想的融合從理論上架起了橋梁。

總之，把無為提升為君主的治術和在更大範圍、更深層次上將道家與儒法諸家的思想相融彙，是《心術》四篇治國論的兩大特色。四篇既講治身又講治國，但尤為注重將「心術」運用於「治術」。它關注「君臣、父子、人間之事」，並力求從道兼仁義禮法的角度找到治世良方，盡可能地處理好人間之事。故從理論形態上既有對正統道家的承繼與改造，又有對早期黃老學的拓展與提高，其在黃老思想的豐富與傳播進程中發揮了不可替代的重要作用。

## 二、《莊子》外、雜篇中的黃老思想

莊周是世人公認的正統道家的傑出代表人物之一，但託其名而成的《莊子》一書，前後所反映的思想卻很不一致，其中的外、雜各篇明顯地打上了黃老之學的烙印，體現出黃老思想的諸多特徵，內篇的個別地方也有黃老思想滲入的痕迹。故對該書從不同層面進行多角度的分析研究，無疑有助於我們更加深入、準確地瞭解和把握戰國中後期思想學術文化變遷的印迹與歷程。

〔註131〕《心術上》。

　　莊子是以「周」、「全」、「一」、「大」、「久」的「道」作為形上之境，並依此宣揚超世主義，蔑視世俗權威，擯棄仁義禮法，構想社會人生的。故學術界通常將其定位為「純粹道家」即前文所稱的正統道家。但以《莊子・天道》為主的外、雜諸篇卻以「天」和「天地」為宗，從而建構了一個法「天道」而治的政治哲學，這是對老、莊的正統道家思想切合客觀現實的世俗化改造。故有學者據此認為，外、雜篇中的某些篇目，諸如《天道》、《天地》、《天運》、《天下》、《在宥》、《刻意》、《繕性》等，是具有明顯黃老思想傾向的莊周後學者們的作品。其理由是：這些篇目已開始從剿剝儒墨轉向融合儒法，從崇尚生天生地之道轉向法天之道，從追求逍遙無為發展到提倡君無為而臣有為，體現了黃老之學的思想特點。〔註132〕這種分析還是很有道理的。故對《莊子》一書，不宜一概而論，而要作具體研判。

　　同屬於外、雜篇的《天下》篇，是從當時「道術將為天下裂」的特定歷史條件下立論的，其著眼點是試圖用『『內聖外王之道』一語，包舉中國學術之全部。」〔註133〕故該篇所說的「道術」，實際上相當於今天作為各門學科總稱的「大學術」，而當時諸子百家中各個學派的思想則是構成這種「大學術」的一方之術，即所謂「方術」。因此，該篇所說的「道術」是指綜合性、整體性的學術體系，是我國歷史上第一篇總結先秦學術思想的著作，其與黃老學以道為主而兼綜百家是有很大差別的。〔註134〕

　　至於《天下》以外的其他篇目，也有一個問世的時間問題。如《天道》篇就雜有「玄聖素王之道也」、「於是繙十二經以說」等句，張岱年先生考訂出這些「都是漢代用語，足見這些篇都是漢初的作品。」〔註135〕但如果從思想意義上進行研判，就會發現《天道》諸篇又有著基本相同的思想特點，並共同打有戰國中後期的時代烙印。這主要表現為它們在「道」之外提出了「天」或「天地」的概念，有時甚至把自然之天看成是比「道」更為根本的存在：

　　　夫帝王之德，以天地為宗，以道德為主，以無為為常。〔註136〕

　　　故通於天者，道也；順於地者，德也；行於萬物者，義也。〔註137〕

〔註132〕參見劉笑敢《莊子後學中的黃老學派》，《哲學研究》1985年第6期。
〔註133〕《清代學術概論》。
〔註134〕丁原明《黃老學論綱》，山東大學出版社，1997年12月版，第52頁。
〔註135〕張岱年《中國哲學史史料學》，三聯書店1982年版，第70頁。
〔註136〕《天道》。
〔註137〕《天地》。

> 節而不可不積者，禮也；神而不可不爲者，天也。〔註138〕
>
> 若夫……無江海而閒，不道引而壽，無不忘也，無不有也。澹然無
>
> 極而眾美從之，此天地之道，聖人之德也。〔註139〕

所有這些話都表達出了一個基本相同的意思，即「道」並不是超然於天地之外的絕對，而是內在於天地萬物之中的普遍規律；其與天地相比，天地比「道」更爲根本。《天運》篇如是說：

> 天其運乎？地其處乎？日月其爭於所乎？孰主張是？孰維綱是？孰
>
> 居無事推而行是？意者其有機緘而不得已邪？意者其運轉而不能自
>
> 止邪？雲者爲雨乎？雨者爲雲乎？孰隆施是？

這是說天、地、日月、雲雨，皆按其固有的法則自生自動，不受外在力量的支配。在此，天、地被視爲根本的自然實體，「道」從而失去了其生天生地、超越萬物的最高哲學範疇的意義。在莊子後學者眼裏，「道」已不那麼神秘了，「何謂道？有天道，有人道，無爲而尊者，天道也。有爲而累者，人道也。」〔註140〕就是說，「道」不過是內在於自然界和人類社會的變化規律，即所謂「行於萬物者道也」，〔註141〕它並不那麼神聖、那樣令人高深莫測。這種把「天地」作爲宇宙的最根本存在的觀念，必然會產生宗天法地的思想。《天地》篇就說：「夫天地者，古之所大也，而黃帝、堯、舜之所共美也。故古之王天下者奚爲哉？天地而已矣。」

《天道》諸篇將天地提升到世界本體論地位的目的，不僅要爲人的行動尋求一種客觀依據，並且要爲人際社會秩序提供一種本體論確證。正是出於以上原因，外、雜諸篇提出了「去知與故、循天之理」〔註142〕的法天道而治思想。《天道》篇曰：

> 夫尊卑先後，天地之行也，故聖人取象焉。天尊地卑，神明之位也。
>
> 春夏先，秋冬後，四時之序也。萬物化作，萌區有狀，盛衰之殺，
>
> 變化之流也。夫天地至神矣，而有尊卑先後之序，而況人道乎？宗
>
> 廟尚親，朝廷尚尊，鄉黨尚齒，行事尚賢，大道之序也。

---

〔註138〕《在宥》。
〔註139〕《刻意》。
〔註140〕《在宥》。
〔註141〕《天地》。
〔註142〕《莊子‧刻意》。

這就是要按照天高地卑的自然理序來建立尊卑貴賤的倫常關係，依照天地四時變化運動的秩序建立有等級而又和諧的社會體制格局，這與《黃老帛書》通過「道生法」將自然與人類社會有機的聯繫起來有著異曲同功之效。不過，《天道》諸篇體現得更直接、更具體、更易於被人們接受罷了。雖然老莊道家也有「人群秩序天成於自然秩序」〔註143〕的認識，但由於其淡化天道與人道的區別，把人的本質歸結於萬物之一分子，故它否認建立人群秩序和進行社會定位的必要性，而一味主張「道法自然」。《天道》諸篇則以天地的自然理序對封建等級倫常進行確證，並進而明確提出：

> 君先而臣從，父先而子從，兄先而弟從，長先而少從，男先而女從，
>
> 夫先而婦從。夫尊卑先後，天地之行也，故聖人取象焉。〔註144〕

顯然，《天道》諸篇已偏離了原始正統道家的主旨，而與《黃老帛書》等級名分思想如出一轍。其中肯定儒法諸家「序君臣父子之禮」、「正君臣上下之分」〔註145〕的價值觀念，所體現出的則是黃老思想撮名法之要、兼采百家之長的特徵。

在法「天道」而治的這一政治哲學前提下，《天道》諸篇對仁義禮法等百家學說採取了相容並蓄的態度，從而構成了其黃老思想的又一顯著特徵，更加突顯了其黃老思想的傾向性。雖然《莊子》外、雜各篇不可能完全擺脫老莊道家排斥百家之學的某些遺風，有些地方甚至還留有較爲明顯的痕迹，如《在宥》篇就認爲「仁義」乃「攖人之心」、「桎梏人性」；《胠篋》篇更是力主「削曾史之行，鉗楊墨之口，攘棄仁義，而天下之德始玄同矣」等等，但在以道論證社會政治問題時，卻給各家思想留下了應有的位置。在《天道》諸篇看來，仁義禮法雖較之那澄澈寂靜的形上之道爲形下之迹，但它們對治理俗世社會卻是不可缺少的。《在宥》篇就說：「粗而不可不陳者法也，遠而不可不居者義也，親而不可不廣者仁也，節而不可不積者禮也。」《天道》篇也說：「禮法度數，形名比詳，古人有之。」它們分別以「古已有之」，不可不「陳」、「居」、「廣」、「積」等來肯定仁義禮法存在的合理性和必然性。

至於道與仁義禮法的關係，《天地》篇說：「行於萬物者道也，上治人者事也，能有所藝者技也。技兼於事，事兼於義，義兼於德，德兼於道，道兼

---

〔註143〕吳重慶《儒道互補》廣東人民出版社，1993年版，第28頁。
〔註144〕《天道》。
〔註145〕《論六家要旨》。

於天。」其使用次序應該是：「先明天而道德次之，道德已明而仁義次之，仁義已明而分守次之，分守已明而形名次之，形名已明而因任次之，因任已明而原省次之，原省已明而是非次之，是非已明而賞罰次之。」〔註146〕基於這樣的認識，《天道》諸篇進而把賞罰、五刑之辟、禮法度數、樂、哀等視為「五末」，認為用這些各家之學治國理民，皆須在道統領下加以運用。故《天地》篇說：「以道觀言，而天下之君正；以道觀分，而君臣之義明；以道觀能，而天下之官治。」

　　在「道」兼仁義禮法的基礎之上，《天道》諸篇雖與老莊一樣，也把「無為」樹為最高目標，將其視作人道之範式和「道德」之極致。認為「夫虛靜恬淡，寂漠無為者，天地之平而道德之至也。」〔註147〕但卻對其賦予了世俗化的內容：「夫帝王之德，以天地為宗，以道德為主，以無為為常。」〔註148〕可見，這裡所講的「無為」，並非是對正統道家的簡單傳承。我們知道，老子講的「無為」，是用柔弱勝剛強的思維以求矛盾的自然轉化，莊子的「無為」是以超世的方式以獲精神上的逍遙自在。而《天道》諸篇的「無為」卻經演繹、引申，使其變異成為一種君人南面之術。《天道》篇曰：「夫虛靜恬淡，寂漠無為者，萬物之本也。明此以南鄉（向），堯之為君也。明此以北面，舜之為臣也。以此處上，帝王天子之德也。以此處下，玄聖素王之道也。」既然搞成了君人南面之術，那麼，就需回答如何為君、如何為臣，以及怎樣擺正二者之間關係的問題。《天道》諸篇進一步以天道無為而人道有為的天人觀為依據，認為「主者，天道也；臣者，人道也。」〔註149〕因而，必須採取君無為而臣有為的統治方式：

> 上無為也，下亦無為也，是下與上同德。下與上同德則不臣。下有為也，上亦有為也，是上與下同道。上與下同道則不主。上必無為而用天下，下必有為為天下用，此不易之道也。〔註150〕

倘若不遵守「此不易之道」，便會臣失其職，君失其尊，這都是違背法「天道」而治的統治原則的。而唯有做到君無為而臣有為，方能實現君主權力的有序化控制，使君臣職責分明，上下有序，從而收到「無為」而無不為的理想效

---

〔註146〕《天道》。
〔註147〕《天道》。
〔註148〕《天道》。
〔註149〕《在宥》。
〔註150〕《天道》。

果。這是不容顛倒、不可變易的統治法則。

《天道》諸篇的這種君人南面之術，無疑與正統道家有著某種淵源關係。如今本《老子》（2 章）所說的「聖人處無爲之事，行不言之教」之類，就隱含著在上無爲而在下有爲的思想成分，但正統道家卻缺乏一種理論根據與操作機制，《天道》諸篇則將其歸結爲以虛制實、以靜制動、以陰制陽的理論框架之內了：

> 形勞而不休則弊，精用而不已則竭。〔註151〕

> 故帝王聖人休焉。休則虛，虛則實，實則倫矣。〔註152〕

> 天地有大美而不言，四時有明法而不義，萬物有成理而不說。聖人者，原天地之美而達萬物之理，是故至人無爲，大聖不作，觀於天地之謂也。〔註153〕

這是說勞累過度、精疲力竭都是極其有害的，故帝王、聖人緣天地之「大美」、四時之「明法」、萬物之「成理」講求休養生息，以逸待勞。他們的無爲雖然從外觀上表現爲無所事事的樣子，然而這種無所作爲的「休」、「虛」狀態，卻是以臣下求實、尚功的積極有爲爲前提的。因此，這種君逸而臣勞的君臣職責分工，實際上體現爲虛與實的關係，其實質就是以虛制實。又「虛則靜，靜則動，動則得矣。靜則無爲，無爲也則任事者責矣。」〔註154〕故而君無爲而臣有爲的關係也可概括爲靜與動的關係。不過，君主的「靜」並不意味著政務的停滯，而是君主無形的督責，臣下的各司其職。這就叫靜中有動、以靜制動。因而《天道》篇說：「聖人之靜也，非靜也，善故靜也。」與此相關，《天道》篇還進而認爲：「靜而與陰同德，動而與陽同波。」照此推論，君無爲而臣有爲的關係不僅是一種「虛」與「實」、「靜」與「動」的關係，同時還是一種「陰」與「陽」的關係。可見，《天道》諸篇關於君人南面之術的「無爲」論，是在對以虛制實、以靜制動、以陰制陽的辯證性關係深刻體悟基礎上提出來的，是一種可操作性極強的君人南面之術。

不僅如此，《天道》諸篇還從天地及陰陽、四時、盛衰的轉化中，推導出文武交替使用的統治方式和策略。《天運》篇曰：

---

〔註151〕《莊子·刻意》。
〔註152〕《莊子·天道》。
〔註153〕《莊子·知北遊》。
〔註154〕《天道》。

> 四時疊起，萬物循生。一盛一衰，文武倫經。……能柔能剛，變化
> 齊一，不主故常。

這是說治國理民應根據事物的變化之道來設計統治方式，並依據陰陽、剛柔、動靜的原理採取一文一武、一張一弛的靈活統治策略，而不拘泥於某種一成不變的教條。如前所述，明確提出「文武之道」，並對其以天道、陰陽的哲學方法加以闡發的，是《黃老帛書》。老子雖也提出「以正治國，以奇用兵」的主張，但尚未對其進行具體操作方面的實用性論證，更沒有將其與天道、陰陽等聯繫起來，而著重強調的是「以亡事取天下」的籠統大道理。故從這一角度講，《天道》諸篇以天地萬物變化規律來設計文武並用的統治方式，同樣是沿著《黃老帛書》的思維框架演變發展而來的。

綜上所述，《天道》諸篇法「天道」而治的政治哲學，兼蓄百家之學的態度以及對君人南面之術的精心設計，均已偏離了莊子的「純粹道家」思想，它是爲提高君權服務的，這與老莊道家否認君權的主張有著根本的不同。其強烈的參與意識，與黃老之學的特點相一致。《天道》諸篇的黃老思想說明莊學道家並非是一個靜止的學派，而是隨著時代的發展處在不斷地演進分化之中。這種分化既拓展了《黃老帛書》中關於法天道而治的觀念，又爲比它稍晚些的《鶡冠子》提出法天地而治思想作了理論鋪墊。然而，由於《天道》諸篇是直接從莊學道家中分化出來的，它不可能完全跳出莊學的窠臼，因此，雖具有黃老思想傾向，卻不可能成爲獨立的黃老學派，它只充當了正統道家向黃老學轉化過程中的一個重要的中間環節。起到了豐富與傳播黃老思想內容的作用。

## 三、《文子》的黃老思想

《文子》一書，劉向《七略》著錄爲九篇，《漢書‧藝文志》仍之，並附注云：「老子弟子，與孔子並時，而稱周平王問，似依託者也。」其後，梁阮孝緒《七錄》作十卷。《隋志》、《舊唐志》、《新唐志》均作十二卷，與今本同。北魏李暹、唐徐靈府曾先後爲該書作注，《文選》李善注亦引有其文。可見隋唐以前，確有其書存世。但至中唐，柳宗元卻專作《辨文子》一篇，對此書真僞提出了質疑：

> 其旨意本老子，然考其書，蓋駁書也。其書渾而類者少，竊取他書
> 以合之者多，凡孟管輩數家，皆見剽竊。然而出其類，其意緒、文

詞又牙相抵而不合。〔註155〕

柳宗元提出的問題自有其道理，既然文子是老子弟子，且與孔子同時，爲何卻雜有「孟管輩數家」的內容？這自然是值得懷疑的。故他推側：「不知人之增益之歟？或者眾爲聚斂以成其書歟？」〔註156〕可見柳宗元並沒有把話說死。然自柳說一出，認爲《文子》是後世依託之僞書者代有其人。如宋黃震在《黃氏日抄》之中，清陶方琦在《漢孳室文抄》之中，近人梁啓超在《漢書藝文志諸子略考釋》之中，章太炎在《菿漢微言》之中，皆持僞書說。其理由主要有二：一是依據班固之注，文子是老子的學生，與孔子同時，但《文子》書中卻有周平王的問話，而孔子晚於周平王數百年，哪有與孔子同時的人能與周平王問答？二是《文子》與《淮南子》有很多辭句相同，據此推斷《文子》大半是抄襲《淮南子》而來。

對於第一條理由，近年考古發掘出土的材料可予否定。1973 年河北定縣 40 號漢墓出土的竹簡中有《文子》殘簡，經整理其中與今本《文子》相同的文字有六章，〔註157〕而漢墓的主人被認定是中山王，他用《文子》作殉葬品，說明該書在漢初已在流傳。而漢初傳世的《文子》又與今本《文子》大體相同，據此可以推定今本《文子》就是《漢書‧藝文志》的著錄之本。退一步說，40 號漢墓的主人即使不是中山王，也必然是西漢時一位非常尊貴的人，如果說當時流傳的《文子》是一本大部分抄襲《淮南子》的贗品，以此作爲墓主的殉葬品，不是有辱其身份嗎？其家人或門人怎麼就沒人提出異議？反而視其爲珍寶讓它陪伴已長眠的主人。足見該書並非僞書，否則以此殉葬便不可思議，無法作解。《漢書‧藝文志》對其加以著錄，本身就是一種肯定。王充讀過其書後贊許說：「老子、文子，似天地者也。」〔註158〕顯然也是相信其書其人的。至於今本《文子》中有周平王的問話，在定縣漢墓《文子》簡文中卻是平王與文子的問答，而並無「周」字。且今本《文子‧道德》篇中尚有一處保留著「平王問文子」的話，其中只稱平王而未稱周平王。這就說明，今本《文子》中的「周平王」應是「平王」之誤。而「平王」乃楚平王棄疾，即位後改名熊居，在位期間（前 528～前 516 年）與作爲老子弟子的文

---

〔註155〕《柳宗元集》。
〔註156〕《柳宗元集》。
〔註157〕《文物》1981 年第 8 期。
〔註158〕《論衡‧自然》。

子活動年代相差不多，他們之間存在著對話的可能性。故而，以文子與周平王不同時爲由而判定《文子》爲僞書，這一根據是完全可以破解的。

　　對於第二條理由，由於《文子》與《淮南子》學派歸屬相同，二者之間難免有思想上的相通與文字上的類同之處。那麼，究竟何者在前，何者在後，誰抄襲承繼了誰呢？在此，我們有必要借用清人孫星衍的研究成果加以判斷。孫氏在《文子序》中，對《文子》與《淮南子》相近的部分語句作了如下的對比分析：

> 《文子》云：妄爲要中，功成不足以塞責，事敗足以滅身。《淮南》作：功之成也，不足以更責，事之敗也，不足以滅身。增不字，而失其深戒之旨。

> 《文子》云：天地無私也，故無奪也；無德也，故無怨也。《淮南》作：日月無德也，故無怨也。取日月以儷天地，而殊無義。

> 《文子》云：下之任，懼不可勝理，故君失一，則亂甚於無君也。《淮南》作：下之徑衢。直誤讀其句而改其字。

> 《文子》云：絜之爲鎬也，或爲冠，或爲襪。《淮南》作：鈞之鎬也。直認絜之爲鈞，其義淺劣。

> 《文子》云：譬若山林而可以爲材，材不及山林，山林不及雲雨，言有材不及生材之地，生材之地不及生物之天，其生愈廣。《淮南》作：譬若林木無材，而可以爲材，材不及林，林不及雨。其義不贍。

> 《文子》云：以禁苛爲主。《淮南》作：以奈何爲主。則形近而誤。

上述辨析，深刻精到，令人折服。由於「若此之屬，不能悉數。則知《文子》勝於《淮南》。」孫氏在如此認眞比對、細心推敲、縝密判斷基礎上所得出的結論，自然也是無懈可擊的。但令人不解的是，《淮南子》在引用《文子》的材料，汲取其思想內容時，爲何將這麼多地方搞錯了？孫氏對此分析說：

> 由當時賓客迫於成書，不及修辭達意。或有非賢，廁於其列，雜出所見，聊用獻酬群心。又怪其時漢之闕廷無能刺其齟齬。古今好學之士，久已希覯也。賴今《文子》具存，可得援證。柳宗元疑此駁書，所謂以不狂爲狂者歟？

孫氏所說的原因也是合乎情理，很有說服力的。以上充分說明，《文子》早於

《淮南子》，故懷疑其爲僞書的第二條理由也屬子虛烏有，是不足爲據的。孫氏據此斷定：

> 今《文子》十二卷，實《七錄》舊本。班固《藝文志》稱九篇者，
> 疑古以《上仁》、《上義》、《上禮》三篇爲一篇，以配《下德》耳。
> 此十二篇，必是漢人依據之本。

　　後人作僞的可能排除了，那麼，原本《文子》究竟成書於何時呢？孫氏說：

> 黃老之學存於文子，西漢用以治世，當時諸臣皆能稱道其說，故其
> 書最顯。〔註159〕

這段話是說，《文子》是有關黃老之學的著作，傳至西漢，才被用來治世。這就一下子打開了時間空間，說明《文子》成書至遲也應在西漢以前。而秦朝短祚，又焚書坑儒，頒挾書令，這期間誰人敢私自著書立說！故基本上不存在成書的可能性，應繼續上推，是否是文子的親筆呢？可能性也不大，柳宗元對其雜有「孟管輩數家」的質疑是不無道理的。北魏李暹以爲文子是計然，但在馬總的《意林》裏，既有《文子》，又有《范子》，後者乃范蠡問計然答，顯係兩人兩書，此說也難成立。看來，只有把《文子》的成書年代定在戰國，才比較合適。明初宋濂在《諸子辨》一文中說：

> 予嘗考其言，壹祖老聃，大概道德經義疏爾……蓋老子之言宏博，
> 故是書雜以黃老、名、法、儒、墨之言以明之。

意思是說，相當於「道德經義疏」的《文子》，是在用黃老、名、法、儒、墨諸家學說來闡釋老子思想。這與戰國中期以後，各學派間經過大交流、大融彙，並在此基礎上形成了以道兼仁義禮法爲特徵的黃老學派的社會思潮甚相合拍。可以設想，在諸子百家交鋒後，新興黃老之學處於明顯優勢的情況下，深受道學熏陶及黃老思想感染的文子後學弟子，結合當時的社會實際，把流傳下來的一些文子言論進行收集整理，並加工充實成一部反映黃老之學的著作，是多麼的順理成章。而書中之所以託平王與文子的問答形式來闡發自己的思想觀點，是因爲「文子師老子，亦或遊乎楚，平王同時，無足怪者。」〔註160〕這主要是爲了讓人們確信其書乃文子親作，藉以提高該書的身價以增強其影響力。但書中所反映出的思想特徵，卻深深地打有戰國末年的時代

---

〔註159〕以上皆見《問字堂集・文子序》。
〔註160〕《問字堂集・文子序》。

印痕。

　　確定《文子》大致成書於戰國末年（但傳抄的訛誤及「注」入正文等問題又當別論），不僅可供辨析其真偽，也有助於探討其思想內容。下面就以李定生校注《文子要詮》本為據，分析一下《文子》的黃老思想。

### 1、「道」、「氣」融通的宇宙論

　　同老莊道家一樣，《文子》也是把「道」作為最高哲學範疇的。其首篇《道原》是這樣對「道」進行詮釋的：

> 夫道者，高不可極，深不可測，苞裹天地，稟受無形。原流泏泏，
> 沖而不盈，濁以靜之徐清。施之無窮，無所朝夕。表（卷）之不盈
> 一握，約而能張，幽而能明，柔而能剛，含陰吐陽，而章三光。山
> 以之高，淵以之深，獸以之走，鳥以之飛，麟以之遊，鳳以之翔，
> 星曆以之行。

這裡的「道」大可囊天括地，小卻不盈一握，由於含有陰陽兩種既相互依賴又互相對立的力能，故它能張能縮、能柔能剛，能幽能明，無窮無盡，永無止息。無論日月星辰抑或鳥獸麟鳳等無生命和有生命的所有宇宙萬物，都是由於稟受了這個無形的道並依賴它的運行變化，而得以產生和存在。這和原始道家對宇宙本原的認識是大體一致的。但是，當把「道」抽象為「萬物之宗」時，老子將道規定成先於有形之物的絕對理念，莊子也認為道是「物物者非物」的精神性存在，都未能賦予「道」以物質的屬性。《文子》則以泉水喻道，將其描繪成取之不盡，用之不竭的物質之流，即「原流泏泏，沖而不盈」，這顯然是對「道論」的拓展與創新。

　　《文子》的學術貢獻還體現在它對「道論」的系統化與理論化方面。《文子》認為，道是無限與普遍的存在。《符言》篇說：

> 道至高無上，至深無下，平乎準，直乎繩，圓乎規，方乎矩，包裹
> 天地而無表裏，洞同覆蓋而無所礙。

就是說道至高無上，至深無下，無所不在，無所不包，它貫通一切，構成一切，無論大小方圓的東西都是依賴於道而產生、形成的。道不但「至大者無度量」、〔註161〕「至處無外」，〔註162〕而且「表（卷）之不盈一握」、「至微甚

---

〔註161〕《文子‧自然》。
〔註162〕《文子‧九守》。

內」、〔註163〕「無內之內」、〔註164〕就是因為道雖具有某些物質的屬性，但本
身並不是具體的有形之物，而是無限大與無限小的統一，即：

> 萬物變化，合於一道。……至微無形，天地之始，萬物同於道而殊
> 形。至微無物，故能周恤。至大無外，故為萬物蓋；至細無內，故
> 為萬物貴。〔註165〕

正是由於道是無限大與無限小的統一，所以表現為連續性、整體性的存在。
《文子》把道的這一屬性稱之為「一」。其《道原》篇說：

> 無形者，一之謂也。一者，無心合於天下也。布德不溉，用之不勤，
> 視之不見，聽之不聞，無形而有形生焉。

這種以「一」、「無形」所表述的「道」，既反映了道的整體性、連貫性，又顯
示了它的實存性、可把握性，因而較之原始道家把道說成是以虛無為本體的
「一」，是具有某種超越意義的。

　　《文子》不僅認為道是無限、普遍性的存在，而且認為道是不斷運動變
化著的。天地萬物的流變都是道運動變化的表現形式。《道原》篇說：

> 是故能天運地滯，輪轉而無廢，水流而不止，與物終始。風興雲蒸，
> 雷聲雨降，並應無窮。

不過，《文子》認為，道作為萬物的構成者、化生者，其與具體有限之物的運動
形式是不同的。具體有限之物的運動有生有滅，它們完成了各自的運動過程後
則復歸於道，即「已雕已琢，還復於樸」。〔註166〕「樸」就是混沌無形的道。
而道卻不因為具體運動形式的生滅而改變自己的存在，它是永恒的物質性實存：

> 以不化應化，千變萬轉而未始有極。化者復歸於無形也，不化者與
> 天地俱生也。故生生者未嘗生，其所生者即生，化化者未嘗化，其
> 所化者即化。〔註167〕

這裡的「生生者」、「化化者」是指不化之道；而「所生者」、「所化者」是指
被生化的萬物。其中作為「物質的一般」的「道」，它不化，故無所謂生死；
物作為物質的具體，它是所化者，故有生有滅。〔註168〕這就對不同於普通物

---

〔註163〕《文子‧自然》。
〔註164〕《文子‧九守》。
〔註165〕《文子‧自然》。
〔註166〕《文子‧道原》。
〔註167〕《文子‧九守》。
〔註168〕丁原明《黃老學論綱》218頁。

質的「道」之運動變化特徵進行了深入的揭示。

《文子》還認為，天地萬物的運動變化都是按一定的秩序進行的，而這種固有的秩序又是由道的總規律決定的，故「道」也是標誌規律的範疇。《自然》篇曰：

> 夫道者，體圓而法方，背陰而抱陽，左柔而右剛，履幽而載明，變
> 化無常……輪轉無窮，象日月之運行，若春秋之代謝，日月之晝夜，
> 終而復始，明而復晦，制形而無形，故功可成。

這裡涉及到了表示天地萬物總規律的道與表示天地、陰陽、柔剛、幽明、晝夜變化和四時更替的具體規律的關係。由於道「無形」而能「制形」，遂成為「物之所道也」。〔註169〕事物一旦稟道而生，就會「同情而異形」，各有各的存在依據。「故陰陽四時，金木水火土，同道而異理。」〔註170〕「理」指的是不同的事物存在與變化的自身根據，是不同事物所各自遵守的特殊規律。天有天理，地有地理，人有人理（道），事有事理。而人則應「循理而舉事」，〔註171〕「舉事而順道」，〔註172〕「動靜循理」、「循理而動」，〔註173〕惟如此，才合乎事物的本性。所有這些，進一步闡明了作為宇宙總規律的道與不同事物具體規律的聯繫與區別，突出與強調了「道」作為一般與普遍意義上的規律之屬性。

道與德是老子哲學的兩個重要範疇，並用以表示道與具體事物的關係。但由於老子偏重於把道說成是脫離了物質屬性的精神理念，故他未能正確地說明道與具體事物之間的關係。而《文子》則把道與德說成是二而為一的整體與部分，一般與個別，本體與功能的關係，並賦予道以物質的實在性，從而較好地解決了道與德的關係問題。其《道德》篇說：「物生者，道也；長者，德也。」就是說，道是化生萬物的本體，德是道之本質的流轉與長養。離道無所謂德，「夫道者，德之元」，「萬物得之而生，得之而成」；〔註174〕同樣，離德也無所謂道，「道散而為德」，〔註175〕「畜之、養之、遂之、長之，兼利

---

〔註169〕《文子·微明》。
〔註170〕《文子·微明》。
〔註171〕《文子·自然》。
〔註172〕《文子·微明》。
〔註173〕《文子·符言》。
〔註174〕《文子·道德》。
〔註175〕《文子·精誠》。

無澤，與天地合，此之謂德。」〔註176〕即德所表現出來的畜養順長萬物的功能，都是道之本質的具體顯現。二者之間是互含互滲，具有不可分割的關係。

《精誠》篇還以「夫道之與德，若韋之與革」為喻，以說明道與德的關係就好比道是材料，而德是由其材料所構成的製品一樣，是「德中有道，道中有德。」〔註177〕這種道與具體事物並不隔絕，且遍存於事物之中的觀點，是對老子哲學的發展。

如果說《文子》的「道」是偏重於探討宇宙本體的哲學範疇，那麼它關於「氣」的概念則是偏重運用於探討宇宙生成過程的，並在《管子》四篇精氣說的基礎上，進一步將道論與氣論統一了起來：

> 天地未形，窈窈冥冥，渾而為一，寂然清澄。重濁為地，精微為天，離而為四時，分而為陰陽。精氣為人，粗氣為蟲，剛柔相成，萬物乃生。〔註178〕

老子曾提出「有物混成，先天地生」的命題，認為在天地產生之前，宇宙處於混沌狀態，但始終未能說清那個混成之「物」是什麼東西。莊子也試圖對天地產生以前的狀況弄個究竟，但最終墜入了「俄而有無矣，而未知有無之果孰有孰無也」〔註179〕的不可知論，從而把「道」歸結為「無」。《文子》則把「天地未形」之前的宇宙狀態視作「混而為一」的「氣」，認為天地、四時、人以及其他有生命與無生命之萬物存在都是氣化的結果，其區別只在於「重濁為地」，「精微為天」，「精氣為人」，「粗氣為蟲」而已。這是對老莊道家的突破，也是對《黃老帛書》及《管子》四篇中相關思想的推進與提升。

《黃老帛書》的宇宙生成論尚處於道論向氣論的演進初期，並未將道與氣直接溝通。將道與氣加以溝通並從本體論上以氣規定道的，是以《管子》四篇為代表的稷下黃老學。但其精氣說卻未能與陰陽矛盾思想相結合，缺乏深度及辯證的眼光。《文子》總結了前期道家在理論思維上的經驗教訓，不僅把宇宙的原始狀態視作混而為一的氣，而且把這種混而為一的氣作為包含陰陽兩種自然力能的活性物質看待，認為天地萬物和各種生命體的存在是依賴於宇宙自身所內含的陰陽二氣的矛盾作用而得以化生出來的。即：「陰陽陶冶

---

〔註176〕《文子·道德》。
〔註177〕《文子·微明》。
〔註178〕《文子·九守》。
〔註179〕《莊子·齊物論》。

萬物，皆乘一氣而生」；〔註180〕「陰陽和，萬物生矣」；〔註181〕「剛柔相成，萬物乃生」。〔註182〕顯而易見，《文子》力圖用陰陽氣化解釋一切，它雖然也借助於虛、無論道，但並不把道歸結於虛、無，「幽冥者，所以論道，而非道也」，〔註183〕這就將道實化了。《文子》所說「道」之「無形」，實際上是指氣之無形；稱「道」之為「一」，實際上是指氣的混而為一；所言道的規律，則是指「理於陰陽，化於四時」〔註184〕的氣化規律。這就使道論與氣論相融通，宇宙本體論與生成論相對接了。

### 2、對「無為」的豐富與昇華

作為對老子思想的詮釋，與正統道家一樣，《文子》也從本體論上的「道」疏導出了「無為」的觀念。但它並沒有完全照搬老子的無為思想，而是賦予了其新的內容與含義。《自然》篇曰：

> 所謂無為者，非謂其引之不來，推之不去，迫而不應，感而不動，
>
> 堅滯而不流，卷握而不散；謂其私志不入公道，嗜欲不掛正術。

這就明確地指出，「無為」並不是要人們麻木呆滯，遇事毫無反應。而只是反對以個人的私心雜念、主觀意志和情感好惡來取代事物本身應遵循的客觀規律，避免盲目蠻幹所導致的不必要失敗。在這裡，著重強調的是要尊重客觀規律。因為在《文子》的宇宙論中，除用道表示一般性的普遍規律外，還用天道、地道來表示具體事物的特殊規律，故將順應天地變化地規律視為「無為」的主要內容：

> 天為蓋，地為軫，善用道者終無盡；地為軫，天為蓋，善用道者終
>
> 無害。故聖人法天順地，不拘於俗，不誘於人。〔註185〕

在《文子》看來，聖人「法天順地」、不拘於陋俗、不為人誘惑的行為就是「無為」的體現，符合於「道」的精神與要求，故而從中受益。《文子》認為，「所謂無為者……循理而舉事，因資而立功，推自然之勢，曲故不得容，事成而身不伐，功立而名不有。」〔註186〕反之，如果事先預設，夾雜主觀傾向，僅

---

〔註180〕《文子·下德》。
〔註181〕《文子·精誠》。
〔註182〕《文子·九守》。
〔註183〕《文子·上德》。
〔註184〕《文子·自然》。
〔註185〕《文子·九守》。
〔註186〕《文子·自然》。

憑個人意願辦事，只會適得其反。故它強調：「所謂無爲者，不先物爲也。」〔註187〕從中不難看出，「循理而舉事、因資而立功」也好；「法天順地」、「不先物爲」也罷，都認爲規律有著不可超越的必然性，人們必須按照客觀規律辦事，才能功立事成。顯然，這是建立在人的行爲與客觀規律相統一基礎之上的「無爲」，有著積極的、合乎科學的進步意義。

那麼，人的行爲怎樣才能合乎自然界的客觀規律呢？《文子》對前期黃老學「因」的思想進行了充實與發揮，《道原》說：

> 執道以御民者，事來而循之，物動而因之；萬物之化無不應也，百
> 事之變無不耦也。

這是說按道的精神治理民眾，只要根據事物發展的趨勢與規律因勢利導，就會萬物和順，百事協調。

《文子》認爲這種把握和順應客觀規律而爲人類自身服務的方法——「因」，有著廣泛的適用性和實效性，「循道理之數，因天地自然，即六合不足均也。」〔註188〕這是說，只要善於「因」、「循」，就沒有什麼不能均衡、和諧的事了。對此，它還列舉了大量的例證加以說明：治水應「因水之流也」；種地應「因地之宜也」；打仗應「因民之欲也」；法制應「因民之性而爲之節文」；裁決政事應「因其所有而條暢之」。從中得出「因即大，作即小」，「能因則無敵於天下矣」〔註189〕的結論。

同時，《文子》還極爲重視「時」，主張不失時機地把握和利用客觀規律發展變化中的機遇。《符言》篇曰：「治不順理則多責，事不順時則無功。」就是說違背客觀規律的行動固然會遭受懲罰，但錯過利用客觀規律的時機卻無法獲得成功。它之所以如此看重「時」，是因爲已清楚地認識到了「夫事生者應變而動，變生於時，知時者無常之行」〔註190〕的哲理。即事物總是處於發展變化之中，其內在規律也因時而異。善於捕捉時機，就等於把握住了事物的運變規律，便於靈活運用，妥善處置。以免陷入墨守成規、守株待兔式的死板教條。如果抓不住時機，再努力也無濟於事，只能是事倍而功半。故《文子》斷言：「得在時，不在爭」。〔註191〕

---

〔註187〕《文子·道原》。
〔註188〕《文子·道原》。
〔註189〕《文子·自然》。
〔註190〕《文子·道原》。
〔註191〕《文子·符言》。

　　「因」與「時」的觀念雖在此前的黃老學著作中曾出現過，但從未賦予其如此翔實而豐富多彩的內涵。

　　更為可貴的是，《文子》認為要想真正的把握「道」所體現的「無為」精神，就必須達到「心術」與「天命」的高度統一。《微明》篇曰：「發一號，散無竟，總一管，謂之心。見本而知末，執一而應萬，謂之術。」就是說「心」作為人的思維器官，它有綜合與推斷事物發展趨勢的能力，人正是憑藉著這種能力，方能抓住不同事物的各自本質，從而形成應對和處理萬事、萬物的方式方法。而只有通過「治心術」來加強內在的主觀修養以提高認識水平，並掌握與運用正確的認識方法，才有可能客觀真實地認識事物及其規律，進而使人的行動符合其規律。這就是《符言》篇所說的「原天命，治心術，理好憎，適情性，即治道通矣。」此處的「天命」，乃指自然的必然性。一旦準確無誤地掌握了它，便能「居知所以，行知所之，事知所乘，動知所止，謂之道」，〔註192〕也就是所謂的「治道通矣」。顯而易見，這裡的「無為」已不僅僅是消極被動地「法天順地」，因循和順從客觀規律，而是內含著如何更好地掌握與運用客觀規律為人類自身服務的因素，體現著主觀能動性的參與成份和重要作用。因其所倡導的「無為」並不排斥主體能動性的滲入，故而能對無為與有為作出合乎邏輯的辯證闡釋：

　　　　人無為而治，有為即傷。無為而治者，為無為。為者不能無為也，
　　　　不能無為者，不能有為也。〔註193〕

這段論述實在是精闢透徹極了。其意思是說，按照客觀規律辦事，就能把事情處理得當，憑主觀意志和個人情感而違背了客觀規律，必然會被傷害而遭受損失。但「無為」並不意味著什麼都不用幹，而是要「治心術」以加強自身修養，即使這樣做，但若未能達到「無為」的要求與境界，仍然難以有所作為。這就把「無為」視為人的活動的前提條件，用是否合乎客觀規律來衡量人的行為正確與否，只有主觀與客觀高度一致相符了，才能實現自己符合客觀實際的願望。其中的「無為」，滲透著人們不懈的、努力追求自我完善的心血，是人的主觀能動性積極參與並發揮效能的結晶。這樣一來，「無為」與「有為」便成了相互作用的互動關係，無為是有為的必備條件，有為是無為的必然結果，它們彼此依賴，相互促進，一起通向了人的活動行為的最終目標。這就使「無為」有了切實可行的實在內容，為漢初的「無為」而治奠定

---

〔註192〕《文子‧微明》。
〔註193〕《文子‧精誠》。

了堅實的理論基礎。

基於對「無為」的上述獨到見解與深刻體悟，《文子》主張應把「無為」作為修身處世的原則。《文子》認為人作為陰陽氣化的結果，與「道」的屬性是相一致的，而「虛無、平易、清靜、柔弱、純粹素樸，此五者，道之形象也。」〔註194〕因此，人作為稟道而生的肉靈存在，在原生性或自然性上，理應體現道的上述精神。但是，《文子》發現人降生以後，便有了欲求和智識，正是在欲求和智識的驅動下，使人好有為而難以作到無為，因而導致了原生性的喪失。《道原》篇曰：

> 人生而靜，天之性也，感物而動，性之欲也。物至而應，智之動也。
>
> 智與物接，好憎生焉；好憎成形，而智於外，不能反己，而天理滅矣。

在此，《文子》認為後生所形成的「欲」、「智」等與人本應有的天性「靜」是相違背的，它們之間尖銳對立，水火不容：「邪與正相傷，欲與性相害，不可兩立，一起一廢。」〔註195〕而只有通過以虛、靜修身，才能「以恬養智」，從中收到「損欲從性」的效果。這一過程，也是對人天性無為的還原。「故聖人不以事滑天，不以欲亂情，不謀而當，不言而信，不慮而得，不為而成。」〔註196〕一旦使人性返樸歸真了，便能無為而無所不為，任何問題都可迎刃而解了。

《文子》還從「道之形象」、「人性無為」命題中推衍出了貴柔、守後的處世哲學。《道原》篇曰：

> 欲剛者必以柔守之，欲強者必以弱保之，積柔即剛，積弱即強，觀
>
> 其所積，以知存亡。

這些仍屬對正統道家貴柔守雌等主張的傳承。不過，《文子》認為柔弱之所以能夠勝剛強，是經過「人力」、「人心」的參與，達到了「自得」、「無為」地境地，能見微知著、洞悉事物發展的規律與趨勢，從而才收到了四兩撥千鈞的特效，即：

> 能強者，必用人力者也，能用人力者，必得人心者也，能得人心者，
>
> 必自得也，自得者，必柔弱者。〔註197〕

---

〔註194〕《文子·道原》。
〔註195〕《文子·符言》。
〔註196〕《文子·道原》。
〔註197〕《文子·符言》。

故《文子》認爲，無爲而靜、無爲而治，都是以主客觀條件的相互依存、彼
此制約爲前提的。倘若失去必要的條件，就可能變爲無爲而危，無爲而亂：
「故無爲而寧（靜）者，失其所寧（靜）則危，無爲而治者，失其所治則亂。」
〔註198〕因而《文子》力主遇事應充分發揮人的主觀能動性，根據事物的變
化趨勢選擇恰如其分的應對措施：

> 聖人常聞禍福所生而擇其道，智者常見禍福成形而擇其行。聖人知
> 天道吉凶，故知禍福所生；智者先見其形，故知禍福之門。〔註199〕

這就是《文子》從「無爲」中推導出的修身處世哲學，顯然對老子的無爲思
想有所深化，從中突出了人的合乎規律的主觀能動性內容。

在《文子》看來，「無爲」不僅適合於修身、處世，而且更適用於治理國
家，黃老學對正統道家利用、改造的眞正目的即在於此，就是要把構思理想
社會的空洞理論通過轉化爲切實可行的手段加以實現。《文子》把國家治理的
好壞劃分爲不同的層次，指出：「太上神化，其次使不得爲非，其下賞善而罰
暴。」〔註200〕所謂「神化」，指的就是「循道理之數，因天地自然」〔註201〕
的道德之治，《道德》篇曰：

> 自天子以下至於庶人，各自生活，然其活有厚薄，天下時有亡國破
> 家，無道德之故也。有道德則夙夜不懈，戰戰兢兢，常恐危亡；無
> 道德則縱欲怠惰，其亡無時。……夫道德者所以相養生也，所以相
> 畜長也，所以相親愛也，所以相敬貴也。

由於道德之治以「養生」、「畜長」、「親愛」、「敬貴」爲特徵，所以與「縱欲」、
「政苛」、「法刻」不相容：「夫水濁者魚噞，政苛者民亂，上多欲即下多詐，
上煩擾即下不定，上多求即下交爭。」〔註202〕故「夫法刻刑誅者，非帝王之
業也。」〔註203〕從中不難看出，「道德之治」實質上亦即「無爲而治」，正如
《精誠》篇所說：

> 聖人省事而治，求寡而贍，不施而仁，不言而信，不求而得，不爲
> 而成，懷自然，保至眞，抱道推誠，天下從之如響之應聲、影之象

---

〔註198〕《文子‧符言》。
〔註199〕《文子‧道德》。
〔註200〕《文子‧精誠》。
〔註201〕《文子‧道原》。
〔註202〕《文子‧精誠》。
〔註203〕《文子‧道原》。

形，所修者本也。

這就是《文子》將「道德」、「無爲」視爲治國之本，而把嚴刑峻罰貶爲治國之末的緣由所在。

《文子》以「無爲」治國的主張固然充滿著不切實際的空想，但其中亦不乏切實可行的良方。《文子》認爲無爲是道的本性，而道既然是宇宙萬物的最高本體，自然而然也應是君王治國平天下的根本原則。故君王行政理所當然應體現「無爲」的精神：

> 所謂天子者，有天道以立天下也。立天下之道，執一以爲保，反本無爲。〔註204〕

> 君執一即治，無常即亂，君道者，非所以有爲也，所以無爲也。〔註205〕

當然，這裡的君道無爲是相對於臣道有爲而言的。《文子》認爲：「君臣異道即治，同道即亂。」〔註206〕就是說君無爲而臣有爲則治；君與臣都有爲則亂。《文子》指出：倘若君主在處理政務當中包攬一切，不分鉅細，事必躬親，那就是「人君舍其所守，而與臣爭事，則制於有司。」這反而會影響臣下照章辦事。不僅如此，君主事事插手、處處表態，還容易暴露自己的意圖，從而招來不必要的非議和於事無補的阿諛奉承，即「有爲即議，有好即諛，議即可奪，諛即可誘。」〔註207〕這是說若君主過早暴露自己的意向，好的政見也可能因遭非議而改變，不好的政見卻會在阿諛奉承的引誘下得到實施。故君主應「以無爲恃位」，〔註208〕不輕易讓臣下知道自己的底細，使他們搞不清君主的意圖而無法取媚於君王，君主只有置身事外，才能高屋見瓴，洞察全局，成爲一個公正的「裁判」者。這樣有利於把握好方向，使事物朝著好的方面發展。因而《上仁》篇曰：「古之善爲天下者，無爲而不爲也。故爲天下有容，能得其容，無爲而有功；不得其容，動作必凶。」又說：「人君之道，無爲而有就也，有立而無好也。」只有保持主見，不偏不倚，才能按自己的政治主張辦事，實現「有就」、「有功」的宏願。

君主「無爲」並不意味著他在政治運作中無所事事，而是讓其控制和協

---

〔註204〕《文子‧自然》。

〔註205〕《文子‧道德》。

〔註206〕《文子‧上仁》。

〔註207〕《文子‧上仁》。

〔註208〕《文子‧上仁》。

調好臣下。《文子》認爲用無爲的方式駕馭臣下，關鍵是要完善制度，《符言》篇曰：「治在道，不在聖。」故《上禮》篇進而強調說：

> 天地之道，極則反，益則損。故聖人治弊而改制，事終而更爲，其
> 美在和，其失在權。

這是用物極必反的道理以說明訂制、改制的重要性。「治弊」需「改制」，一「事終」則應改變以往的做法。「得」在與時俱進，「失」在苟且權宜。有了制度的保障與制約，便可「循名責實，使自有司……如此，則百官之事，各有所考。」〔註209〕而「王道者，處無爲之事，行不言之教，清靜而不動，一度而不搖，因循任下，責成而不勞……名各自命，類各自以。」〔註210〕臣下按其分工，各司其職，各盡所能，君主則「清靜而不動」，「責成而不勞」，從而開創「君無爲而臣有爲」的理想局面。

　　《文子》認爲，僅有完善的制度，君主若不能有效地驅使臣下，使上下配合默契，仍然是一事無成。故它又提出了「勢治」之法：

> 治人之道，其猶造父之御駟馬也。……今夫權勢者，人主之車輿也，
> 大臣者，人主之駟馬也。身不可離車輿之安，手不可失駟馬之心。
> 故駟馬不調，造父不能以取道；君臣不和，聖人不能以爲治。執道
> 以御之，中才可盡；明分以示之，姦邪可止；物至而觀其變，事來
> 而應其化；……而得自然之道，萬舉而不失矣。〔註211〕

這與法家「法」、「術」、「勢」的學說又有著諸多的相通之處，說明黃老學在演進過程中，確實是在把自認爲一切有利於治世的各種理論盡可能地吸收、改造並加以利用，使其思想體系與現實政治的距離越拉越近。其對「無爲」富於創意性的新詮釋，爲漢初統治者推行「無爲而治」的治術提供了切實可行的實在內容，最終使自己的理論體系與社會現實政治有機的結合了起來。

### 3、對道統百家的推動

　　在正統道家那裡，「道」、「德」、「仁」、「義」、「禮」之間，是一種「失」而後「有」的關係，這就像九斤老太的稱，認爲一代不如一代，「夫禮者，忠信之薄，而亂之首也」，〔註212〕似乎仁義禮法的出現是文明退化到末法時代的標誌。《文子》雖然未能擺脫這一觀念的影響，但在對該命題進行詮釋時，卻

〔註209〕《文子·上仁》。
〔註210〕《文子·自然》。
〔註211〕《文子·上義》。
〔註212〕《老子》第三十八章。

作了巧妙的演繹。《道原》篇說:「含陰吐陽而與萬物同和者,德也。是故道散而爲德,德溢而爲仁義,仁義立而道德廢矣。」這就將「道」、「德」、「仁」、「義」視爲某種因果衍生關係,從前者脫胎而出的後者,雖不及其母體那樣完美,但仍不失爲可資利用的治世「綱維」:

> 古之爲道者,深行之,謂之道德;淺行之,謂之仁義;薄行之,謂之禮智。此六者,國之綱維也。深行之,厚得福;淺行之,薄得福;盡行之,天下服。古者修道德即正天下,修仁義即正一國,修禮智即正一鄉。〔註213〕

在《文子》看來,道德與仁義禮法在宇宙和人類生存的整個層面上,僅存在著實行程度和所起作用大小的差別,而並無孰好孰壞的區分,它們都屬治國之器具。但由於絕少能有人深行之,故人們只可體會到仁義的功用,卻無法感悟到道德的力量,故反而使道德受到了被「廢」一樣的冷落。

基於這樣的認識,《文子》主張以道爲本位而融合百家思想。它從道的本體論出發,認爲:「道者,原產有始,始於柔弱,成於剛強,始於短寡,成於眾長。」〔註214〕具有無所不包的特點。從規律性角度講,因道是宇宙萬物運行的總規律,因此「道之於人,無所不宜也」。「天子有道則天下服」,「公侯有道則人民和睦」,「君臣有道則忠惠,父子有道則慈孝,士庶有道則相愛。故有道則和,無道則苛。」〔註215〕這就爲道兼取百家作了理論上的疏導。

接著,《文子》便著手理順道與各種不同學說之間的關係。關於道和仁義,《微明》篇指出:「道者,物之所道也;德者,生之所扶也;仁者,積恩之證也;義者,比於心而合於眾適者也。」都是應加以提倡的道德規範,「仁者人之所慕也,義者人之所高也,爲人所慕,爲人所高,或身死國亡者,不周於時也。故知仁義而不知權勢者,不達於道也。」這是說並非仁義不好,而是仁義必須與時勢權變相結合,方能趨利避害,攘禍獲福,與道相合。既然如此,則需「持以道德,輔以仁義。」〔註216〕而不應摒棄仁義。

關於道與法,《上義》篇曰:

> 聖人所由曰道,〔所爲曰事,道〕猶金石也,一調不更,事猶琴瑟也,

---

〔註213〕《文子·上仁》。
〔註214〕《文子·道德》。
〔註215〕《文子·道德》。
〔註216〕《文子·上禮》。

曲終改調。法制禮義者，治之具也，非所以爲治也。

這是說道是制定法制禮義的根本法則，而法制禮義則是處理各種事情的程序規範。法度道術的作用在於「所以禁君使無得橫斷也。人莫得恣即道勝而理得矣，故反樸無爲。無爲者，非謂其不動也，言其從己出也。」〔註217〕至此，道與法術之間的關係便一目了然了，道是法術賴以產生的本體，法術則是實現道治無爲的手段。以道爲體，以法爲用，它們相互並不排斥，共存於統一體之中。

《文子》不僅對儒、法思想大加吸納，對其他各家也多所汲取。如「兼愛無私，久而不衰，此之謂仁」，〔註218〕「委以貨財，以觀其仁。」〔註219〕這是在用墨家的兼愛無私與仁者利人的思想來詮釋儒家「仁」的。又「奇正之相應，若水火金木之相伐也，何往而不勝。」〔註220〕「帝者體太一，王者法陰陽，霸者則四時，君者用六律。」〔註221〕這是將陰陽五行家的思想融入了其治道之中。再如它把「春生夏長，秋收冬藏，取與有節，出入有量」看成是「通於道德之論」。〔註222〕這顯然又是對農家思想的採擷。

不過，《文子》對道德與仁義禮法等並不是平行看待的，對「道德」以外的各家思想的重視程度也是有差別的。總體上看，它是重仁義而輕法度。《上義》篇曰：「治之本，仁義也，其末法度也」，「法之生也，以輔義，重法棄義，是貴其冠履而忘其首足也。」但不管怎麼說，愈晚出的黃老學著作，其對諸子百家的融合範圍就愈廣，融合的程度也愈深。這是黃老思想不斷走向成熟，日臻完善的客觀標誌與眞實反映。

## 四、《鶡冠子》的黃老思想

對《鶡冠子》一書，歷來也頗多爭議。《漢書・藝文志》道家類著錄有《鶡冠子》一篇，云：「楚人，居深山，以鶡爲冠。」顏師古注：「以鶡鳥羽爲冠。」應劭《風俗通義》佚文曰：「鶡冠氏，楚賢人，以鶡爲冠，因氏焉。鶡冠子著書。」〔註223〕《隋書・經籍志》著錄《鶡冠子》爲三卷，並有楚

---

〔註217〕《文子・道德》。
〔註218〕《文子・上義》。
〔註219〕《文子・上義》。
〔註220〕《文子・上義》。
〔註221〕《文子・下德》。
〔註222〕《文子・下德》。
〔註223〕王利器《風俗通義校注》，中華書局 1981 年版，第 554 頁。

之隱人的附注。《藝文類聚》與《太平御覽》引袁淑《真隱傳》亦曰：「鶡冠子，或曰楚人，隱居幽山，衣敝履空（《太平御覽》作『穿』），以鶡為冠，莫測其名，因服成號，著書言道家。馮煖（司馬貞謂龐煖即馮煖，參見《史記‧李牧傳》索隱）常（嘗）師事之。煖後顯於趙，鶡冠子懼其薦己也，乃與煖絕。」〔註224〕除此而外，其他各類目錄學著作也多有著錄，但皆失之過簡，我們從中僅可得知：作者是楚國人，鶡冠子並非其真名實姓，而是他愛戴鶡羽冠所獲得的號。此人曾寫過有關道家學說的書，亦曾為龐煖師，後因龐煖在趙聲名顯赫，他怕得到推薦而與之斷絕關係，遂隱居於深山之中。著錄雖多，可資利用的材料卻微乎其微，這倒也無可厚非。最令人感到疑惑的是，各書前後著錄的篇、卷互異，而且差別極大，讓人無可適從。難怪自古就有人對該書的真偽、作者所屬、成書年代等一系列問題提出質疑，以致歧見紛呈，長期聚訟不下。好在孫福喜《〈鶡冠子〉研究》一書面世，通過對《鶡冠子》一書的內容及與其相關的文獻資料的梳理、考辨與分析，從而使我們對鶡冠子其人其書能夠獲得如下整體性概括認識：

> 鶡冠子是一個生活在趙武靈王晚年……至悼襄王初年，即西元前320年至前242年左右，由楚到趙，並長期在趙國布滿鶡鳥的深山隱居，通過他的學生龐煥、龐煖兄弟，為趙國統治者出謀劃策的楚人。《鶡冠子》一書是由鶡冠子為給趙國統治者出謀劃策，順應時代發展的要求，以「九道」為學術綱領，成書於西元前236年至前221年之間的，與《呂氏春秋》有許多相似或相同的思想理論特色的黃老道家學派的著作。〔註225〕

至於對該書篇、卷前後著錄不一致的問題，這主要是因為在中國古代，不同時期書寫、刊佈書籍的材料不同，書籍的裝訂、保存方式及著錄單位也隨之不同，因而會出現篇、卷不相吻合的情況。這並不影響我們對《鶡冠子》書中黃老思想特點的探討。

### 1、「道」、「氣」論所反映的宇宙觀

儘管「宇宙」二字僅出現在《鶡冠子‧天權》篇中，但對宇宙本原、生成及其發展運變規律的探索卻貫穿於其書。《夜行第三》就將「道」詮釋為物

---

〔註224〕《藝文類聚》卷336；《太平御覽》卷510。
〔註225〕孫福喜《〈鶡冠子〉研究》，陝西人民出版社2002年1月版，194頁。

之「所以然者」，從而賦予「道」以宇宙終極的含義：

> 隨而不見其後，迎而不見其首，成功遂事，莫知其狀。圖弗能載，
> 名弗能舉，強為之說曰：芴乎芒乎，中有象乎，芒乎芴乎，中有物
> 乎；窅乎冥乎，中有精乎。致信究情，復反無貌。

這與老子對道的界說並無二致，它們皆屬於自然觀上的道一元論。不過，與老子哲學不同的是，《鶡冠子》較多地使用了「氣」的概念，並在中國歷史上第一次明確提出了「元氣」是宇宙本原的觀點。《泰錄》篇說：「精微者，天地之始也。……故天地成於元氣，萬物乘於天地。」按此推理，最為精微的物質——「元氣」則為萬物的始基、宇宙的本原。這可以說是《鶡冠子》與《老子》宇宙觀的本質區別。在《老子》那裡，「道」是直接作為「天地之始」、「萬物之母」的，即宇宙的本原只不過是一個不可言說、不可名狀的觀念性原則。而《鶡冠子》的「元氣」，則是可以言傳、可以名狀的精微之「氣」，它是構成天地、萬物的基本物質元素。也就是說「元氣」是生成宇宙的本原。

這樣一來，「道」與「元氣」皆被視為宇宙的本原，那麼，二者之間又是怎樣的關係呢？《環流》篇對此作了如下回答：

> 有一而有氣，有氣而有意，有意而有圖，有圖而有名，有名而有形，
> 有形而有事，有事而有約，約決而時生，時立而物生。故氣相加而
> 為時，……萬物相加而為勝敗，莫不發於氣，通於道。
>
> 空之謂一，無不備之謂道，立之謂氣，通之謂類。

這裡的「一」即是空虛而無形的「道」，它是宇宙的終極存在，而「氣」充當著連結這一終極存在與萬物的「中介」，是構成天地萬物的質料。「氣」與「道」相通則構成萬物的不同種類與屬性。「道」是最高本原，「氣」又是「類」的本原，「類」是氣運動變化的結果。「故物無非類者，動靜無非氣者。」〔註226〕就是說，萬物是「氣」在不同運動狀態下的具體表現形式，「氣」則是有形萬物的本原。由此看來，《鶡冠子》在自然觀上已向氣一元論轉化，這顯然是對《管子》四篇「精氣」理論的繼承與發展。

為了進一步說明萬物生成於「氣」，《鶡冠子》進而還將「氣」分為陰、陽兩類，《度萬》篇曰：「陰陽者氣之正也，天地者形之正也。」《環流》篇亦曰：「陰陽不同氣，然其為和同也。」就是說陰氣與陽氣是兩種不同性質的

---

〔註226〕《鶡冠子·環流》。

「氣」，它們即對立又統一，只有當陰氣與陽氣「和同」時，萬物才得以產生。這就將「氣」視作包含陰陽兩種自然功能的矛盾混合物，認為形形色色的具體對象都是依賴於陰陽二氣交合作用得以產生出來的，萬物乃是陰陽二氣相整合的結果。於是，《鶡冠子》不僅用陰陽二氣的相互作用初步回答了事物何以表現為多樣性的問題，同時也對稷下道家只講精氣而不講陰陽矛盾的缺憾作了某種程度的補充。它不僅具有把氣提升到宇宙本體的傾向，而且成為由道一元論向氣一元論轉型的過渡環節，這在中國古代關於整個宇宙問題的探研中佔有極為重要的地位。

### 2、法天道以推人事

《鶡冠子》在對宇宙的生成、構成及運動變化情況進行論述時，總是與社會政治問題相聯繫，並把這種理論最終落實到對社會政治問題的看法上。可見，對宇宙知識進行闡述，只不過是為了證明自己的政治理論學說體系更為合理、更有依據、更加切實可行罷了。因此，書中有關天文、曆法方面的宇宙知識只不過是其以「天道推衍人事」的理論基礎。而針對戰國末年狀況下，統治者應如何治國、平天下思想的闡發才是其最終目的。

《天權》篇曰：「連萬物，領天地，合膊同根，命曰宇宙。知宇，故無不容也。知宙，故無不足也。」就是說，宇是天地萬物無所不包；宙是古往今來無所窮極，宇宙將天、地、萬物連接在一起了。在這個宇宙統一體中，「天道先貴覆者，地道先貴載者，人道先貴事者。」〔註227〕相互之間是密切聯繫，協調運作的：

> 天也者，神明之根也。醇化四時，陶埏無形，刻縷未萌，離文將然者也。地者，承天之演，備載以寧者也。吾將告汝神明之極：天、地、人事三者復一也。立置臣義，所謂四則。〔註228〕

其中「天」可以化成四時，調和萬物於無形之中。「地」則承天之化，備載萬物。而人間設立世主君臣就是為了效法天道。如果違背了由天、地、人這個三維形態所構成的宇宙整體協調一致的運行規律，就會受到大自然應有的懲罰：

> 天者，神也。地者，形也。地濕而火生焉，天燥而水生焉。法猛刑頗則神濕，神濕則天不生水。音□故聲倒則形燥，形燥則地不生火。

〔註227〕《鶡冠子‧天則》。
〔註228〕《鶡冠子‧泰鴻》。

水火不生，則陰陽無以成氣，度量無以成制，五勝無以成勢，萬物
無以成類。百業俱絕，萬生皆困，濟濟混混，孰知其故。〔註229〕

反之，只要不隨意改變萬事萬物的自然特質，萬物就會和諧共存，適時生長。
故「上聖者，與天地接，結六連而不解者也。」〔註230〕就是說，人間至偉的
聖人就是那些能夠與天、地、六合連爲一體，因物自然，不亂加預設施爲的
統治者。

《鶡冠子》認爲，聖明的君主之所以能治理好天下，就是因爲他們能遵
循天地運動的度數規律，與天地之道能相感悟與體認。《道端》篇曰：

天者，萬物所以立也，地者，萬物所以安也。故天定之，地處之，
時發之，物受之，聖人象之。

這是說宇宙間各種物質都有著各自不同的功能與運動變化方式，但又遵循著
某種共同的運動規律，它們之間緊密關聯，環環相扣，才使宇宙萬物和諧共
處，相互作用，彼此影響。聖人只有「不創不作，與天地合德」，〔註231〕方能
有所作爲。故《泰鴻》篇曰：

迭往觀今，故業可循也。……順愛之政，殊類相通。逆愛之政，同
類相亡。故聖人立天爲父，建地爲母范者，非務使云必同。知一期
以使一人也。范錯之天地之間，而人人被其和也。

這是用古往今來的政事變遷正反兩方面的經驗教訓說明，統治者只有遵循天
地的自然規律，以「順愛」爲本，使「寒者得衣，饑者得食，冤者得理，勞
者得息。」〔註232〕才能使「人人被其和」。同時，由於「生殺法也，循度以斷，
天之節也。」故應謹慎地使用，只有這樣，才能建立「聖人之所期也」〔註233〕
的不朽功業。

爲了體現其以天道推衍人事的理念，《鶡冠子》不僅要求統治者謹觀「天
象」，依「天象」而舉措，而且在其「理想國」的政治體制中也主張應依天體
的運動規律而立制、行事。《泰錄》篇曰：「若上聖皇天者，先聖之所依威立
有命也……法天居地，去方錯圓，神聖之鑒也。」如何具體地法天居地呢？
《鶡冠子》又根據日、月、星辰等天體各自運行的特點以及與四時，方位之

---

〔註229〕《鶡冠子‧度萬》。
〔註230〕《鶡冠子‧泰鴻》。
〔註231〕《鶡冠子‧天則》。
〔註232〕《鶡冠子‧天則》。
〔註233〕《鶡冠子‧天則》。

間的關係指出：「斗柄運於上，事立於下。」〔註234〕這就將天、地、人三者作了溝通。而其以天道推衍人事的理論，更直接地體現在其「天曲日術」之中。《王鈇》篇記有龐子與鶡冠子這樣一段對話：

> 龐子曰：願聞天曲日術。

> 鶡冠子曰：其制邑理都使瞳習者，五家爲伍，伍爲之長。十伍爲里，里置有司。四里爲扁（陸佃解「扁」當爲「旬」），扁爲之長。十扁爲鄉，鄉置師。五鄉爲縣，縣有嗇夫治焉。十縣爲郡，有大夫守焉。

《鶡冠子》提出的這一理想的行政體制的依據何在？其運作程序又是怎樣的呢？該篇對此闡述說：

> 天始於元，地始於朔，四時始於曆。故家里及提。扁長用旬。鄉師用節，縣嗇夫用月。郡大夫用氣分所至。柱國用六律。里五日報扁。扁十日報鄉。鄉十五日報縣。縣三十日報郡。郡四十五日報柱國。柱國六十日以聞天子。天子七十二日遣使。

只要我們參以《淮南子・天文訓》，就不難發現其中的 5 日、10 日、15 日、30 日、45 日、60 日、75 日，實際上都是各種天體在運行中引起的歲時變化的時間界限；而伍、里、司、扁（旬）、鄉、縣、郡等行政編制又是以楚制爲背景的，這是《鶡冠子》以天道推衍人事的集中體現。

在此基礎上，《鶡冠子》主張建立一個「天子執一以居中央」的政治體制。〔註235〕《天則》篇說：「一人唱而萬人和，如體之從心，此政之期也。」認爲實行這種以天子爲核心的行政運行機制，再加上善於求賢用人，便可達到「無爲」、「神化」的境界，能夠開創「合四海爲一家」的局面。這說明《鶡冠子》的「無爲」是以法制度而治爲保證的。而在黃老學的演進過程中，真正把「無爲」的實行立足於以法令和制度作保障的是西漢初年的政術家。從這個角度講，《鶡冠子》既以法天地而治爲前提，又以法制度而治爲條件，從而成爲正統道家的「無爲」向漢初黃老學的「無爲」轉化的過渡環節。

綜上所述，鶡冠子以其深厚的天文曆法學知識爲依據，談天、說地、論氣、話宇宙、言天道、述人道，從而構建了一套相當完整的宇宙生成觀、構成觀及運行觀，並以此爲基礎，通過「循天理推人事」的思維方式，將自己的宇宙觀與人世間的社會政治變化聯繫起來，藉以表達自己治國、平天下的

---

〔註234〕《鶡冠子・環流》。
〔註235〕《鶡冠子・王鈇》。

理想。其最終無不以治國、理政爲落腳點。就是說，《鶡冠子》探尋宇宙運動規律的目的，無非是爲了預示人間政治，使統治者認識和接受「循天理推人事」的必要性、重要性和可行性，並籍此切實地循天道以立臣、建制、行事，以便按照自己精心設計的方案來實現一統天下，政通人和的萬世不朽之業。

### 3、道與諸子學說的相容

　　黃老學最爲突出的特徵是「道法」結合，以道論法。作爲傳承南方黃老學的作品，《鶡冠子》對法家思想同樣採取了吸納與改造利用的態度。《黃老帛書》曾提出「道生法」的觀點，《鶡冠子》在此基礎上進一步作了演繹，如《兵政》篇曰：「道生法，法生神，神生明。」《度萬》篇亦曰：「守一道制萬物者法也。」《環流》篇則說：「惟聖人究道之情，唯道之法，公政以明。」看來在以道爲體、以法爲用這一點上，《鶡冠子》與《黃老帛書》基本上是一脈相承的。所不同的是，在對待百家之學的態度上，《鶡冠子》表現出了更爲寬廣與開放的胸懷，它不僅具有道法結合的特點，同時還有著道與諸子百家相融合的傾向。如《學問》篇對「禮義忠信」等儒家信條是這樣解釋的：

> 所謂禮者，不犯者也；所謂樂者，無菌者也；所謂仁者，同好者也；
> 所謂義者，同惡者也；所謂忠者，久愈親者也；所謂信者，無二響者
> 也。聖人以此六者，卦（陸佃解：「卦，猶卜也。」）世得失逆順之經。

這已將「禮」、「樂」、「仁」、「義」、「忠」、「信」視爲衡量治世得失逆順的重要標準。正因爲如此，《道端》篇進而更加直接了當地說：「正以錯國。服義行仁，以一正業。夫仁者君之操也，義者君之行也，忠者君之政也，聖人者君之師也。」這裡更是將「仁」、「義」、「忠」樹爲人君節操、品行、政績的標誌，要求人君以聖人爲師，按上述準則嚴格衡量自己的言行舉止與施政方針。足見《鶡冠子》對儒家思想是持認同與採納態度的。

　　不僅如此，《鶡冠子》對陰陽五行思想的汲取更爲明顯。其《天則》、《度萬》、《泰鴻》、《泰錄》、《世兵》、《天權》等篇總是用陰陽五行來闡釋自然現象和社會人事的變化。這些篇目所綜合描述的宇宙，是一個由陰、陽二氣散於金、木、水、火、土五種物質元素之中所構成的；能夠把在不斷運動變化過程中所形成的日、月、星辰等天體；六合、八極之空間；春、夏、秋、冬之四時；青、白、赤、黃、黑之五色；宮、商、角、徵、羽之五音與人間的各種尊、卑，賢、不肖，能、不能，聖明、昏庸，愚、智不相同的人；地球上的各類形狀、特質不相同的物質連接到一起的天、地、人三維的復合統一

體。這種將陰陽五行與春夏秋冬四時及東南西北的方位相配合，並要求君主按照季節和方位的變化謹慎地施以刑罰、教化，從而溝通與協調天、地、人三者之間關係的思想框架，無疑是對陰陽五行學說的吸收與借鑒。

除此而外，《泰錄》篇所說：「上賢爲天子，次賢爲三公，高爲諸侯」等語，顯然又是對墨家尙賢思想的汲取等等。

以上種種情況表明：黃老學作爲一種歷時性文化存在現象，它對百家之學的接納是隨著時代的演進而不斷拓展的。從《黃老帛書》的道法結合，經由《管子》四篇、《莊子》外、雜篇、《文子》及《鶡冠子》的容納仁義禮忠信，再到其後《呂氏春秋》和漢初黃老學對百家之學更大規律的相容並蓄，使黃老思想最終具備了兼取百家之長的總體性重要特徵。這是當時諸子百家反覆整合的結果，反映了思想文化發展的主流脈略。從這個意義上講，《鶡冠子》在戰國末年的歷史背景下，既主張道法結合，又提倡對仁義禮忠信及陰陽五行等諸家學說加以採納，遂成爲黃老學由道法結合過渡到道與仁義禮法等各家思想相融合的中介環節。這說明黃老學在拓展中也不斷轉換著自身，使自己的學說體系在傳播中隨時得到充實、豐富與完善。凡是於治世有益的思想理論成份，都成爲其吸收和改造利用的對象，這就爲其最終昇華成政治上的指導思想創造著日益成熟的條件，墊鋪著堅實的路基。

當然，促成黃老學說從一種理論構想轉變爲切實可行的政治綱領，其中轉環節並非僅限於上述幾部著作，還有一些著述也爲黃老學的歷史性演進與跨越發揮過重要作用。如《愼子》等，因限於篇幅，恕不贅述。

## 第四節　黃老思想的政綱化——《呂氏春秋》

《呂氏春秋》是大秦相國呂不韋招集門客集體撰寫的一部著作。其《序意》篇有「維秦八年」，「良人」向呂不韋「請問十二紀」之記述，據此可知，該書應成書於西元前 239 年前後。當此之時，秦王政方二十歲左右，呂不韋爲相國，被尊爲仲父，封文信侯。他憑藉輔佐帝業的權勢與有利條件，組織學者編纂了這部歷史性論著。

### 一、學派歸屬之爭

學界在《呂氏春秋》的著者、成書年代及其傳本的眞實性等方面，幾乎沒有什麼分歧。但關於該書的學派歸屬問題，卻歷來爭持不下。《漢書・藝文

志》將其列入諸子雜家中，而對此提出異議者代有人出。

有持道家說的，如任繼愈就指出：「《呂氏春秋》用老莊哲學構造自己的理論原則，用陰陽、儒、墨、法各家的思想，構造自己的歷史、政治、道德、軍事、教育等方面的觀點」，它是「秦漢時期道家思潮的開始」。〔註236〕蕭萐父、李錦全也認爲《呂氏春秋》「以黃老道家的思想路線爲中心，兼采儒、墨、名、法及陰陽家言。」〔註237〕熊鐵基則說：「《呂氏春秋》決非『雜家』，而是新道家的代表作。」〔註238〕

有持儒家說的，如《四庫全書總目提要》評價《呂氏春秋》：「大抵以儒爲主而參以道家、墨家，故多引六籍之文與孔子之言」。清人陳澧在《東塾讀書記》中也認爲，「《呂氏春秋》多採古儒之說，故可取者最多。」時下亦不乏力主此說的學者，他們還進而提出《呂氏春秋》的主要思想傾向是「新儒學」〔註239〕的觀點。

有持墨家說的，如清人盧文弨就認爲：「《呂氏春秋》一書，大約宗墨氏之學，而緣飾以儒術，其重己、貴生、節喪、安死、尊師、下賢，皆墨道也。」〔註240〕

有持陰陽家說的，如陳奇猷曾指出：「《呂氏春秋》雖說是雜家，集各家各派之說而成，但細讀全書，很自然地會注意到，陰陽家的學說是書的重點」，「其主導思想是陰陽家」。〔註241〕

有持儒、道兼畸說的，如郭沫若認爲《呂氏春秋》「主要的是對於儒家、道家採取儘量攝取的態度，而對於墨家、法家則出以批判」；〔註242〕杜國庠更明確指出，該書「與其說是偏愛儒家，毋寧說是兼畸儒、道。」〔註243〕

也有贊同雜家說的，如丁原明在其著作中就坦言：「但依筆者之見，《呂氏春秋》的學派所屬，似以漢志爲妥，它應屬於雜家著作。」〔註244〕

〔註236〕任繼愈主編：《中國哲學發展史》（秦漢），人民出版社1985年，第20頁。
〔註237〕蕭萐父、李錦全主編：《中國哲學史》上卷，人民出版社1985年，第286頁。
〔註238〕熊鐵基：《秦漢新道家》，上海人民出版社2001年，第217頁。
〔註239〕參見張智彥《呂不韋》（載《中國古代著名哲學家評傳》第一卷）；金春峰《漢代思想史》附錄一，中國社會科學出版社1987年版。
〔註240〕《抱經堂文集》。
〔註241〕陳奇猷：《呂氏春秋校釋》第二冊，吉林文史出版社1986年，第1885頁。
〔註242〕郭沫若：《十批判書·呂不韋與秦王政的批判》，第408頁。
〔註243〕《杜國庠文集》，人民出版社1962年，第259頁。
〔註244〕丁原明：《黃老學論綱》，山東大學出版社1997年，第190頁。

　　除以上所列而外，還有人從近、現代分類學的角度，來界定《呂氏春秋》
的學科所屬，稱其爲類書之鼻祖，抑或將其定性爲百科全書、政治理論專書
等等。更有因其取名「春秋」，而視之爲史論性著述的。如馮友蘭在《呂氏春
秋集釋序》中說：「然此書不名曰《呂子》，而名曰《呂氏春秋》，蓋文信侯本
自以其書爲史也。」凡此種種，見仁見智，不一而足。

　　儘管上述各種觀點皆非空穴來風，均持之有故，言之成理，但筆者還是
贊同丁原明的意見，也認爲班固將其收入諸子雜家類最爲合適。如所周知，
當《呂氏春秋》成書之際，正值百家爭鳴猶酣之時，諸子百家無不企圖他家
別派能屈從於己說而以一己之見取代眾家，這種各執一端、難見分曉的無休
止爭論，已與政治上日趨明朗的統一形勢不相適應。在一統全國非秦莫屬的
局勢下，身爲秦國首輔的呂不韋，不能不對如何儘快統一天下以及天下統一
之後建立什麼樣的封建國家秩序等一系列重大課題提出系統的理論規劃。一
方面是時不我待，任務緊迫；另一方面卻是眾說紛呈，無所適從。面對萬難
的選擇，呂不韋以一個政治家的遠見卓識及成功商人的敏銳頭腦，應時而動。
他深知各家雖各有所長，但都存在著不可避免的缺陷，無一能單獨作爲理想
的建國綱領。於是他破除學派偏見，不專主一家之言去排斥異己。而是以海
納百川式的博大胸懷，兼采眾家之長，並在此基礎上，構建自身的治國政綱。
其《用眾》篇對此就有著不同凡響的真知灼見：

　　　　物固莫不有長，莫不有短，人亦然，故善學者，假人之長以補短。
　　　　故假人者遂有天下。

　　　　天下無粹白之狐，而有粹白之裘，取之眾白也。夫取於眾，此三皇
　　　　五帝之所以立大功名也。

以這種思維方式著書立說，自然也無法擺脫集眾而成的綜合性特徵。正如其
《不二》篇所說：「老耽貴柔，孔子貴仁，墨翟貴廉，關尹貴清，子列子貴虛，
陳駢貴齊，陽生貴己，孫臏貴勢，王廖貴先，兒良貴後。此十人者，皆天下
之豪士也。」既然給予諸子學說以如此高的評價，怎能不竭盡全力、最大限
度地吸收其中的有益成份呢？因此，如果將這樣一部打破門戶藩籬，博采眾
家之長，海納百家精華的著作歸入任何一家所主相對局限的學派，恐怕只會
失之偏頗而招致更多的非議，故惟有將其列爲「兼儒、墨，合名、法」的「雜

家」，〔註245〕方不失公允。前述類書、百科全書之說也好，政治理論專書也罷，實際上強調的都是該書的綜合性特徵。至於「史書」之說則顯牽強，即便是二千餘年後的今天，按已相當細化了的各種分類法衡量，也只能將其歸入哲學思想部類而很難歸入史部，更何況於當時。

## 二、著書意圖及體現方式

我們說《呂氏春秋》屬雜家，只是討論對其如何歸類更恰當、更合適的問題，並不認為凡「雜家」就「漫羨而無所歸心」。〔註246〕其實，該書體例結構相當嚴整，著述目的極為鮮明，司馬遷在《史記・呂不韋列傳》中記述《呂氏春秋》的成書背景時說：

> 當是時，魏有信陵君，楚有春申君，趙有平原君，齊有孟嘗君，皆下士喜賓客以相傾。呂不韋以秦之強，羞不如，亦招致士，厚遇之，至食客三千人。是時諸侯多辯士，如荀卿之徒，著書佈天下。呂不韋乃使其客人人著所聞，集論以為《八覽》、《六論》、《十二紀》二十餘萬言，以為備天地萬物古今之事，號曰：《呂氏春秋》……。

呂不韋集眾著書，以「備天地萬物古今之事」為目的，就是要為即將統一的封建帝國提供較為完備的指導思想與治國方略。《序意》篇對此可謂是毫不隱諱，直序其意：

> 蓋聞古之清世，是法天地。凡十二紀者，所以紀治亂存亡也，所以知壽天吉凶也。上揆之天，下驗之地，中審之人；若此，則是非、可不可，無所遁矣。

這就是《呂氏春秋》編撰的目的或意圖，它要構建一個能貫通天、地、人的寵大理論體系以供資政，在這一理論體系中，古往今來的治亂存亡、是非曲直無所不包；天地萬物的壽夭吉凶、可為與不可為無所不含。這一思想在全書的結構體例上又體現為紀、覽、論分別與天、人、地的呼應。

《紀》分為十二，以春、夏、秋、冬四季為序，每季又有孟、仲、季三紀，各紀含文五篇，紀首均為該月月令，所繫之文，亦與春生、夏長、秋收、冬藏之義相配。

春季言養生，但也並未與為政思想完全脫節，《本生》篇曰：「始生之者，

---

〔註245〕《漢書・藝文志》。
〔註246〕《漢書・藝文志》。

天也；養成之者，人也。能養天之所生而勿攖之謂天子，天子之動也，以全天為故者也，此官之所自立也。」這顯然已不是單純的養生問題，而暗含著君臣之道。

夏季講樹人、教化，因學與樂之類有益於人健康成長，皆與生長壯大有關，故均入於該紀。

兵者「肅殺」，而秋季之天氣亦「肅殺」，因此秋季談用兵用刑，不過，作者表明了自己用賢勝於用兵的立場。

冬季人息糧藏，於是論死葬，並由歲寒知松柏之常青聯繫到人的品格、氣節。

《十二紀》還記載了十二個月的星辰位置及各個季節的物候，它以四時配五行，搭起了一個寵大的框架，按四季分述人主對臣民的養、教、衛、管之事，並將音樂、色調、方位、祭祀等分列其中。

從中不難看出，《十二紀》是圍繞「天」這個核心展開的，這裡的「天」指的是陰陽五行及四時等的自然變化，以木、火、土、金、水五行配合春、夏、秋、冬四時作為主要體系，並仿照自然運行規律來設計統治者的行為模式。這就是作者提出來的統治圖式，要求統治者在一年十二個月內都能順應五行四時之「氣」（規律）來進行統治，這樣才能使其統治得以鞏固。

《覽》分為八，突出人事，著重論君道與治本。每覽原本含文八篇，但因錯落脫失，今存《有始覽》缺文一篇。覽者，「覽視」、「覽受」也，〔註247〕就是要讓人觀覽後有所接受和採納。《呂氏春秋》亦被稱為《呂覽》，足見「八覽」之重要。那麼，「八覽」究竟是供何人閱覽、希望何人加以採納呢？其對象不言而喻是秦國最高統治者，也就是說是直接為由他輔佐而登上王位不久的秦王政服務的。《八覽》的主要內容可分別概括如下：

《有始覽》論天地之有始。但歸結於「天斟萬物，聖人覽焉，以觀其類。」就是以「天微以成，地塞以形，天地和合，生之大經也」這一「和合而生」的規律，推衍人世間治亂興亡的因果關係。下含諸篇即論禍福成敗，安危榮辱等問題。認為君主只有因天地之自然，任賢順民，方能「主賢世治」。

《孝行覽》論以孝行為本。該覽開宗明義：

　　凡為天下，治國家，必務本而後末。所謂本者，非耕耘種植之謂，

---

〔註247〕高誘注《戰國策・齊策一》，一處作「覽視」，一處作「覽受」。

> 務其人也。務其人，非貧而富之，寡而眾之，務其本也。務本莫貴
> 於孝。人主孝，則名章榮，下服聽，天下譽。人臣孝，則事君忠，
> 處官廉，臨難死。士民孝，則耕耘疾，守戰固，不罷北。夫孝，三
> 皇五帝之本務，而萬事之紀也。

君主、人臣、士民都講孝，對治國平天下有百利而無一害，故進一步明確指出：「夫執一術而百善至，百邪去，天下從者，其惟孝也。」下屬諸篇著重講國君治國應依靠何種人。而值得信任的人，無不在某一方面體現出「孝」的精神：「仁者仁此者也，禮者履此者也，義者宜此者也，信者信此者也，強者強此者也，樂自順此生也，刑自逆此作也。」西漢立國以孝治天下，不能說其中沒有《呂氏春秋》這方面的影子。

《慎大覽》論大國、強國需謹慎治國。即：

> 賢主愈大愈懼，愈強愈恐。凡大者，小鄰國也；強者，勝其敵也。
> 勝其敵則多怨，小鄰國則多患，多患多怨，國雖強大，惡得不懼？
> 惡得不恐？故賢主於安思危，於達思窮。於得思喪。」

聯想到我國當前微妙的周邊關係，情勢的確如其所預料。故我們應著力在「於安思危，於達思窮。於得思喪」方面下功夫、做文章。以下諸篇講如何權衡輕重，「去小取大」，「貴為天子而不驕倨」，「與天下之賢者為徒」等具體的謹慎治國方法，以便「大立功名」而「安國免身」。這裡的大國強國顯然是指秦國。

《先識覽》論先見之明的重要。所屬《察微》篇曰：

> 故治亂存亡，其始若秋毫，察其秋毫，則大物不過矣。

其餘各篇均論及如何通過細緻的觀察和思考以預見將來，並提出了「善聽」、重「有道之言」、識別「淫說」等一些具體的「先識」之法。

《審分覽》論「正名審分」的為君之道。《審分》篇曰：

> 凡人主必審分，然後治可以至，奸偽邪辟之途可以息，惡氣苛疾無
> 自至。夫治身與治國，一理之術也。
>
> 正名審分，是治之轡已。故按其實而審其名，以求其情；聽其言而
> 察其類，無使放悖。夫名多不當其實，而事多不當其用者，故人主
> 不可以不審名分也。

以下各篇，就正名審分、循名責實等相關的人君南面之術，從不同角度進行了闡發。

《審應覽》論君主應慎重其言詞。即所謂「人主出聲應容，不可不審」，

「凡主有識，言不欲先」，〔註248〕「人主之言，不可不愼」，〔註249〕「至言去言，至爲無爲」〔註250〕之類。主要是講君主金口玉言的重要性，「應容」也連帶其中，於是便包含了音容舉止諸多方面。其下諸篇詳論流言及詭辯之害。認爲流言與詭辯是言、意（心）、行相違背的產物，要識破戳穿須靠「理」：「故辯而不當理則僞，知而不當理則詐，詐僞之民，先王之所誅也。理也者，是非之宗也。」〔註251〕爲擯除淫佚欺詐之言行，又強調、倡導一個「誠」字：

> 故誠有誠乃合於情，精有精乃通於天。……故凡說與治之務莫若誠。
>
> 聽言哀者，不若見其哭也；聽言怒者，不若見其鬪也。說與治不誠，
>
> 其動人心不神。

這就從正反兩個方面論述了君主愼言與辨析臣下言辭眞僞的重要性。並強調了「誠信」的意義與作用。

《離俗覽》論述治國應與「俗」（流俗、低俗、俗氣、俗見）相違，故主張君王應尋求離世高士爲師。其下諸篇論人主應如何審士與用民。提出的標準涉及到德、義、忠、廉、信、勇、智及愛利等諸多範疇，但從中突出了一個「義」字。

《恃君覽》論君道不可廢，天下、國家不可無君：

> 凡人之性，爪牙不足以自守衛，肌膚不足以扞寒暑，筋骨不足以利辟害，勇敢不足以卻猛禁悍，然且猶裁萬物，制禽獸，服狡蟲，寒暑燥濕弗能害，不唯先有其備，而以群聚邪。群之可聚也，相與利之也。利之出於群也，君道立也。
>
> 爲天下長慮，莫如置天子也；爲一國長慮，莫如置君也。〔註252〕

以下各篇均從不同方面論述君主應具備之德即爲君之道。

《八覽》顯然是以「人」爲核心的，從《有始覽》立論，至《恃君覽》破題，其中各篇或言天人感應，或言人際關係，或言人自身修養的提高，或言君臣之道，都是圍繞著人展開討論的。主要宣揚民爲本、民重君輕、君主無爲、治民以德等主張。告誡君主應做些什麼？該怎樣去做？並要注意些什麼問題等等。有關治國理政之策，修身養性之術無不備述，完全是從君道的

〔註248〕《審應》。

〔註249〕《重言》。

〔註250〕《精諭》。

〔註251〕《離謂》。

〔註252〕《恃君》。

角度為君主治國平天下服務的。

《論》分為六，每部分又由六篇組成。從自然現象發端，「言人物之相應」，重點講為人臣之理。

《開春論》與「十二紀」中春主生思想是一致的。由「開春始雷則蟄蟲動矣，時雨降則草木育矣……」〔註253〕這一萬物獲得新生現象引申出厚德積善，救死緩刑思想。其後五篇分別論尚賢、愛民及養生等。

《慎行論》講君子、小人處世完全不同：「凡亂人之動也，其始相助，後必相惡。為義者則不然，始而相與，久而相信，卒而相親，後世以為法程。」〔註254〕其根本區別在於是否有「義」：

> 先王之於論也極之矣，故義者百事之始也，萬利之本也，……以義動則無曠事矣。……人主與其臣謀為義，其孰不與者？非獨其臣也，天下皆且與之。〔註255〕

與「八覽」中的「離俗覽」一樣，也突出強調了一個「義」字。其餘各篇均從不同角度分別闡述處世之哲理。

《貴直論》講「賢主所貴莫如士。所以貴士，為其直言也。」〔註256〕為什麼要重視敢於直言的人呢？這是因為：

> 言極則怒，怒則說者危，非賢者孰肯犯危？而非賢者也，將以要利也。要利之人，犯危何益？故不肖主無賢者。無賢則不聞極言，不聞極言則姦人比周、百邪悉起，若此則無以存矣。〔註257〕

足見「直言」之不易，君主應任賢使能，倍加珍惜。其餘各篇還從正反兩個方面論述了納諫與拒諫之得失。

《不苟論》講賢人的操守：「賢者之事也，雖貴不苟為，雖聽不自阿，必中理然後動，必當義然後舉，此忠臣之行也。」〔註258〕就是說賢人行事必中理，舉動必當義，這實際上都有利於君主的統治，是忠君的體現，故「功無大乎進賢」：

> 得地千里，不若得一聖人。……湯得伊尹而有夏民，文王得呂望而

---

〔註253〕《開春》。
〔註254〕《慎行》。
〔註255〕《無義》。
〔註256〕《貴直》。
〔註257〕《直諫》。
〔註258〕《不苟》。

服殷商。夫得聖人，豈有里數哉？〔註259〕

其他各篇還談到了「存亡安危，勿求於外，務在自知」，而「人主欲自知，則必直士。故天子立輔弼，設師保，所以舉過也」等問題，〔註260〕讓為人臣者敢於直言進諫，並提醒君主應納言自知。

《似順論》講辨異同、別真偽的重要性。《傾順》篇曰：

> 事多似倒而順，多似順而倒。有知順之為倒、倒之為順者，則可與
> 言化矣。

可見《呂氏春秋》極為重視認識與分辨事物，此前不少篇目已從不同角度對這一問題有所論述，該論再次論及於此。由於「物多類然而不然」，故《別類》篇談事物應分別類居以尋求其所以然：

> 小方，大方之類也；小馬，大馬之類也；小智非大智之類也。

從而指出：「過者之患，不知而自以為知。」其餘諸篇分別從「有度而聽」，反對「知之不審」；主張君臣分職；提倡「賢主謹小物以論好惡」等角度與層面論治國之術。

《士容論》先講國士之節操儀態，《士容》篇對此有一段概括論述：

> 士不偏不黨，柔而堅，虛而實。其狀眼然不儇，若失其一，傲小物
> 而志屬於大，似無勇而未可恐狼，執固橫敢而不可辱害，臨患涉難
> 而處義不越，南面稱寡而不以侈大，今日君民而欲服海外，節物甚
> 高而細利弗賴，耳目遺俗而可與定世，富貴弗就而貧賤弗揭，德行
> 尊理而羞用巧衛，寬裕不訾而中心甚屬，難動以物而必不妄折。此
> 國士之容也。

這可以說是對此前論士君子言行操守的小節。其《務大》則著重講為人臣者應先公後私，認為公安則私安，國強則家富，主尊則臣榮，先國後家，乃為從事於大義，故謂「務大」。

其後《上農》、《任地》、《審時》、《辯士》四篇，轉而論述以農為本的問題：

> 古先聖王之所以導其民者，先務於農。民農非徒為地利也，貴其志
> 也。……民農則重，重則少私義，少私義則公法立，力專一。……
> 民舍本而事末則好智，好智則多詐，多詐則巧法令，以是為非，以

---

〔註259〕《贊能》。
〔註260〕《自知》。

非爲是。〔註261〕

實質上也牽涉到治道問題，是秦重農抑商、獎勵耕戰政策的某種延續。

《論》這一部分可以說是從「地」入手的。開篇由春天到來，萬物復蘇引申出人主應仁德寬厚，愛惜大地上的一切生命，並因此而倡導推崇因循萬物本性的自然無爲的養生、治世之道。篇末又以大量篇幅講述耕作的原則、播種的方法、土地的調理、農時的安排等一系列伺地求食的具體問題。中間各論因地化人，從大地的自然屬性聯繫到臣民的本質特徵，從調理土地以盡地力聯繫到如何任賢使能用民的道理等，由「地」及人，人、地相通，進而對士君子之言行節操從愼行、貴直、不苟等多方面進行了論證，最後以「士容論」收尾，提出了「國士」在容貌、威儀、儀態、節操諸方面所應具有的規範，從而點出了「六論」是討論如何做好人臣的主題。

《呂氏春秋》還有《序意》一篇，相當於今天書籍中的序言，交待著書的目的、時間、創作概況及基本內容，爲全書的總綱，今置於《十二紀》之後。

《呂氏春秋》以「法天地」而行人事爲依歸，《十二紀》按「上揆之天」建構，《八覽》依「中審之人」排列，《六論》以「下驗之地」布局。三大部分各有側重，自成體系，又彼此關聯。至於紀、覽、論三者的關係，徐復觀認爲《八覽》、《六論》旨在囊括八方六合，包舉天地萬物，並共同作爲《十二紀》的補充。〔註262〕李家驤則進一步指出：「《十二紀》似有內篇的意味，《八覽》可疑爲外篇，《六論》像是雜篇。」〔註263〕

在對《呂氏春秋》內在結構的各種不同分析中，無論是「紀統天、覽應人、論繫地」之說也好，還是「紀統天，覽、論統地」抑或「紀爲內篇、覽論爲外篇」之說也罷，都不可否認這樣一個事實：《呂氏春秋》是緊緊圍繞著「人」——尤其是以統治者爲根本出發點所建構的思想理論體系。其「十二紀」實際上是根據一年四季的運行變化，爲未來新天子製定的一個因陰陽四時之大順、依天地自然之規律來安排處理政務的行動計劃；而「八覽」、「六論」則是在體察以往治亂、存亡、得失、禍福、吉凶、壽夭和參照現實與預測未來的基礎上，爲新天子如何落實其計劃提供的一種指導思想和評判是非

---

〔註261〕《上農》。
〔註262〕徐復觀：《兩漢思想史》卷二，臺灣學生書局，1976年。
〔註263〕李家驤：《〈呂氏春秋〉通論》，嶽麓書社，1995，第50頁。

善惡的價值取向。其根本精神體現在法天地、盡人事,從天、地、人相貫通的大宇宙系統中,提煉出一種「治世的意識,道德的信念,是非的標準等等」。〔註264〕

顯而易見,不管《呂氏春秋》論述什麼具體問題,如何名篇,始終都是密切結合為政、治國、平天下展開的,無不落腳到政論或者說與為政緊密相連,它完全是按照一個統一的天下設計的,通過有效治理所要達到的政治藍圖。

## 三、以黃老學說為主線的思想體系

由於《呂氏春秋》是一部以人事為著眼點的政書,故它將一切有利於為政、治道的思想理論都盡可能地囊括其中。但對於諸子的學說,並不是原封不動地照搬照抄。因為簡單地羅列與生搬硬套,會使執政者無所適從。所以《呂氏春秋》在相容百家之學時還是有所主的。從而構成了自身富於創新性質的、獨具特色的有機思想體系。關於這一點,東漢人高誘早就指出:

> 此書所尚,以道德為標的,以無為為綱紀,以忠義為品式,以公方
> 為檢格。〔註265〕

從這個角度講,前述任繼愈、蕭萐父、李錦全、熊鐵基諸先生的觀點是不錯的。但《漢書・藝文志》所定的道家標準卻是「歷記成敗存亡禍福古今之道,然後知秉要執本,清虛以自守,卑弱以自持,此君人南面之術也。……及放者為之,則欲絕去禮學,兼棄仁義,曰獨任清虛可以為治。」顯然難以全面、準確反映《呂氏春秋》的黃老思想特徵,而惟有將其歸入「兼儒、墨,合名、法,知國體之有此,見王治之無不貫,此其所長也」的雜家類才較為合適。下面我們就對《呂氏春秋》的主要黃老思想特徵加以研判。

### 1、「以道德為標的」

作為政論,《呂氏春秋》沒有過多的關於哲學思想的論述,但其根本觀點,卻是用黃老道家的基本觀念相貫通的。在闡述宇宙生成和萬物演化問題時,「道」也被視為最高哲學範疇:

> 道也者,視之不見,聽之不聞,不可為狀,有知不見之見,不聞之
> 聞,無狀之狀者,則幾於知之矣。道也者,至精也。不可為形,不

---

〔註264〕丁原明:《黃老學論綱》,山東大學出版社 1997 年 12 月,第 191 頁。
〔註265〕《呂氏春秋・序》。

可爲名，強爲之，謂之太一。〔註266〕

把「道」想像成無物之物，無狀之狀的超形象性存在，是老子所創造的思維模式，因爲老子是沿著「人法地，地法天，天法道，道法自然」的思路依次上推，最終以道的屬性來說明自己提出的社會道德標準以及人們的行爲規範的合理性。而推論的結果，不可避免的會進入形上之境，於是，便憑藉玄妙的思辯，引入了一些虛無縹緲的概念來規定道的屬性。

《呂氏春秋》則不然，它在確認道爲最高哲學範疇的前提下，卻按老子的思路逆推，使道從形上之境回到了世俗社會，從而把自己的治世綱領貫穿其中：

> 太一出兩儀，兩儀出陰陽，陰陽變化，一上一下，合而成章。渾渾
> 沌沌，離則復合，合則復離，是謂天常。天地車輪，終則復始，極
> 則復反，莫不咸當。日月星辰，或疾或徐，日月不同，以儘其行。
> 四時代興，或暑或寒，或短或長，或柔或剛。萬物所出，造於太一，
> 化於陰陽。〔註267〕

這是說「道」雖以「混沌」狀態存在，但這種狀態卻並非「空無」，而是內含著變易的因素，由此衍生出兩儀，兩儀即爲天地。天地之中又內含著陰陽兩種自然力能，它們相互作用而產生了萬物。《呂氏春秋》中的「天地」已沒有絲毫神秘的意味，只是純粹的具有寒暑、日月、晝夜和殊形異物等造化之工的自然實體；形形色色的事物和現象，都是「天地」這兩個自然實體相「合和」的產物。即：

> 天地有始，天微以成，地塞以形，天地合和，生之大經也。以寒暑
> 日月晝夜知之，以殊形殊能異宜說之。夫物合而成，離而生，知合
> 知成，知離知生，則天地平矣。〔註268〕

這裡的天地之「合和」，實際上是指「陰陽」這兩種自然力能的交互作用。它認爲陰陽藏乎天地，成乎自然，即：「陰陽者，造乎天而成者也」，〔註269〕「天生陰陽、寒暑、燥濕，四時之化，萬物之變。」〔註270〕因此，陰陽實際上是天地的內在屬性，而天地則是內含著陰陽兩種屬性的物質實體。正是由於萬物是陰陽兩種自然力能互相作用的結果，故《呂氏春秋》指出：「凡人、物者，

---

〔註266〕《大樂》。
〔註267〕《大樂》。
〔註268〕《有始覽》。
〔註269〕《知分》。
〔註270〕《盡數》。

陰陽之化也。」〔註271〕

　　《呂氏春秋》一方面以陰陽推演萬物的變化，另一方面又認為運動不已的天道是由物質性的精氣所構成：「何以說天道之圜也？精氣一上一下圜周複雜，無所稽留，故曰天道圜。」〔註272〕並說：

> 精氣之集也，必有入也。集於羽鳥，與為飛揚；集於走獸，與為流
> 行；集於珠玉，與為精朗；集於樹木，與為茂長；集於聖人，與為
> 夐明。」〔註273〕

這種以「精氣」解說環周不已的天道，顯然與《大樂》篇所說「陰陽變化，一上一下，合而成章」表達的是同一個意思，就是說精氣即是陰陽，陰陽即是精氣。

　　這樣一來，《呂氏春秋》便初步將精氣說與陰陽矛盾觀念相融彙，為推動精氣說向氣一元論的轉型作了重要鋪墊。這說明，《呂氏春秋》不僅善於吸收各家之長，而且也根據時代要求在不斷創新。它不僅以「天地」、「精氣」、「陰陽」等物質性範疇對「道」進行了拓展，認為事物都是「道」的體現，同時認為「道」反過來又是「自然」的體現，只有因循自然，與物變化，方能法天地以盡人事，從而體現「道」的精神。於是它將天、地、人一體觀，從因陰陽四時之大順，順應天地自然規律的角度，按照時令、物侯的變化特點，總結出了「貴公」、「去私」、「順民」、「納諫」、「節欲」、「無為」等一系列的施政原則。《呂氏春秋》在對其以前的黃老思想進行繼承與發展的基礎上，最終將其轉化成了治世綱領，完成了道家的世俗化進程，這是道家從對理想社會構思到切入社會政治實踐的根本性轉變，也是《呂氏春秋》「集論」黃老思想的主要成果。

### 2、「以無為為綱紀」

　　《呂氏春秋》的「無為」思想，在其纂集的指導思想《序意》中就講得非常清楚明白：

> 天曰順，順維生；地曰固，固維寧；人曰信，信維聽。三者咸當，
> 無為而行。行也者，行其理也。

---

〔註271〕《知分》。
〔註272〕《圜道》。
〔註273〕《盡數》。

這是說天、地、人之間存在著某種必然的聯繫，要恰如其分地理順這三者的
關係，就應「無爲而行」。無爲而行並不是說什麼都不能幹或不用幹，而是說
「行」要「循其理」。

在《呂氏春秋》看來，自然界和人類社會是在不斷運動變化著的，形形
色色的具體事物正是依賴其自身的運動才有生滅盛衰：

> 物動則萌，萌而生，生而長，長而大，大而成，成而衰，衰乃殺。
> 殺乃藏，圜道也。〔註274〕
>
> 天固有衰嗛廢伏，有盛盈坋息；人亦有困窮屈匱，有充實達遂。
> 〔註275〕

而事物的這種生滅盛衰運動又是有規律可循的，其規律也就是所謂的「理」：
「此皆天之容，物之理也。」〔註276〕有時亦將其稱爲「道」或「一」。「循其
理」就是要人道順從天道，即「法天地」而治人事。

那麼，如何具體實施這一主張呢？《呂氏春秋》拓展了「因」的概念。
專作《貴因》篇詳盡闡述「寶莫如因」、「因者無敵」的理念：

> 夫審天者，察列星而知四時，因也。推曆者，視月行而知晦朔，因
> 也。禹之裸國，裸入衣出，因也。墨子見荊王，錦衣吹笙，因也。
> 孔子道彌子瑕見釐夫人，因也。湯武遭亂世，臨苦民，揚其義，成
> 其功，因也。故因則功，專則拙，因者無敵。
>
> 三代所寶莫如因，因則無敵。禹通三江五湖，決伊闕，溝回陸，注
> 之東海，因水之力也。舜一徙成邑，再徙成都，三徙成國，而堯授
> 之禪位，因人之心也。湯武以千乘制夏商，因民之欲也。如秦者立
> 而至，有車也；適越者坐而至，有舟也。秦越遠途也，竫立安坐而
> 至者，因其械也。

其所謂因，講的就是一個順任的道理。順天、順時、順力、順俗、順人心，
乃至於順民之所欲等等。這實際上是關於處理主客體關係方面的思想原則或
方法。就是要人們在客觀規律面前要善於因勢利導，按實際情況辦事。故「因」
具有廣泛的適用性。觀天象、推曆法需要因；獲取天下，治理國家需要因；
開山治水需要因；用兵打仗更離不開因：

---

〔註274〕《圜道》。
〔註275〕《知分》。
〔註276〕《知分》。

> 凡兵，貴其因也。因也者，因敵之險以爲己用，因敵之謀以爲己
> 事。能審因而加勢，則不可窮矣。不可窮之謂神，神則不可勝矣。」
> 〔註277〕

就是說用兵要知己知彼，利用一切條件使敵我力量的對比朝著有利於自己的
方向轉化，把握趨勢，不失時機，以己之長攻敵之短，達到用兵如神的程度，
便無往而不勝。

解決宏觀世界的矛盾需要「因」，微觀世界的運動變化與矛盾的化解也充
滿著「因」。到處都體現著「因」的功用：「精氣之來也，因輕而揚之，因走
而行之，因美而良之，因長而養之，因智而明之。」〔註278〕可見，「因」是處
理人與自然及人和社會關係的普遍方法，人的認識和行動符合客觀規律，並
善於利用客觀規律，就能達到預期的目的；反之，違背了客觀規律，就必然
會遭受失敗。

但是，因順決不意味著消極的、被動的順從，《順說》篇曰：「順風而呼，
聲不加疾也；際高而望，目不加明也；所因便也。」就是說合理的因可收事
半功倍之效：

> 因則貧賤可以勝富貴矣，小弱可以勝強大矣。〔註279〕

> 變化應來而皆有章，因性任物而莫不宜當，彭祖以壽，三代以昌，

> 五帝以昭，神農以鴻。〔註280〕

因能貧賤勝富貴；因能小弱勝強大；因能長壽；因能使世道昌盛，故「因則
功」。這可以說是「因」的靈魂所在，它包含著正確認識、合理利用自然規律，
甚至採用必要的方式方法使自然規律朝著符合人們意願的方向轉化的因素，
捨此，「因」便黯然失色。《呂氏春秋》這種「因」的觀念，可以說是對以往
處理人與自然及社會關係正反兩個方面經驗教訓所作的高度概括和總結，具
有重要的理論意義和實踐應用價值。

從思想來源上看，「因」的概念雖然早就被提出來了，如《論語・爲政》
就有「殷因於夏禮，所損益可知也；周因於殷禮，所損益可知也」的說法，
但這裡的「因」只是因襲、沿用的意思。而作爲合規律性與合目的性相統一
的範疇加以運用的「因」，卻是黃老學的創造。《黃老帛書》主張「因天之則」，

---

〔註277〕《決勝》。
〔註278〕《盡數》。
〔註279〕《順說》。
〔註280〕《執一》。

「弗因則不成」；《管子・心術上》宣揚「道貴因」，「因也者，舍己而以物爲法者也」；愼到著《因循》篇亦鼓吹「天道因則大，化則細」等，都在強調遵循客觀規律的重要性，體現了尊重客觀規律與發揮人的主觀能動性之間的有機統一。因此，《呂氏春秋》所講的「因」，是直接擷取了黃老學資料，承繼了黃老學思想，並將其進一步系統化、理論化與普遍化了。

《呂氏春秋》認爲，「因」作爲標誌主體能動性與客觀規律相統一的範疇，內含著人與自然和社會之間的協調，人若能以「因」來指導行動，便可避免主觀盲動，從而進入「無爲」之境。「因」與「無爲」是相輔相成，彼此爲用的。因順天道便能自然無爲，無爲則能更好地體現天道自然，從而使人與自然、社會達到高度和諧。

「貴因」思想落實到治世方面，就轉換成了著名的「無爲而治」的政治綱領，《呂氏春秋》爲此提出了「君道無爲而臣道有爲」的「君術」論：

> 古之王者，其所爲少，其所因多。因者君術也，爲者臣道也。爲則擾也，因則靜也。因冬爲寒，因夏爲暑，君奚事哉！故曰：君道無知無爲，而賢於有知有爲，則得之矣。〔註281〕

> 故有道之主，因而不爲，責而不詔，去想去意，靜虛以待。不伐之言，不奪之事，督名審實，官使自司，以不知爲道，以奈何爲實。〔註282〕

顯而易見，這種「君術」是黃老學的共通之處，它要求君主「去想去意，靜虛以待」，注重虛、靜的內在修養，不夾雜任何的主觀成見，然後以公正之心按循名責實的原則考察臣下，使其爲君主效勞。其中的「因而不爲」，就是要君主因群臣之智慧爲其所用，即君主通過利用臣下之智慧，以達到「無爲而治」的目標。在《呂氏春秋》看來，倘若君主事必親躬，便是「代有司爲有司也」；〔註283〕倘若「人主好治官人之事」，就如同「與驥俱走也」，「則人不勝驥矣」；〔註284〕倘若「人主好以己爲，則守職者捨職而阿主之爲矣。阿主之爲有過，則主無以責之，則人主日侵，而人臣日得，……尊之爲卑，卑之爲尊，從此生矣。」〔註285〕因此，「善爲君者」就應因臣下之智慧而收無爲而無

---

〔註281〕《任數》。
〔註282〕《知度》。
〔註283〕《任數》。
〔註284〕《審分》。
〔註285〕《君守》。

所不爲之功。即：

> 夫君也者，處虛，素服而無智，故能使眾智也。智反無能，故能使
> 眾能也。能執無爲，故能使眾爲也。無智、無能、無爲，此君之所
> 執也。〔註286〕

這種君術觀，是對黃老學「虛」、「靜」、「因」等思想的繼承與發展，爲黃老思想「無爲而治」的社會政治實踐作了充分的論證並提供了系統的理論準備。

除上述顯著的黃老思想特徵之外，《呂氏春秋》「兼儒、墨，合名、法」，對百家之學的空前融彙，也是其黃老思想的突出體現，以至於人們對其學派歸屬都難以確定，足以說明《呂氏春秋》這方面的特點早已獲得公認，故略而不論。

---

〔註286〕《分職》。

# 第三章　黃老思想的社會政治實踐及理論總結

　　黃老思想的社會政治實踐集中地體現在西漢初年無為而治、休養生息政策的整個推行與實施過程之中，而理論總結則是由《淮南子》一書在借鑒其社會政治實踐利弊、得失的基礎上，對這一理論體系進行全面系統地反思、深化之後完成的。

## 第一節　黃老思想是漢初統治者的必然選擇

　　在中國古代政治發展史上，政治文化經歷了一個相當漫長的演進過程。總體而言，「愈古代則人類迷信的色彩愈重，……商周之際，對於天之寅畏虔恭，可謂至極。……迨幽厲之交，宗周將亡，詩人之對於天，已大表其懷疑態度，……人類理性，日漸開拓。」〔註1〕於是相繼出現了豐富多彩的理性主義治世思想，後來逐漸發展演變成禮治主義、法治主義、黃老「無為而治」的道治主義這三種基本的政治文化形態，這些是有別於神治文化範疇的理性主義治世學說。這三種政治文化先後在不同歷史時期對古代社會產生了深遠而獨特的影響，而「黃老思想」主要是在漢初歷史政治舞臺上發揮了巨大的作用。

　　以往學界在論及漢初「黃老政治」的形成原因時，曾進行過相當熱烈的爭論與探討，相關論著也不勝枚舉，但卻基本上沒能跳出漢初「經濟凋敝」，「與民休息」是大勢所趨、民心所嚮的圈子。實際上，漢初國家殘破不堪的

---

〔註 1〕梁啓超《先秦政治思想史》。

客觀背景，雖是「無爲而治」的重要原因，但卻遠非其全部原因。如果我們從歷史長河中去考察，我國古代多數王朝在創建之初，都面臨著與漢初極爲類似的情形，而唯獨漢初「黃老政治」盛行，這就不能不發人深思。當我們將視角略作調整，從縱向上加以研判，就不難發現，漢初之際，正統儒學已不合時宜，難以適應變化了的新形勢，改造中的新儒學治世思想還尚未形成；而法家思想又由盛轉衰，走上了極端末路。在這種情況下，不斷發展、完善、日臻成熟的黃老道家治世學說，就成爲漢初統治階層在各種治世思想的彼此消長中的必然選擇。事實證明，這樣的選擇也是符合漢初社會客觀實際的明智之舉。

## 一、正統「禮治」的不合時宜

所謂禮治主義政治文化，主要是指以儒家學說爲代表的政治價值取向及其實踐。而關於禮的起源，則可追溯到遠古社會的原始宗教祭祀活動，在原始先民的心目中，天地鬼神是在冥冥之中主宰萬物、干預人類意志的令人敬畏的力量。因此，無論耕作、田獵、飲食、遊樂，都須先敬鬼神，禮也就表現爲這種祭祀活動中極其虔誠而莊嚴的儀式。

但隨著社會的發展和進步，人類對自然現象和各種社會關係的體認在不斷加深和豐富，由於認識水平的一步步提高，就使得原始的畏懼心理漸次消減，而對自然、社會的利用、改造、以至於控制的意識日益增強。那種初創性的簡陋禮儀，已無法適應日趨複雜的各種現實關係，「禮的內容便開始發生帶本質性的變化，逐漸擴展到社會生活的各個方面，除了使人類在天地之間追求平衡與和諧之外，還開始和人際關係的平衡與調整相融合，然後衍化、蛻變，進而滲透到社會政治領域，形成爲一套有普遍參照意義的程式與規範。」〔註 2〕周公「製禮作樂」，就是禮治主義作爲一種政治文化正式確立的標誌，從而爲周代政治奠定了基礎。王國維在《殷周制度論》中曾對此評價說，這是一個「舊制度廢而新制度興，舊文化廢而新文化興」的歷史巨變，並進而指出：

> 欲觀周之所以定天下，必自其制度始矣。周人制度之大異於商者，
> 一曰立子立嫡之制，由是而生宗法及喪服之制，並由是而有封建子
> 弟之制、君天子臣諸侯之制；二曰廟數之制；三曰同姓不婚之制。

---

〔註 2〕王琦珍《禮與傳統文化》，江西高校出版社，1994 年 6 月版。

> 此數者皆周之所以綱紀天下，其旨則在納上下於道德，而合天子、
> 諸侯、卿、大夫、士、庶民以成一道德之團體。周公製作之本意，
> 實在於此。〔註3〕

宗法與喪服之制、封建子弟之制、君天子臣諸侯之制等宗法秩序的建構，再進而配之以廟數、服飾、羽儀、進退揖讓禮儀乃至同姓不婚之類的具體規定，一方面，可以嚴格等級差別，能起到尊尊的作用；另一方面，又因君主諸侯、尊卑貴賤之間還存在著血緣聯繫，亦可達到親親的目的。故它是尊尊與親親的有機統一，自有其合理的成份與積極意義，這種充當宗法等級制社會上層建築的禮制，對中國上古社會的穩定、生產的發展乃至整個華夏民族的演進，均曾起到過不容否定的推動作用。在一個相當長的歷史時期內，都顯示出了其強大的生命力。因而成了以孔子為首的儒家學派法取的對象。

《禮記·表記》記載孔子的話說：

> 夏道尊命，事鬼敬神而遠之，近人而忠焉。先祿而後威，先賞而後罰。親而不尊，其民之敝，蠢而愚，喬而野，朴而不文。殷人尊神，率民以事神，先鬼而後禮，先罰而後賞，尊而不親。其民之敝，蕩而不靜，勝而無恥。周人尊禮尚施，事鬼敬神而遠之，近人而忠焉。
>
> 其賞罰用爵列，親而不尊，其民之敝，利而巧，文而不慚，賊而蔽。

這說明了由夏經殷至周，政治文化由偏重鬼神到注重人事的發展過程，無疑是一個巨大的進步。夏人事鬼敬神，先祿後威，先賞後罰，其民雖知親其上，但尊君的意識相對薄弱；殷人以事神之意以率民，雖矯正了夏禮的不足，尊則尊矣，但親近之情卻又淡漠了。周禮則集二者之長而去其短，尊禮尚施，更側重於人事方面，儘管也有其敝，如尊禮太過以及文過其實等，但其進步性則是肯定無疑的。孔子在認真比較了夏、商、周三代政治文化的得失之後，明確表示：

> 周監於二代，郁郁乎文哉！吾從周。〔註4〕

孔子之所以重禮崇樂，是因為他將是否知禮，視為人區別於禽獸的根本標誌：「鸚鵡能言，不離飛鳥；猩猩能言，不離禽獸；今人而無禮，不亦禽獸之心乎」，「是故聖人作，為禮以教人，使人以有禮，知自別於禽獸。」〔註5〕不僅

---

〔註3〕 《觀堂集林·殷周制度論》。
〔註4〕 《論語·八佾》。
〔註5〕 《禮記·曲禮上》。

如此，他還認為，人際之間存在著一種先天性的上下、老幼、尊卑的等級秩序，這種秩序又根植於氏族血緣關係的人性與仁愛之中，禮能夠喚醒人們這一普遍地潛藏於內心的本性，使之成為相互交往中的自覺行動，這樣便可節制人的欲望，減少乃至消弭社會的罪惡，協調人際之間的關係，從而求得社會結構的和諧與穩定。經他整理的《禮記・曲禮上》如上說：

> 道德仁義，非禮不成；教訓正俗，非禮不備；分爭辯訟，非禮不決；
>
> 君臣上下，父子兄弟，非禮不定；宦學事師，非禮不親；班朝治軍，
>
> 涖官行法，非禮威嚴不行；禱祠祭祀，供給鬼神，非禮不誠不莊。

這就突出和強調了禮的治世功能與教化作用，將禮樹為治理天下準則的地位。《禮記・禮運》的表述更是直截了當：「夫禮，先王以承天之道，以治人之情，故失之者死，得之者生。」《中庸》也說，只要「明乎郊社之禮，禘嘗之義，治國其如示諸掌乎。」在儒家眼裏，「禮」、「樂」是確保天下太平的前提，《禮記・坊記》說：「貧而好樂，富而好禮，眾而以寧者，天下其幾矣。」禮既然如此之重要，因而孔子總是強調「非禮勿視，非禮勿聽，非禮勿言，非禮勿動。」並指出：「克己復禮爲仁。一日克己復禮，天下歸仁焉。」〔註6〕「仁」是儒家所追求的最高道德準則，是其整個學說的歸著點。樊遲問「仁」，孔子闡釋說：「愛人。」所謂「愛人」，一方面要求「己所不欲，勿施於人」；〔註7〕另一方面則要求「己欲立而立人，己欲達而達人。」〔註8〕這就是所謂的忠恕之道。不過，需加說明的是，孔子所說的「愛」，並非普遍的愛，他主張愛有差等，即由近及遠，仍帶有氏族血緣紐帶的影子，不同於近代的博愛觀。

儒學是以「人」爲中心的，故其政論，無不以人生哲學爲出發點，意欲用倫理道德來治理天下。《論語・爲政》曰：「導之以政，齊之以刑，民免而無恥；導之以德，齊之以禮，有恥且格。」在孔子心目中，仁和禮、道德與政治是不可分割的一致關係。故當季康子問政於孔子時，對曰：「政者，正也。子帥以正，孰敢不正？」又問：「如殺無道，以就有道，何如？」再對曰：「子爲政，焉用殺？子欲善而民善矣。君子之德風，小人之德草。草上之風，必偃。」〔註9〕然則何如始謂之正、又何由以得其正呢？那就應做到：

---

〔註6〕　《論語・顏淵》。

〔註7〕　《論語・顏淵》。

〔註8〕　《論語・雍也》。

〔註9〕　《論語・顏淵》。

　　所惡於上，毋以使下；所惡於下，毋以事上。所惡於前，毋以先後；
　　所惡於後，毋以從前。所惡於右，毋以交於左；所惡於左，毋以交
　　於右。此之謂絜矩之道。〔註10〕

從中不難窺知儒家之政治思想，實寄希望於聖哲賢達，如能君聖相賢，則可
表率天下，改易世風：

　　君子……修己以敬，……修己以安人，……修己以安百姓。〔註11〕

　　君子篤恭而天下平。〔註12〕

　　君子之守，修其身而天下平。〔註13〕

　　上好禮，則民莫敢不敬；上好義，則民莫敢不服；上好信，則民莫
　　敢不用情。〔註14〕

　　上老老，而民興孝；上長長，而民興弟；上恤孤，而民不悖。〔註15〕

　　君仁莫不仁，君義莫不義，君正莫不正，一正君而國定矣。〔註16〕

此類說辭在儒家書籍中屢見不鮮，似乎一國政治之命脈專繫於君主一人之
身，故這種政論又被稱之為「人治主義」。

　　那麼，如何使聖賢之思想化為民眾之行動呢？這就須導之以德，齊之以
禮，以身作則，重人格之感化，故儒家治世學說又被稱之為「德治主義」或
「禮治主義」。儒家並非期冀聖君賢相治民理事，而在於其化民成俗，即《孟
子・滕文公上》所謂：「勞之，來之，匡之，直之，輔之，翼之，使自得之，
又從而振德之。」這樣一來，則「使民日徙善遠罪而不自知也。」〔註17〕儒
家深信同類意識極具感召力，欲造成何種世風，在上者以身作則即可。故《大
學》歸納出修身齊家治國平天下之哲理，強調：「自天子以至於庶人，壹是皆
以修身為本。」如此便會「人人親其親長其長而天下平。」〔註18〕儒家用人
生哲學推導出了一整套治世學說，欲藉此建成一個「仁」的理想王國，即《禮
記・禮運篇》所描述的「大同」世界：

---

〔註10〕 《大學》。
〔註11〕 《論語・憲問》。
〔註12〕 《中庸》。
〔註13〕 《孟子・盡心下》。
〔註14〕 《論語・子路》。
〔註15〕 《大學》。
〔註16〕 《孟子・離婁上》。
〔註17〕 《大戴禮記・禮察篇》。
〔註18〕 《孟子・離婁上》。

> 大道之行也，天下爲公，選賢與能，講信修睦。故人不獨親其親，
> 不獨子其子，使老有所終，壯有所用，幼有所長，鰥寡孤獨廢疾者
> 皆有所養。男有分，女有歸；貨惡其棄於地也，不必藏諸己；力惡
> 其不出於身也，不必爲己。是故謀閉而不興，盜竊亂賊而不作，故
> 外戶而不閉。是謂大同。

儒家的理想不可謂不完美，但在已發生了質的變化的社會實踐中卻難以行通。早在春秋末年的社會大變革裏，宗法等級制已迅速解體，「周之子孫日失其序。」〔註19〕面對「禮崩而樂壞」、時變而境遷的新局面，孔子以恢復和繼承周禮而自任，這種「知其不可而爲之」的努力，自然無法收到其理想的效果。梁啓超在其《先秦政治思想史》一書《本論》十五章中說：

> 凡國家成立，大概分爲三階段。第一階段，以血統相繫屬。社會組
> 織力，則恃親親也。在此種社會中，純由族中長老爲政，其子弟不
> 過附屬品而已。然群中事變日賾，或對內或對外有重大問題發生，
> 非年富力強且有特別技能之人不勝其任，則眾共以詘之。於是社會
> 組織力，漸移於上賢。社會益廓，事變益滋，以賢（包智力在內）
> 相競者日眾，而無一定衡量之標準，則惟有將權力變爲權利，立一
> 尊以統飭之。於是社會組織力，漸移於貴貴。

他分析後指出，孔子的所做所爲：「是以第一階段的理論適用於第三階段也。」這怎麼能行得通呢？！《墨子·非儒》篇也說儒學：「累壽不能盡其學，當年不能究其理。」難怪司馬談說儒家「博而寡要，勞而少功」。〔註20〕孔子與其追隨者們淒淒惶惶，周遊列國，但卻四處碰壁，最終不得不承認自己理想的破滅。

在歷史注定只能以卑劣的貪欲和殘暴的戰爭來奪取天下的戰國時代，企圖以恢復禮制與調和教化爲主要手段的儒家治國方略顯得是那樣的蒼白無力，這套「教化中心」說，無異於脫離實際的夢幻。孟子所極力倡導的「行仁政」、「誠爲尊」主張，與「追亡逐北，伏屍百萬，流血漂櫓」的現實相去甚遠。由於儒家學說從本質上講是社會管理學，而並非奪取天下學，因而在戰爭年代自然難覓知音，只能受到各國君主敬而遠之的待遇。而唯有「舉實事、去無用、不道仁義」；〔註21〕「獎耕戰」的法家主張易於受到君王的青睞。

---

〔註19〕 《左傳·隱公十一年》。
〔註20〕 《史記·太史公自序》。
〔註21〕 《韓非子·顯學》。

難怪商鞅初以「王道」試之孝公時，深諳「王道無近功」的孝公對其毫無興趣，以至「時時睡」。而再以「霸道」說孝公時，孝公竟「不自知膝之前於席也。語數日不厭。」〔註22〕法家的理論、主張，在弱肉強食、爭雄稱霸、急功近利的時代，經過用兵與治國兩方面的考驗，確實有利於富國強兵，能服務於殘酷的戰爭需要，故獲得了巨大成功。依靠法家起家的秦王朝，自然奉行的是尊法抑儒國策。而對秦王朝政治產生了重大影響的法家代表人物韓非，就指斥儒家學說教人不耕不戰，是「無法之言」、「無用之教」，認為儒家說教「欲以先王之政，治當時之民，皆守株之類也。」〔註23〕根本不合時宜。不僅如此，他在《五蠹》篇中還將儒家學者稱為國蠹之首，將儒家私學視為「亂上反世」的「二心私學」。在《六反》篇中，又將其列為「奸偽無益之民」，認為儒學儒士是社會不穩定的最危險因素，故為禁其行，破其群，以散其黨，而不惜採用誅、挫、折、破等各種手段，以達強者折，銳者挫，堅者破，繩之以誅的效果。在秦「法治」國策與儒、法鬥爭水火不融的雙重作用下，終於導致了「焚書坑儒」的歷史悲劇。從而使儒家學說元氣大傷，更加一撅不振。

　　西漢王朝立國之初，與其他各家學派一樣，儒學也有復興迹象。但卻已支零破碎，不成體系。而靠馬上得天下的劉邦，對儒學又不屑一顧，他常聲稱：「乃公居馬上得之，安事《詩》、《書》？」〔註24〕本「不好儒」的劉邦，簡直視儒士如廢物、草芥。有「諸客冠儒冠來者」，他「輒解其冠，溲溺其中」。〔註25〕其對儒生的輕薄程度，由此可見一斑。但「以客從高祖定天下」的陸賈，卻提醒劉邦「居馬上得之，寧可馬上治之乎？」並指出：「向使秦已併天下，行仁義，法先聖，陛下安得而有之？」〔註26〕秦滅漢興的現實對比，使劉邦有所醒悟。他遂讓陸賈為其總結秦之所以失天下、漢之所以得天下以及前代興亡成敗的原因。結果陸賈每上奏一篇，劉邦無不稱善，「左右皆呼萬歲」，遂成《新語》十二篇。〔註27〕如果說陸賈最先促使劉邦對儒生的態度多少有所轉變的話，叔孫通改造舊儒學禮儀的輔政行為，則進一步博得了劉邦

〔註22〕　《史記・商君列傳》。
〔註23〕　《韓非子・五蠹》。
〔註24〕　《史記・酈生陸賈列傳》。
〔註25〕　《史記・酈生陸賈列傳》。
〔註26〕　《史記・酈生陸賈列傳》。
〔註27〕　關於《新語》，《史記》作十二篇，《漢書・藝文志》則說：「儒家，陸賈二十七篇」。

對儒生的賞識與重視。如所周知，劉邦建漢後雖做了皇帝，但由於沒有確立君尊臣卑的禮儀制度，眾諸侯及功臣武將們在宴會上「飲酒爭功，醉或妄呼，拔劍擊柱」，〔註28〕搞得烏煙瘴氣，使劉邦十分掃興。怎樣才能改變這些野蠻粗魯的習性，扭轉這種無序的混亂狀況呢？歸順於漢高祖的秦博士叔孫通逐向劉邦建議：

> 夫儒者難與進取，可與守成。臣願徵魯諸生，與臣弟子共起朝儀。
> 〔註29〕

劉邦認為難以施行，叔孫通則表示「頗采古禮，與秦儀雜就之」似能行通。劉邦便令其「可試為之」。於是叔孫通招魯儒 30 人入長安，與高祖左右學者及自己弟子百餘人，共立朝儀，趨立進退，演習月餘，方略知底蘊。劉邦亦命朝官分批前往實習，以便熟悉掌握這些繁文縟節。

西元前 200 年，適逢雄偉的長樂宮建成，群臣在這裡舉行隆重的朝賀大典：「謁者治禮，引以次入殿門，廷中陳車騎步卒衛宮，設兵張旗志」，「功臣列侯諸將軍軍吏以次陳西方，東向；文官丞相以下陳東方，西向」，當皇帝輦至，「百官執職（幟）傳警，引諸侯王以下至吏六百石以次奉賀。自諸侯王以下莫不振恐肅敬。」行罷大禮，「復置法酒，諸侍坐殿上皆伏抑首，以尊卑次起上壽」，整個儀式，秩序井然，氣氛肅穆，「無敢歡譁失禮者」，難怪劉邦深有感觸地說：「吾乃今日知為皇帝之貴也。」〔註30〕

儘管如此，劉邦並未因此而將儒家學說奉為政治上的指導思想。這是因為漢初統治集團以軍功階層為主，讓這些對儒學深存芥蒂的大批武夫一下子變成推行仁義禮智信的謙謙君子，是根本不可能的事，尤其是要讓素有「無賴」之稱的劉邦事事做天下之表率，則無異於趕著鴨子上架。更何況在秦「焚書坑儒」之後，又經長期戰亂，未及整理的儒學，淪為斷章殘篇，七零八落，已毫無成規可循。就連叔孫通為漢朝所訂立的朝儀是否合乎儒家之「古禮」，也讓人多所懷疑。叔孫通歷事秦漢二朝，「皆面諛以得親貴」，這本身就不符合正統儒家的理想人格。故當他到魯地去徵招儒生時，其中有兩個儒生就嚴辭拒絕說：「公所為不合古，吾不行，公往矣，無污我！」〔註31〕由此推斷，叔孫通恐怕是打著儒家禮節之名，而行的是秦廷「尊君卑臣」禮義之實。因

---

〔註28〕《史記·叔孫通列傳》。
〔註29〕《史記·叔孫通列傳》。
〔註30〕以上並見《史記·叔孫通列傳》。
〔註31〕《史記·叔孫通列傳》。

爲「秦有天下、悉納六國禮儀，采擇其尊君、抑臣者存之」。〔註32〕曾爲秦博
士的叔孫通，自然對此再熟悉不過，完全有可能對其略作增損，而大抵上卻
沿襲的是秦禮內容。由此可見，漢初推行儒學「禮治」的條件並不成熟，這
一點就連儒士自身也不否認。魯地儒生不願應叔孫通之召，更爲重要的原因
便是：

> 今天下初定，死者未葬，傷者未起，又欲起禮樂。禮樂所由起，積
> 德百年而後可興也。〔註33〕

就是說漢初的當務之急是恢復生產，豐衣足食，癒合社會創傷，而儒生在人們
心目中是四體不勤、五穀不分的游手好閒之輩，故自上而下自然對其有某種反
感心理，因而儒家學說在漢初是很難引起社會共鳴的。劉邦之後，除文帝對儒
生「頗徵（登）用」外，〔註34〕其餘各帝均「不任儒者」，〔註35〕使儒學在漢
初總體上受到了冷落。直到漢武帝之時，當董仲舒以公羊春秋學爲核心，雜糅
百家之說，形成了天人合一的陰陽五行神學體系，把儒家禮治文化改造成統一
帝國意識形態之後，這種新的儒學治世體系才得以大行於世。從而形成了「罷
黜百家，獨尊儒術」的局面。然而，正統儒家所總結的「禮治」治世學說，眞
正爲後世統治者所採用並加以拓展的，只是其「尊尊」的一面，甚至連其「親
親」的所謂「博愛」主張，也被改造、「損益」爲「尊尊」的具體手段。至於「教
化」則更具體地成了向人們灌輸「明分」、「尊尊」等道德教條與等級觀念的各
種措施。在幾千年的歷史發展中，傳統禮制事實上只是統治者用以維護其自身
權利的工具，而孔子借助禮制所規劃的社會藍圖，從來就沒有眞正實現過。

　　司馬談在分析儒家這套政論的弊端時說：「以爲人主天下之儀表也，主倡
而臣和，主先而臣隨。如此則主勞而臣逸。」故他進而指出：「夫神大用則竭，
形大勞則敝。形神騷動，欲與天地長久，非所聞也。」〔註36〕韓非子對其的
批評更是一針見血，最爲精當：「以身爲苦而後化民者，堯、舜之所難也；處
勢而驕下者，庸主之所易也。將治天下，釋庸主之所易，道堯、舜之所難，
未可與爲政也。」〔註37〕這就是不切實際的「禮治主義」政治文化的悲哀所
在。

---

〔註32〕　《資治通鑒・漢紀》。

〔註33〕　《史記・叔孫通列傳》。

〔註34〕　《漢書・儒林傳》。

〔註35〕　《史記・儒林列傳》。

〔註36〕　《史記・太史公自序》。

〔註37〕　《韓非子・難一》。

## 二、三晉「法治」的偏頗過激

法治主義政治文化主張以法治國,法家學說是其核心內容。法家成為一個有系統的學派雖為時較晚,然法治主張則起源甚早,管仲、子產時就已萌芽。至春秋末年「禮崩樂壞」,代之而起的便是一個所謂的「法治」時代。西元前七世紀管仲在齊的改革,西元前536年鄭國子產鑄刑書,以及西元前513年晉國鑄刑鼎等一系列政治事件的出現,已標誌著為新興地主階級做輿論準備的「法治」思想開始付諸社會實踐,登上了政治舞臺。其後李悝、吳起、商鞅、韓非等,積極投身於富國強兵的變法改革浪潮,銳意進取,嚴厲打擊舊貴族,促成了轟轟烈烈的社會大變革,使法治政治文化在戰國時期備受青睞,其一次次的成功運用,無不博得頭彩。

雖同屬法家,但因政治理念的差別,又有了齊法家與三晉法家的分野。齊法家主要以管子及其後學為代表,因齊地學術交流比較廣泛而深入,在思想上多本於黃老,呈現出道法結合的一些特徵,他們的政治主張屬於理性的、有序的君主專制。而三晉法家則因出身或主要活動於三晉故地而得名,以李悝、吳起、商鞅、慎到、申不害和韓非等為代表,是法家思想的主體。他們主張嚴刑峻法,實行絕對、極端的君主專制。

三晉法家花開於三晉,卻果結於秦國,韓非是其集大成者。韓非出身於戰國末年韓國貴族世家,「少喜刑名法術之學」,曾「與李斯俱事荀卿,斯自以為不如非。」〔註38〕滿腹經綸的韓非目睹韓國國勢日漸削弱,抱定扭轉韓國江河日下的宏願,多次上書韓王安,建議變法圖強。可惜他雖具遠見卓識,卻天生口吃,不善辭令,加之韓王昏聵,韓非的主張終未被採納。於是他發憤著書,「觀往者得失之變,故作《孤憤》、《五蠹》、《內外諸》、《說林》、《說難》十餘萬言。」〔註39〕其書傳至秦國,素有「囊括四海,併吞八荒」之志的始皇嬴政,讀了《孤憤》、《五蠹》等篇後歎服不已:「嗟乎!寡人得見此人與遊,死不恨矣!」〔註40〕知道韓非下落的李斯遂建議:「急攻韓」,求韓非。

當韓國得知秦攻韓的意圖後,便遣送韓非入秦,時在西元前234年。然韓非入秦後,因遭李斯、姚賈等嫉妒,而「未信用」,才華未得施展。心胸狹窄的李斯不僅進讒言將韓非入獄,並親自安排用毒藥令其自盡,從而導演了一齣「文人相輕」、「同行相殘」的悲劇。韓非雖死,但他以法家理論為藍本

---

〔註38〕《史記·韓非列傳》。
〔註39〕《史記·韓非列傳》。
〔註40〕《史記·韓非列傳》。

所設計的統治模式，卻幾乎被秦王朝全盤照搬，並爲後世帝王多所效法。可以說，中國歷史上第一個大一統封建專制主義帝國大廈——秦王朝，是在韓非法治理論基礎上構建起來的。故三晉法治理論的命運，在很大程度上繫秦王朝於一身，秦王朝的興衰存亡，是檢驗三晉法治理論成敗得失的不二試金之石。

韓非的「法治」政治學說，建立起了「法」、「術」、「勢」三位一體的法家理論體系。其中關於「法」的學說，主要來源於李悝和商鞅；關於「術」的學說，主要來源於申不害；關於「勢」的學說，主要取法於慎到。但他並非簡單地死搬硬套，而是批判地繼承，並加以發揮。他認爲商鞅「徒法而無術」，申不害「徒術而無法」，如若單純地強調法、術、勢的任何一端都是片面和不足取的，只有把三者結合成一個有機的整體，才能構成完整的理論體系。

何謂法？韓非曰：「法者，編著之圖籍，設之於官府，而布之於百姓者也。」〔註41〕他還進一步闡釋說：「法者，憲令著於官府，刑罰必於民心，賞存乎慎法，而罰加乎奸令者也，此臣之所師也。」〔註42〕韓非對法的定義，概括了法所必須具備的三大要素：

其一，書寫成文字，曉之於百性。這一「明法」主張，是對自鄭子產「鑄刑書」以來開始出現的成文法作用的充分肯定。從而否定了所謂「習慣法」等不成文法。因爲法若不成文，便會被官吏、執法者隨意曲解，實際上等於無法。而一經寫定並公之於眾，執法者若不依法行事，民眾則可依法力爭。這樣一來，法律不僅是統治階級手中的工具，也是被統治階級在法律允許的範圍內爭取自身權利、反對暴虐統治的武器。這就使法律的公正性能在一定程度上得到體現。

其二，有法必依。這主要是指法律要有兌現效力，否則仍是一紙空文，毫無用處。而只有樹立法的威信，才能確保法令的貫徹執行。爲此，韓非強調說：「凡上之治，刑罰也」，〔註43〕「法也者，官之所以師也」，〔註44〕「臣無法則亂於下」，〔註45〕「國有常法，雖危不亡。」〔註46〕

---

〔註41〕《韓非子·難三》。
〔註42〕《韓非子·定法》。
〔註43〕《韓非子·詭使》。
〔註44〕《韓非子·說疑》。
〔註45〕《韓非子·定法》。

其三，賞罰必須以法律條文之規定為依據。這實際上強調的是「一刑」原則。韓非說：「法者，事最適者也。」〔註47〕「明主之國，無書簡之文，以法為教，無先王之語，以吏為師。」而「吏不必賢，能守吾法而已。」〔註48〕

韓非所總結的法律上述三個特徵，是兩千年前立法和司法實踐的經驗結晶，三者缺一不可。否則，法律就形同虛設，那些貪贓枉法、「出口成法」、權大於法的現象就會有恃無恐，公行於世。

韓非的「法治」主張，與前期法家相比，具有以下不同特點：

第一，對「法」的作用、性質、特徵等進行了全面的論述和總結，從而極大地增強了其理論上的指導作用和實踐中的可操作性。眾所周知，自春秋時代成文法問世以來，從子產經李悝、從吳起到商鞅，這些人在法制的不同方面經過各自實踐，使法治思想得到不斷發展而漸趨成熟。但上述法家主要是在立法或司法實踐中的某一層面有所建樹，從而推動了古代法制的進步。如子產在公佈成文法、打破法的神秘性方面；李悝在系統的法典制訂方面；商鞅在破舊立新、變法改制方面都有其突出的貢獻。然而，對數百年來這些實踐經驗加以昇華，使之系統化與理論化的則是韓非。這就使法治思想的全面實施和整體推行成為可能。

第二，自戰國以來法家法治主張的重點在於「變法」，這與當時新生的封建制剛剛在已腐朽但尚未完全退出歷史舞臺的奴隸制母胎內建立起來的形勢是相適應的。所以，無論是李悝、吳起，還是商鞅，均是在「變法」的實踐中完成各自的法治思想體系的。而韓非的「法治」觀點，雖然也不排除「變法」，但他更強調「定法」，即用法律把現有的封建秩序穩定、鞏固下來。這也是同戰國末期封建制已基本確立、「破舊」的歷史任務大體完成的形勢相一致的。因此，韓非一方面提出要根據不同時代制定不同的法律和制度，「不期修古，不法常可」。〔註49〕但同時卻又強調「有道之君貴靜，不重變法。」〔註50〕這兩者之間實際上並不矛盾，而是一種辯證的關係：強調大的不同歷史進程中的「變」，絕不意味著某一相同具體歷史階段的政策、法令和制度就無須穩定。特別是當舊的社會制度已經推翻，新制度基本確立之

〔註46〕《韓非子‧飾邪》。
〔註47〕《韓非子‧問辯》。
〔註48〕《韓非子‧五蠹》。
〔註49〕《韓非子‧定法》。
〔註50〕《韓非子‧五蠹》。

後，若法律和政策仍不斷變更，甚至朝令夕改，無疑對發展生產、穩定社會都是極爲不利的。韓非之所以強調定法，其意義正在於此。

第三，前期法家變法重在富國強兵，這主要是與戰國中期各國「爭雄」的形勢相一致。但韓非的法治思想則重在加強君權，他鼓吹君主應「獨斷」，「能獨斷者，故可以爲天下王。」〔註51〕這是因爲戰國末期各國「爭雄」的大勢已定，全國統一的形勢已經到來，加強統一的中央集權乃成爲迫在眉睫的當務之急。所以，加強君權就成爲韓非「法治」思想的核心內容。

不過，韓非認爲，一個國君僅憑法是根本不夠的。無論多麼完善的法，都必須依賴暴力的強制方能推行。故作爲君主，還須有「勢」。只有借助於「勢」，法才能生效。因此他說：「萬乘之主，千乘之君，所以制天下而征諸侯者，以其威勢也，威勢者人主之筋力也。」〔註52〕「君執柄以處勢，故令行禁止。柄者，殺生之制也；勢者，勝眾之資也。」〔註53〕在韓非看來，「民者固服於勢，勢誠易以服人。」〔註54〕若沒有威勢，「雖賢不能制不肖。」〔註55〕又怎能治理好國家呢？「無威嚴之勢，賞罰之法，雖堯、舜不能以爲治。」〔註56〕其結果只能是一事無成。故韓非指出「善任勢者國安，不知因其勢者國危。」〔註57〕而儒家所極力倡導的僅靠自身行動「感化」別人的做法，猶如癡人說夢，是根本行不通的。韓非認爲：「人臣之於其君，非有骨肉之親也，縛於勢而不得不事也。」〔註58〕所以他強調，法和勢相配合才能使統治穩定，否則就會天下大亂：「抱法處勢則治，背法去勢則亂。」〔註59〕爲此，韓非告誡君主：「權勢不可以借人，上失其一，臣以爲百。」〔註60〕隨時都會因此而造成「主失勢則臣得國」的可能。這就是說國君一旦給臣子下放一點權力，臣下就會得寸進尺，最終連國君的位子也難保全。「人主失力而能有國者，千無一人。」〔註61〕「勢」可理解爲權威、國家暴

〔註51〕 《韓非子·解老》。
〔註52〕 《韓非子·外儲》。
〔註53〕 《韓非子·人主》。
〔註54〕 《韓非子·五蠹》。
〔註55〕 《韓非子·功名》。
〔註56〕 《韓非子·奸劫弒臣》。
〔註57〕 《韓非子·六反》。
〔註58〕 《韓非子·備內》。
〔註59〕 《韓非子·難勢》。
〔註60〕 《韓非子·內儲》。
〔註61〕 《韓非子·人主》。

力機器。至於法和勢的關係，韓非主張包括制定法律在內的一切大權，均應操在君主一人之手，君權不可分割。臣下只能依法辦事、絕對服從，而決不允許有任何法外特權。韓非關於君主擅權的「獨斷」主張，雖成為統治者個人獨裁的理論基礎，但對限制臣下濫用職權、強化中央集權體制卻有一定的警示作用。

在韓非的法家理論體系中，還有一項重要內容，那就是「術」。何為「術」？韓非曰：「術者，藏之於胸中以偶（借為遇）眾端，而潛御群臣者也。」〔註62〕他還說：「術者，因任而授官，循名而責實，操殺生之柄，課群臣之能者也。此人主之所執也。」〔註63〕顯而易見，「術」是提供給君主用於駕馭臣下的權謀。韓非認為，僅靠「法」與「勢」，君主仍不能有效地控制臣下，往往還會被臣下所蒙蔽，即「君無術則弊於上。」〔註64〕他分析商鞅在秦由於只知法而無術，雖使國富兵強，但數十年卻不能成帝王之業，就是因為未能給國君提供有效的統治「術」所致：「（商君）徒法而無術……其國富而兵強，然而無術以知奸，則以其富強也資人臣而已矣。……戰勝則大臣尊，益地則私封立，主無術以知奸也。……故乘強秦之資，資十年而不至於帝王者，法雖勤飾於官，主無術於上之患也。」〔註65〕因而在韓非看來，「有道之主，不求清潔之吏，而務必知之術。」〔註66〕

韓非所講的「術」雖然涵蓋面很廣，但其最終目的無非是要千方百計以確保國君權力的「獨擅」。為此，他總結出了一整套獨擅大權的方法，主要包括以下要點：

其一，國君要深藏不露，讓臣民感到高深莫測。就是說國君的思想、言行不能讓臣下完全摸透，使臣民始終搞不清國君的廬山真面目。為什麼要這樣故弄玄虛呢？韓非借用慎到的話說：「慎子曰：飛龍乘雲，騰蛇遊霧，雲罷霧霽，而龍蛇與蚓蟻同矣，則失其所乘也。」〔註67〕因此，國君只有像雲中龍、霧中蛇那樣，使臣民捉摸不透，才能保持一種嚇人的威勢，以收身處深宮而監臨天下之效。「明主者使天下不得不為己視，使天下不得不為己聽。故

---

〔註62〕《韓非子・難三》。

〔註63〕《韓非子・定法》。

〔註64〕《韓非子・難三》。

〔註65〕《韓非子・定法》。

〔註66〕《韓非子・六反》。

〔註67〕《韓非子・難勢》。

身在深宮之中，而明照四海之內。」〔註 68〕國君由隱密而變得神秘了，天下萬事在國君眼裏卻是清晰明瞭的，這就便於他明察秋毫，有效控制。故韓非說：「明主之行制也天，其用人也鬼。」〔註 69〕從而使臣民對其像神一樣崇拜，像鬼一樣莫測，以至於不得不服服帖帖地任其擺佈，心甘情願地受其統治。「深藏不露」之法，是韓非總結出的國君統治術的關鍵所在。其後歷代統治者所遵循的「國之利器，不可以示人」的原則，實即源於此。

其二，韓非總結出「術」的另一個要點是，君主不能相信任何人。他說：「人主之患在於信人，信人則制於人。」〔註 70〕又說：「萬乘之患，大臣太重；千乘之患，左右太信，此人主之所公患也。」〔註 71〕在認眞研究總結了歷代君主因輕信他人而導致了惡果的成例後，他斷言愈與君主關係密切的人，對君主所構成的威脅愈大，因爲欲加害君主最易假手於其身旁的親信近習。故與君主越親的人，越要倍加警惕。這就是韓非替爲人君主者精心設計的保全自身、防範他人加害的「術治」之策，也是韓非所謂「術」的核心內容。

其三，韓非所總結「術」的第三方面內容，可概括成「爲達目的，不擇手段」八個字。他說：「法立而有難，權其變而事成則立之。事成而有害，權其害而功多則爲之。」〔註 72〕就是說所立之法，所爲之事無論有多少弊病，只要對君主有利就行，不必顧忌其他。可見「術」完全是用來欺騙、恐嚇、監視、威逼和利誘臣民的。其最終目的是以保持國君的地位、權勢，即絕對的君主集權爲轉移的。

韓非對自己總結法家各派學說而完成的這一整套法、勢、術三者相結合的學說體系作了一個形象的比喻，他說：「國者君之車也，勢者君之馬也。無術以御之，身雖勞，猶不免亂。有術以御之，身處佚樂之地，又致帝王之功也。」〔註 73〕就是說君主只有抱法、處勢、有術，才可收到「事在四方，要在中央，聖人執要，四方來效」的效果。〔註 74〕這也正是韓非法治學說所要追求的政治格局與最高目標。可以說，他的法治理論的實踐與最終歸宿就是要建立新興地主階級的中央集權專制主義的獨裁統治。

---

〔註 68〕　《韓非子·奸劫弒臣》。
〔註 69〕　《韓非子·八經》。
〔註 70〕　《韓非子·備內》。
〔註 71〕　《韓非子·孤憤》。
〔註 72〕　《韓非子·八說》。
〔註 73〕　《韓非子·外儲》。
〔註 74〕　《韓非子·揚權》。

　　秦大一統封建專制王朝之所以能夠迅速崛起，法家學說功不可設。前有公孫鞅之治秦，「設告相坐而責其實，連什伍而同其罪，賞厚而信，刑重而必。是以其民用力勞而不休，逐敵危而不卻，故其國富而兵強。」〔註 75〕賞罰分明的「農戰」政策，收到了極其明顯的成效。人們把法家設計的「軍功」進爵制度視爲改變自身卑微地位的唯一途徑，多少人在良田美宅的吸引和尊榮爵祿的誘惑下捨生忘死，無所畏懼，爭先恐後，奮戰沙場。不斷膨脹的欲望使秦軍戰鬥力大爲增強，所向披靡，銳不可當。「重農」而國富，「賞厚」則兵強。與日俱增的國勢，爲秦吞併六國、席卷天下奠定了堅實的基礎。其後，李斯又在韓非法家理論的影響與指引下，不折不扣地將法家學說付諸於秦帝國的一系列社會政治實踐，按照法家的方式和道路統一了中國。從當時秦國的實踐看，法家所締造與倡導的中央君主專制集權體制勢在必行。它能極大限度地減少最高統治層爭權奪利的鬥爭，有效控制海內郡縣，有利於社會的穩定與生產的發展。其「明法」、「一行」等主張，也符合社會歷史發展的進程，具有明顯的積極意義。故韓非所精心設計的一整套周詳細密的專制利己主義和極端功利主義理論，不僅成了一種國家治理模式，而且成爲封建國家政權的組織原則。雖然後世將儒家理論奉爲正宗，但歷代都行秦制治事，所謂的「秦制」，就是李斯在韓非法家理論框架下輔佐秦王所構建的國家結構形式，是李斯進一步實踐法家理論的結果。有不少人認爲中國封建專制機器是「按儒家理論建立的」，這與史實極不相符，存在著相當大的出入。實際上，法家學說在構建大一統封建帝國大廈進程中發揮了重大作用，而儒家思想對此卻建樹較少。正是在「法治」思想原則的指導與召喚下，功利驅使著金戈鐵馬、有如「虎狼之師」的秦軍，以使人心驚膽寒的氣魄，秋風掃落葉之態勢，一舉盪平了六國，橫掃了諸侯，使華夏大地重歸於一統。從而使新興地主階級統一宇內的理想最終變成了現實，秦「法治」國策的巨大成功無不體現在這一幕幕驚天地、泣鬼神的壯舉之中。

　　然而，就在「法治」富國強兵方略不斷顯示其無比威力的同時，其弊端也日漸暴露。早在商鞅用「鐵腕」手段推行其「法治」主張之時，已使「宗室貴戚多怨望者。」〔註 76〕儘管他不斷採取果斷措施，進行過堅決鎮壓，但仍不能從根本上解決問題。據劉向《心序》記載，曾一日之內竟殺 700 餘人，致使：「渭水盡赤，號哭之聲動於天地，蓄怨積仇比於丘山。」當時，秦國頗

〔註75〕《韓非子‧定法》。
〔註76〕《史記‧商君列傳》。

有賢名的儒士趙良去面見商鞅，認爲他不爲百姓辦事，反而峻刑傷殘人民，這並非有功而是積怨蓄禍。並引用儒家「得人者興，失人者崩」；「恃德者昌，恃力者亡」等名言，指出商鞅「亡可翹足而待。」〔註77〕不幸竟被他言中了，五個月後，商鞅果不其然被處以車裂之刑。

　　如果說法治主義作爲治世學說的一種，其中所含合理、有益的成份被秦國各代統治者不同程度地加以吸收、採納和利用，將其效用發揮到了極致，在暴風驟雨式的戰爭環境下獲得了巨大成功的話。那麼，當全國統一後的和平時期，秦王朝沒能及時調整統治方式，而是將嚴刑峻法作爲政治統治的手段，使其完全服務於現實封建政治，這就難免走向極端，從而使其淪爲推行暴政的工具。

　　我們知道，先秦法家隨著時勢的發展，有一個逐步演變的過程。早期法家是以「明法」、「一刑」、獎勵「耕織」、破舊立新爲特徵；晚期法家則以君主「獨斷」、加強專制集權爲目的。而後者強化君權的一系列措施，勢必將君主推向孤家寡人的絕境。因爲法家認爲君主要集權於一身，就不得相信任何人。在韓非眼裏，一個君主周圍布滿了想要加害他的人，都是君主潛在的仇敵。他把對君主來說最具威脅的人列爲「八奸」：

　　　　凡人臣之所道（由）成奸者有八術：一曰在同床，……二曰在旁，……
　　　　三曰父兄，……四曰養殃，……五曰民萌，……六曰流行，……七
　　　　曰威強，……八曰四方。〔註78〕

其中的「同床」即指通過君之愛妻及子女使惑其主；「在旁」即指通過君主近臣左右其主；「父兄」主要是通過側室公子使犯其主；「養殃」指重賦斂以滿足君主奢欲，而亂其心；「同萌」指散公財以取悅百姓，用小恩小惠與君主爭奪人心；「流行」即通過說客辯士散佈流言蜚語，售其奸以亂主聽；「威強」即通過恐嚇、威脅等手段以強迫君主；「四方」即暗中投敵，利用外部強敵之威勢來鎭攝其主。而其中最危險的莫過於妻子、兒女與父兄，因而被列爲前三「奸」。他說：「夫以妻之近與子之親猶不可信，則其餘無可信者矣。」〔註79〕以此爲出發點，因而主張綜合運用「法」、「術」、「勢」來防範、脅迫、制裁、以至鎭壓皇帝身邊的人。這勢必會將親近皇帝的人都推向了對立面，皆成爲君主須加設防與對付的對象。

---

〔註77〕　《史記‧商君列傳》。
〔註78〕　《韓非子‧八奸》。
〔註79〕　《韓非子‧備內》。

　　對臣下，韓非提出了對其嚴密監控的「質」、「鎮」、「固」三法，即所謂的「三節」。「質」即將其「親戚妻子」當作人質掌握在手，使其不敢生叛心；「鎮」即用「爵祿」拴住人臣；「固」是指相互監視，「參伍責怒」，使其無法反叛。他認為此三法適用於不同的人，「賢者止於質，貪饕化於鎮，姦邪窮於固。」但若「三節」仍不見效，就要格殺勿論，堅決除掉他們，「勢不足以化，則除之。……賞之譽之不勸，罰之毀之不畏，四者加焉不變，則除之。」〔註80〕以此心對待臣下，又有誰願為其效死力？怪不得秦帝國大廈將傾時，未能獲得什麼像樣的支撐。

　　對老百姓，韓非主張：「君上之於民也，有難則用其死，安平則儘其力。……故不養恩愛之心，而增威嚴之勢。」〔註81〕就是要用嚴刑峻法對其進行統治，他說：「學者之言皆曰輕刑，此亂亡之術也。」又說：「賞莫如厚而信，使民利之；罰莫如重而必，使民畏之；法莫如一而固，使民知之。」〔註82〕他認為只有如此，才會輕罪不生，重罪不至，使老百姓變成刀斧、暴力之下的順民。對這種冷酷無情的統治方式，賈誼在其《過秦論》中就已指出這是亡秦之根源所在。他說秦得天下後，「繁刑嚴誅，吏治刻深」，使得「天下苦之」，以致陳勝「奮臂於大澤而天下響應。」

　　對讀書人，法家同樣採取的是排斥、壓制政策。法家認為詩書遊說不僅影響耕戰，而且是一種危險因素。韓非在《六反》篇中指斥儒家學者是「奸偽無益之民」，在《五蠹》篇中，更將其列為國蠹之首。聲稱對其要繩之以誅，從而「禁其行」、「破其群」、「以散其黨。」〔註83〕其他各家思想也被斥之為「治煩言生」的「六虱」。

　　直接輔政於秦王的李斯，比韓非有過之而無不及。在他眼裏，人就像鬼蜮一般，只趨勢利，唯知機詐，少道德之意而多陰謀權術，為出人頭地而不擇手段。故他更為過激地主張：「滅仁義之塗，掩馳說之口，困烈士之行，塞聰掩明，內獨視聽。」〔註84〕要用「以力兼人」的方針來震懾天下。他讓秦二世「主獨制於天下而無所制也。」〔註85〕他認為：「慈母有敗子而嚴家無格虜」，因而對

---

〔註80〕並見《韓非子‧外儲》。

〔註81〕《韓非子‧六反》。

〔註82〕《韓非子‧六反》。

〔註83〕《韓非子‧詭使》。

〔註84〕《史記‧李斯列傳》。

〔註85〕《史記‧李斯列傳》。

臣民必須嚴刑重罰，使「群臣百姓救過不給，何變之敢圖？」〔註86〕對思想文化，更是無所不用其極，「有敢偶語《詩》、《書》者棄市。」〔註87〕「有欲學者，以吏爲師。」〔註88〕經他一手策劃與導演的「焚書坑儒」事件，就足以證明法家是「以刀鋸鼎鑊待天下之士。」〔註89〕

如此這般的強化君權，怎能不導致「人與之爲怨，家與之爲仇」的後果，〔註90〕然「自古至於今，與民爲仇者，有遲有速，而民必勝之。」〔註91〕一個在偏頗、過激的法治主義理論指導下所建立的完全失去民心、無任何群眾基礎的政權，又爲能不土崩瓦解！難怪對李斯知之甚深的荀況，對其弟子的所作所爲也深懷憂懼，《鹽鐵論・毀學篇》曰：「李斯之相秦也，……孫卿爲之不食，睹其罹不測之禍也。」由此看來，與其說李斯對秦「大一統」帝國做出了傑出貢獻，倒不如說他把法家理論在實踐中推向了極端，爲後代推行專制主義暴政提供了依據。

另一方面，法治主義政論自身也存在著不可克服的致命缺陷，這就是立法權不能正本清源。管仲主張：「生法者，君也」，〔註92〕李斯強調：「今天下已定，法令出一。」〔註93〕其共同點在於最高法權必須出自皇帝一人之手。這並不是說一切法令均應由皇帝親自制訂，而是指法權淵源來自皇帝，由皇帝獨攬立法大權，任何法令須經其批准方能生效。這就賦予了人主立法、廢法的自由，從而使法律失去了其應有的尊嚴。這一弊端在民本的國家尚難克服，在君權國家則更無從解決。正如《管子・七法篇》所說：「國皆有法，而無使法必行之法。」韓非在指斥儒家的所謂「人治」時說：「釋法術而心治，堯不能正一國，去規矩而妄意度，奚仲不能成一輪。……使中主守法術，拙匠守規矩尺寸，則萬不失矣。」〔註94〕並說：「且夫堯舜桀紂，千世而一出，……中者上不及堯舜，而下者亦不爲桀紂。抱法則治，背法則亂。背法而待堯舜，堯舜至乃治，是千世亂而一治也。抱法而待桀紂，桀紂至乃亂，是千世治而

---

〔註86〕《史記・李斯列傳》。
〔註87〕《史記・秦始皇本紀》。
〔註88〕《史記・李斯列傳》。
〔註89〕蘇軾《留侯論》。
〔註90〕《漢書・賈山傳》。
〔註91〕《新書・大政》。
〔註92〕《管子・任法》。
〔註93〕《史記・秦始皇本紀》。
〔註94〕《韓非子・用人》。

一亂也。」〔註95〕故法家從中推得儒家政論有：「人存政舉，人亡政息」之弊。但倘若君主可隨意立法廢法，法律隨君主的好惡而變，又有什麼公正的成法讓其守、供其抱呢？！這一根本無法化解的矛盾，最終勢必將法治主義推向不能自拔而更爲可怕的人治主義泥潭。西漢時著名的「酷吏」杜周，在執法過程中或輕或重，一昧地逢迎時主之意，有人因此而責問他如此辦案，置法律於何地？他答曰：「三尺安出哉？（按：「三尺」指法律，當時一般人用來書寫的簡牘只有一尺，皇帝詔書也不過寫在一尺二寸的簡上，而法律則特書於三尺簡上，表示對法律應抱嚴肅態度。）前主所是著爲律，後主所是疏爲令，當時爲是，何古之法乎？」〔註96〕這就是杜周的法律觀，說的雖然露骨，卻道出了中國封建法律的本質。法權淵源來自一人無疑是十分危險的，其惡果也是顯而易見的。秦始皇何嘗不是以身代法，隨心所欲，恣意妄爲。他「窮困萬民以適其欲」，〔註97〕老百姓竟成了其任意肆虐的對象。正如《史記·張耳陳餘列傳》所載武臣說趙豪傑語曰：「秦爲亂政，虐刑以殘賊天下數十年矣。北有長城之役，南有五嶺之戍，外內騷動，百姓罷敝，頭會箕斂，以供軍費，財匱力盡，民不聊生，重之以苛法峻刑，使天下父子不相安。」秦始皇建宮殿、造陵墓、築長城、修馳道，大興土木，濫用民力，加之以窮兵黷武，2000萬人口的國家，竟有 200 多萬長年服役在外，以致「丁男被甲，丁女轉輸，苦不聊生，自經於道樹，死者相望。」〔註98〕正是由於「男子疾耕不足於糧餉，女子紡績不足於帷幕。百姓靡敝，孤寡老弱不能相養，道死者相望，蓋天下始叛也。」〔註99〕然而，不堪忍受的老百姓稍有不滿，便會招致嚴刑峻法更爲殘酷的鎮壓。「專任獄吏」、「樂以刑殺爲威」的秦始皇，「殺人如不能舉，刑人如恐不勝」，〔註100〕搞得國家「赭衣塞路，囹圄成市」。〔註101〕終於激發了秦末農民大起義。一個好端端的大一統帝國，竟然在短短的 15 年間就被徹底葬送了。

　　大秦帝國的速亡，是三晉「法治主義」走向極端、絕對的客觀反映與必然後果。也使法治政治理論由登峰造極一下子跌入了萬丈深淵。

〔註95〕《韓非子·難勢》。
〔註96〕《漢書·杜周傳》。
〔註97〕陸賈《新語》。
〔註98〕《漢書·嚴安傳》。
〔註99〕《漢書·主父偃傳》。
〔註100〕《史記·項羽本記》。
〔註101〕《漢書·刑法志》。

### 三、黃老思想的溫和實用

正統禮治不合時宜了，三晉法治又走向了極端末路，而黃老道家思想卻在其傳播與不斷豐富的過程中日臻完善起來，並以其溫和實用的特點爲自身登上歷史政治舞臺鋪平了道路，收到了水到渠成之功。

我們知道，諸子百家的爭鳴，看起來水火不容，實際上又是相輔相成的，正如《漢書・藝文志》所說：「其言雖殊，辟猶水火，相滅亦相生也。」到戰國後期，彼此間的吸收、融合越來越明顯，從而出現了「無相非也」，〔註102〕「道通爲一」的趨勢。〔註103〕《呂氏春秋》正是在這方面獲得了巨大的成功，一舉將黃老思想改鑄成貼近現實的施政綱領。

齊國的稷下曾是各家學說彙聚的中心，期間幾度盛衰，前後持續了一個多世紀。一大批學「黃老道德之術」的人，曾在齊稷下集中過，後因稷下學宮的衰落而被迫分散了。而此時秦國方盛，呂不韋又廣招門客，必然有不少崇尚黃老的學者西移於秦，從而使黃老思想得到「西漸」，這一方面擴大了黃老思想的影響，使其有了更爲廣泛的社會基礎；另一方面，呂不韋又把各「發明序其指意」的黃老學說「集論」起來，使《呂氏春秋》具備了集黃老學說之大成性質的重要文化載體。經《呂氏春秋》對黃老思想的政綱化改造與發展，使其更適合秦漢之際社會政治實踐的客觀需要了，司馬談對此時的黃老學說概括說：

> 道家使人精神專一，動合無形，贍足萬物。其爲術也，因陰陽之大
> 順，采儒墨之善，撮名法之要，與時遷移，應物變化，立俗施事，
> 無所不宜，指約而易操，事少而功多。〔註104〕

《呂氏春秋》原本是呂不韋爲秦大一統後的有效統治制訂的施政綱領，但遺憾的是由於秦朝短祚，統一後還未來得及調整統治方式就土崩瓦解了，或者可以說，秦的滅亡正是由於沒有及時調整統治策略所導致的惡果。

西漢建立之初，由於秦的苛政以及長期的戰亂動盪，使整個社會元氣大傷，《漢書・食貨志上》記述曰：

> 漢興，接秦之敝，諸侯並起，民失作業，而大飢饉。凡米石五千，
> 人相食，死者過半。高祖乃令民得賣子，就食蜀漢。天下既定。民

---

〔註102〕《尸子・廣澤篇》。
〔註103〕《莊子・齊物論》。
〔註104〕《史記・太史公自序》。

亡蓋臧，自天子不能具醇駟，而將相或乘牛車。

這種瘡痍滿目，經濟凋敝的狀況，急需休養生息。而「無爲而治」的黃老思想，比正統禮治行之有效，比三晉法治實用溫和，猶如針對當時病入膏肓的社會結症所開出的一劑良藥，二者一拍即合。關於這一點，在漢初君臣的論治中多所反映。司馬遷在《史記》陸賈本傳中記載：劉邦「謂陸生曰：『試爲我著秦所以失天下，吾所以得之者何？及古成敗之國。』陸生乃粗述存亡之征。凡著十二篇，每奏一篇，高帝未嘗不稱善，左右呼萬歲，號其書曰《新語》。」《新語》在論述秦滅亡的教訓時有這樣幾段話很值得注意：

> 道莫大於無爲，行莫大於謹敬。何以言之？昔舜治天下也，彈五弦之琴，歌《南風》之詩，寂若無治國之意，漠若無憂天下之心，然而天下大治。……故無爲者乃有爲也。〔註105〕

> 秦始皇設爲車裂之誅以斂姦邪，築長城於戎境以備胡越，征大吞小，威震天下，將帥橫行以服外國，蒙恬討亂於外，李斯治法於內，事逾煩天下逾亂，法逾滋而奸逾熾，兵馬益設而敵人逾多，秦非不欲爲治，然失之者乃舉措暴眾而用刑太極故也。〔註106〕

> 故懷剛者久而缺，持柔者久而長；躁疾者爲厥速，遲重者爲常存；尚勇者爲悔近，溫厚者行寬舒；懷促急者必有所虧，柔懦者制剛強。〔註107〕

> 儴（因）道者眾歸之，恃刑者民畏之，歸之則附其側，畏之則去其域。〔註108〕

> 是以君子握道而治，據德而行，席仁而坐，杖義而強，虛無寂寞，通動無量。〔註109〕

這顯然是黃老道家的思想理論。傳統觀點認爲，陸賈是漢初儒家復興的代表，而熊鐵基先生近來又提出陸賈是漢初新道家的突出代表，〔註110〕但依筆者之淺見，陸賈更是一位政論家，他並不注重自己的學派歸屬，而重在探尋最有

---

〔註105〕《新語·無爲》。
〔註106〕《新語·無爲》。
〔註107〕《新語·輔政》。
〔註108〕《新語·至德》。
〔註109〕《新語·道基》。
〔註110〕熊鐵基：《秦漢新道家》，上海人民出版社2001年，第270頁。

效的治世方略。不過，他思想中黃老道家的成分佔有很大比重卻是無容置疑的。除以上引述而外，《新語》中的「道基」、「無爲」、「辨惑」、「愼微」、「資質」（實爲「求賢」）以及「執一」、「公方」等等，亦多源自《呂氏春秋》，至少深受其影響。陸賈大量採用黃老思想對過往成敗得失進行總結，富於哲理，入木三分。故「每奏一篇，高帝未嘗不稱善，左右呼萬歲。」這說明他的見解不但得到了劉邦的首肯，而且也引起了朝堂的共鳴，左右大臣時時情不自禁地爲之歡呼。這是漢初君臣在政治指導思想上所達成的一種默契。具有政綱之實的《呂氏春秋》，在秦被束之高閣，沒來得及運用，但卻憑藉其廣泛而深刻的影響力，間接地在漢找到了用武之地，釋放出了巨大的潛能。

## 第二節　黃老道治思想的實踐與得失

### 一、「無爲而治」及其成效

　　「無爲而治」是黃老思想所追求的治世方式與境界，漢初以此作爲政治指導思想，有著深刻的社會政治歷史背景。

　　自春秋末年以來，諸侯爭霸稱雄，無休止的兼併戰爭使生靈塗炭，血流漂杵，整個社會長期處在動蕩不安的水深火熱之中。人心思定早在戰國時期就已成爲普遍的社會心理。秦併吞八荒、一統六合，使人們求安定的強烈願望有了寄託。但秦始皇在「一斷於法」、「嚴而少恩」〔註111〕的法治國策主導下，將老百姓再次置入苦難的深淵。在無以復加的高壓與愚弄之下，人民被迫鋌而走險，發動起義。而勝利成果卻被劉邦集團所攫取。劉邦在政治上的勝利正是由於他順應了人心思寬的社會潮流所致，其「約法三章」等驚世駭俗之舉所贏得的民心，是他最終獲勝的社會基礎與根本保證。

　　暴秦旋亡的活生生教訓，自然而然地被漢初君臣引以爲戒。陸賈在《新語》中就說：「聖人居高處上，則以仁義爲巢。」「秦以刑罰爲巢，故有傾巢破卵之患。」〔註112〕文帝時，年輕有爲的太中大夫賈誼對此也有著同樣的認識：「秦王置天下於法令刑罰，德澤亡一有，而怨毒盈於世，下憎惡之如仇讎，禍幾及身，子孫誅絕，此天下之所共見也。」故他進而指出：「秦世之所以亟

---

〔註111〕《史記·太史公自序》。
〔註112〕《新語·輔政》。

絕者，其轍迹可見也，然而不避，是後車又將覆也。」〔註113〕時代的呼喚，百姓的願望，都要求漢初統治者能更弦易轍，矯秦之弊。

事實上，漢初統治者的統治方式與前代相比也確實作了重大調整。面對漢初的社會現實：

> 上於是約法省禁，輕田租，什五而稅一，量吏祿，度官用，以賦於民。而山川園池市肆租稅之入，自天子以至封君湯沐邑，皆各爲私奉養，不領於天子之經費。漕轉關東粟以給中都官，歲不過數十萬石。孝惠、高后之間，衣食滋殖。〔註114〕

這種約法省禁、輕繇薄賦、與民休息的政策，的確體現了黃老思想的基本精神。另外，劉邦關於自己之所以取天下的高論，也與黃老思想「君無爲而臣有爲」的治術暗合：

> 高祖置酒洛陽南宮。高祖曰：「列侯諸將無敢隱朕，皆言其情。吾所以有天下者何？項氏之所以失天下者何？高起、王陵對曰：……高祖曰：「公知其一，未知其二。夫運籌策帷帳之中，決勝於千里之外，吾不如子房。鎮國家，撫百姓，給饋餉，不絕糧道，吾不如蕭何。連百萬之軍，戰必勝，攻必取，吾不如韓信。此三者，皆人傑也，吾能用之，此吾所以取天下也。項羽有一范增而不能用，此其所以爲我擒也。〔註115〕

那麼，能否據此斷定，從劉邦時起，就已經把黃老思想作爲政治指導思想了呢？我認爲不妥。因爲黃老思想經過不斷的充實與豐富，已經成爲一個開放的思想文化體系，具備了相容百家之長的特徵，有了普遍的適用性，我們不能因一個人的言行與黃老思想的某一特點偶爾吻合就判定這個人是黃老思想的信奉者或施行者，而應該看他對黃老思想的奉行是否是有意識的自覺行動。按此衡量，似乎還找不到劉邦的舉措能與黃老之學直接掛鉤的確證，最多也只能說劉邦因受了黃老思想的一些影響而具有某種黃老思想傾向而已。

但若細繹史實，則不難發現，在當時的一個諸侯國中，卻是有目的，按計劃地實施著黃老之策。《史記·曹相國世家》記載：

> 高帝以長子肥爲齊王，而以（曹）參爲齊相國。……孝惠帝元年，除諸侯相國法，更以參爲齊丞相。參之相齊，齊七十城。天下初定，

〔註113〕《漢書·賈誼傳》。
〔註114〕《漢書·食貨志上》。
〔註115〕《史記·高祖本紀》。

> 悼惠王富於春秋，參盡召長老諸生，問所以安集百姓，如齊故諸儒
> 以百數，言人人殊，參未知所定。聞膠西有蓋公，善治黃老言，使
> 人厚幣請之。既見蓋公，蓋公為言治道貴清靜而民自定，推此類具
> 言之。參於是避正堂，舍蓋公焉。其治要用黃老術，故相齊九年，
> 齊國安集，大稱賢相。

黃留珠先生據此指出：「漢初黃老政治，並不像人們普遍認為的那樣，是自上而下的推行，相反，它最先起自地方，開始於黃老之學的發祥地——齊，而率先推行這種政治的人物則是齊相曹參。」〔註116〕這說明黃老思想經長期的流傳，已具備了政治文化「群體」性的某些特徵，從朝堂到諸侯國都有實施其治術的意向，齊地百姓更是較早從中受益。上層的認同，百姓的樂於接受，就為黃老思想在更大的範圍內實施推廣打開了空間。

那麼，曹參以黃老術治齊，九年而「齊國安集」，除了蓋公所說的「治道貴清靜而民自定」這麼一句相當籠統的話之外，有沒有什麼具體措施可資鑒證呢？《曹相國世家》還有一則材料曲折地有所反映：

> 惠帝二年，蕭何卒，參聞之，告舍人趣治行，「吾將入相」。居無何，
> 使者果召參。參去，屬其後相曰：「以齊獄市為寄，慎勿擾也。」後
> 相曰：「治無大於此者乎？」參曰：「不然，夫獄市者，所以並容也，
> 今君擾之，姦人安所容也？吾是以先之。」

由此不難推知，「勿擾獄市」是曹參治齊所實行的最重要的一項具體措施。對此，《史記‧集解》引《漢書音義》解釋道：

> 夫獄市兼受善惡，若窮極，姦人無所容竄；姦人無所容之竄，久且
> 為亂。秦人極刑而天下畔，孝武峻法而獄繁，此其效也。老子曰：「我
> 無為而民自化，我好靜而民自正。」參欲以道化其本，不欲擾其末。

這一解釋，似乎可通。但黃留珠先生卻認為：「實則並沒有把問題完全說清楚。其關鍵之處，在於對『獄市』二字未得確解。」〔註117〕於是，他援引已故陳直先生《漢書新證》對「獄市」解釋為：

> 獄市，注家皆不加以解釋，或分解為刑獄及都市。然騷擾監獄，則
> 事所不恒有。余疑獄市為齊國大市之名，獄為嶽字省文，即齊國莊
> 嶽之市。《史記‧漢興以來將相名臣年表》大事紀欄，「高祖六年立

〔註116〕黃留珠《漢代黃老政治述論》，《三秦文史》2002年第1期。
〔註117〕黃留珠《漢代黃老政治述論》，《三秦文史》2002年第1期。

大市」。可證西漢初期，在郡縣之外，曾一度選擇大都會立爲大市，此條重要材料，爲一般學者所不注意，以齊國之富庶，當然可在立大市之列，故曹參云獄市勿擾。

以此爲依據，並以焦循《孟子正義》卷六《滕文公章句下》《疏》：「獄字合從嶽音，蓋謂嶽市，乃齊闤闠之地。姦人所容，故當勿擾之耳」爲旁證，發他人之所未發，提出了讓人耳目爲之一新的獨到見解：

> 「獄市」指齊莊獄大市，引申當泛指齊地的集市；勿擾獄市，就是政府對集市交易採取不干涉政策，亦即實行市場開放，這樣做，保證了商品流通的順利進行，刺激生產的發展，進而使社會經濟變得活躍；隨著經濟形勢的好轉，堆積如山的社會問題——諸如就業謀生等等，也都能迎刃而解。〔註118〕

曹參治齊，之所以經過短短九年的時間便達到「安集」，其奧秘正在於此。而運用黃老之術治國，於此也收到了顯著的成效。

曹參是代蕭何爲相的，而對蕭何之爲相，司馬遷是這樣評價的：

> 蕭相國何於秦時爲刀筆吏，錄錄未有奇節。及漢興，依日月之末光，何僅守管籥，因民之疾秦法，順流與之更始。〔註119〕

這是說本爲刀筆吏，於秦錄錄無所爲的蕭何爲漢相，並不事必躬親，只是緊抓「民疾秦法」的心理，順應民意而對成制作一些更改。對「管籥」一詞，因《漢書·蕭何曹參傳》贊中有比對蕭何、曹參二人建功立業側重點不同之意，故唐人顏師古作注時說「高祖出征，何每居守，故言守管籥」。但此解過分拘泥，使上下文關係無法連貫。我們知道「管籥」是指「鎖匙」，可引申爲關鍵，若按蕭何只抓關鍵大事理解，則更爲合理。而這關乎原則的關鍵大事便是「因民之疾秦法，順流與之更始」。即因順民意，順應潮流，興利除弊，革新制度。看來，蕭何雖無黃老之名，卻在一定程度上具有黃老之實。這就爲「蕭規曹隨」奠定了良好的基礎。

曹參拜相後，爲黃老思想進一步在全國範圍內名正言順的實施創造了極爲有利的條件。由於黃老治世思想對治理漢初社會政治狀況甚相合拍，故漢初君臣已自覺不自覺地在按著黃老思想的方式進行施政。加之曹參在齊獲得了引人矚目的治績，這就促使漢初君臣對實行黃老政治逐漸達成了共識。

---

〔註118〕黃留珠《曹參「勿擾獄市」淺析》，《光明日報》1983年3月2日。
〔註119〕《史記·蕭相國世家》。

劉邦死後，惠帝年幼，實際上由呂后掌權。呂后執政期間，黃老思想基本上已被確定為國策：

> 孝惠皇帝、高后之時，黎民得離戰國之苦，君臣俱欲休息乎無為，
> 故惠帝垂拱，高后女主稱制，政不出房戶，天下晏然。刑法罕用，
> 罪人是希。民務稼穡，衣食滋殖。〔註120〕

在這期間，還獎勵「力田」，按時徵發徭役，「令戍卒歲更」。〔註121〕輕繇薄賦、節儉、省刑等「與民休息」的政策得以繼續實行。並於惠帝四年（前191年）三月詔令「省法令妨吏民者，除挾書律」，〔註122〕高后元年（前187年）又詔令「除三族罪，妖言令」等等。〔註123〕與此同時：

> 參為漢相國，清靜極言合道。然百姓離秦之酷後，參與休息無為，
> 故天下俱稱其美矣。〔註124〕

老百姓為此編歌謠說：「蕭何為法，顜若畫一，曹參代之，守而勿失。載其清靜，民以寧一。」〔註125〕說明司馬遷言其「君臣俱欲休息乎無為」並無誇大之詞。

　　其後是文帝，他是黃老思想身體力行的信奉者與實踐者。即位後在多次下詔勸課農桑的同進，還著力減輕人民負擔。先後於文帝二年（前178年）和十二年（前168年），兩次「除田租稅之半」，〔註126〕即租率減為三十稅一。從文帝十三年（前167年）起，又連續免除全國田賦長達11年，這在整個封建社會都是絕無僅有的。算賦也由每人每年一百二十錢減至四十錢，徭役則減至每三年服役一次。不僅如此，他還下詔「弛山澤之禁」，〔註127〕即開放原來歸國家所有的山林川澤，以促進與國計民生關係密切的鹽鐵及相關副業生產的發展。並廢除了過關用傳制度，以利於商品流通和各地區間的經濟聯繫。

　　文帝在位期間，還廢除了殘忍的肉刑、「收孥相坐律令」、〔註128〕「誹謗

---

〔註120〕《史記‧呂太后本紀》。
〔註121〕《史記‧漢興以來將相名臣年表》。
〔註122〕《漢書‧惠帝紀》。
〔註123〕《漢書‧高后紀》。
〔註124〕《史記‧曹相國世家》。
〔註125〕《史記‧曹相國世家》。
〔註126〕《史記‧孝文本紀》。
〔註127〕《史記‧貨殖列傳》。
〔註128〕即連坐之法。中國古代盛行親屬株連制度，當一個人犯罪之後，不僅要對犯罪者本人處以刑罰，還要殃及其家屬甚至更廣泛的範圍。秦律規定，罪人的

妖言」〔註 129〕之罪以及終生服役贖刑〔註 130〕之法等，並讓官吏斷獄適當從輕，不事苛求。因此獄事簡省，使老百姓所受的壓迫大爲減輕。

　　文帝生活十分節儉，在位二十三年，宮室苑囿狗馬服輿，無所增益。他常衣素衣，所寵愛的慎夫人也不得衣服曳地，文帳不得文繡，更下詔禁止郡國貢獻奇珍異物，以示敦樸，爲天下先，使國家開支大爲減少。曾打算修座露臺，但召工匠預算工錢後，覺得百金相當於中等家庭的十家之產，便因此取消了計劃。他臨終時，還遺令薄葬，一切從簡。

　　綜上所述，文帝除田之租稅，輕繇薄賦，省刑而治，政務在寬，以無爲之道安撫天下，不擾於民，以致海內富庶，國力強盛。把無爲政治發揮到了極致。

　　對文帝「無爲而治」的舉措，劉向在答成帝問文帝事時的評述頗爲貼切：

> 文帝遵漢家基業初定，重承軍旅之後，百姓新免於干戈之難。故文帝宜因修秦餘政教，輕刑事少，與之休息，以儉約節欲自持，初開籍田，躬勸農桑，務民之本。即位十餘年，……蓄積有餘。然文帝本修黃老之言，不甚好儒術，其治尚清靜無爲。以故禮樂庠序未修，民俗未能大化，苟溫飽完給，所謂治安之國也。〔註 131〕

文帝的作爲，也令後代君王魏文帝曹丕大加歎服：

> 昔有苗不賓，重華舞以干戚；尉佗稱帝，孝文撫以恩德；吳王不朝，賜以几杖，以撫其意，天下賴安。乃弘三章之教，愷悌之化。欲使曩時累息之民，得闊步高談，無危懼之心。若賈誼之才，籌畫國政，特賢臣之器，管、晏之資，豈若孝文大人量哉？〔註 132〕

　　文帝時黃老政治之所以能達到頂盛，與當時身爲左丞相的陳平也大有關係：

---

　　父母、兄弟、姊妹、妻子和子女都要連坐，重的處死，輕的沒入官府爲奴，稱爲「收孥相坐律令」。

〔註 129〕秦律和漢律均規定，對於皇帝不能隨便議論，更不能有所怨恨，否則就是犯了「誹謗妖言罪」。即使有人不高興時詛咒天地，由於事關「天子」，也是犯了「民詛上罪」。漢文帝認爲，如果推行開明政治，這些阻塞言路的罪名必須廢除。

〔註 130〕秦代被判處爲隸臣妾或比之更重的罪人，都沒有刑期，終生服勞役。文帝詔令重新製定法律，根據犯罪情節輕重，規定服刑期限；罪人服刑期滿，免爲庶人。

〔註 131〕《風俗通義‧正失》。

〔註 132〕《三國志‧魏志》注引《魏書》。

> 陳丞相平少時，本好黃帝、老子之術。方其割肉俎上之時，其意固
> 已遠矣。傾側擾攘楚魏之間，卒歸高帝。常出奇計，救紛糾之難，
> 振國家之患。及呂后時，事多故矣，然平竟自脫，定宗廟，以榮名
> 終，稱賢相，豈不善始善終哉！非知謀孰能當此者乎？〔註133〕

陳平是代曹參爲相的，他任相時間長，期間曲折、反覆也多。在險惡的政治
環境中，陳平以退爲進，常採用陰謀權變之術來全生避禍，故能自免。並在
誅諸呂、安劉氏的殘酷政治鬥爭中建下奇功。陳平雖有違背道家意旨的行爲，
但他卻能對此自責和不安：「我多陰謀，是道家之所禁。吾世即廢，亦已矣，
終不能復起，以吾多陰禍也。」〔註134〕這說明他確實注重與尊奉著黃老道家
思想。

陳平奉行無爲之道爲治國之策的做法在下面這件事中反映得淋漓盡致：

> 居頃之，孝文皇帝既益明習國家事，朝而問右丞相勃曰：「天下一歲
> 決獄幾何？」勃謝曰：「不知。」問：「天下一歲錢穀出入幾何？」
> 勃又謝不知，汗出沾背，愧不能對。於是上亦問左丞相平。平曰：「有
> 主者。」上曰：「主者謂誰？」平曰：「陛下即問決獄，責廷尉；問
> 錢穀，責治粟內史。」上曰：「苟各有主者，而君所主者何事也？」
> 平謝曰：「主臣！陛下不知其駑下，使待罪宰相。宰相者，上佐天子
> 理陰陽，順四時，下育萬物之宜，外鎮撫四夷諸侯，內親附百姓，
> 使卿大夫各得任其職焉。」孝文帝乃稱善。〔註135〕

陳平主要是以「使卿大夫各得任其職焉」的方式，輔佐文帝寬厚治天下的，
從而使動盪之後的社會又迅速得以恢復安定。故他不失爲漢初政治人物中奉
行黃老無爲而治國策的一位「長者」。

文帝君臣篤信黃老治道本不足爲奇，而文帝的竇皇后對黃老之學亦情有
獨鍾，則超出常規，足見黃老思想在當時波及之廣，影響之深：

> 竇太后好黃帝、老子言，帝及太子諸竇不得不讀《黃帝》、《老子》，
> 尊其術。〔註136〕

這位竇太后不僅自己好黃帝、老子言，還迫使帝及太子諸竇「不得不」讀此
類書，以「尊其術」，看來她對黃老思想的偏好，比文帝是有過之而無不及。

---

〔註133〕《史記・陳丞相世家》。
〔註134〕《史記・陳丞相世家》。
〔註135〕《史記・陳丞相世家》。
〔註136〕《史記・外戚世家》。

在竇太后的影響之下，景帝的治國之策與文帝保持了高度的一致，並在某些方面有所發揚光大。如景帝在文帝對周邊各族不輕易動兵，盡力維持相安關係的基礎上，與匈奴等周邊民族「通關市」，使「異物內流，利不外泄。」收到了極好的效果，獲得了可觀的收益。故史籍記載說：

> 漢興，掃除煩苛，與民休息。至於孝文，加之以恭儉，孝景遵業，
>
> 五六十載之間，至於移風易俗，黎民醇厚。周云成康，漢言文景，
>
> 美哉！〔註137〕

即景帝遵從文帝之業，仍行清靜無為之政，五、六十年期間，「不復擾百姓」，〔註138〕以致「移風易俗，黎民醇厚。」於是與文帝一起，就有了與開創政通人和局面的周成王、康王相比肩的美譽。唐司馬貞在《史記索引·述贊》中也給其以很高的評價：「景帝即位，因修靜默。勉人以農，率下以德，制度斯創，禮法可則。」〔註139〕

景帝死後，武帝即位，欲興儒術，雖受到竇太后的指責，但黃老治道至此已急轉直下，大幅度退潮。

陳平之後，相繼為相者有張蒼、申屠嘉等，「然無術學，殆與蕭、曹、陳平異矣」，〔註140〕再往後，「皆以列侯繼嗣，娖娖廉謹，為丞相備員而已，無所能發明功名有著於當世者。」〔註141〕故無須贅述。

除上述君主和重臣之外，在他們的影響下，朝官和地方官當中，必定也有一批效法黃老之術的人，掀起過黃老治世的高潮，這是毋庸置疑的。有些人雖不打黃老旗號，恐怕也深諳黃老之術。在那種大的政治生態環境之下，不贊成黃老之學的人，恐怕也很難在官場立足。竇太后對公開好儒術的轅固生的懲罰，以及對趙綰、王臧等人的罷免就是例證。據此推知，黃老政治在全國範圍內是得到了有效的貫徹與實施的，正如《漢書·循吏傳》所說：

> 漢興之初，反秦之蔽，與民休息，凡事簡易，禁罔疏闊，而相國蕭、
>
> 曹以寬厚清靜為天下帥，民作「畫一」之歌。孝惠垂拱，高后女主，
>
> 不出房闥，而天下晏然，民務稼穡，衣食滋殖。至於文、景，遂移
>
> 風易俗。是時循吏如河南守吳公、蜀守文翁之屬，皆謹身帥先，居

---

〔註137〕《漢書·景帝紀·贊》。
〔註138〕《史記·孝景本紀》。
〔註139〕《史記·孝景本紀》。
〔註140〕《史記·張丞相列傳》。
〔註141〕《史記·張丞相列傳》。

以廉平，不至於嚴，而民從化。

這說明漢初黃老政治的實行，以河南守吳公、蜀守文翁爲代表的地方官也是功不可沒的，可惜史書沒有留下地方官的有關材料，故我們無從細述。

正是由於漢初君臣上下的齊心協力，相互促進，才使黃老政治得以普及與推廣，並蔚爲風尚，獲得了實實在在的理想效果：「流民既歸，戶口亦息」，〔註142〕「太倉有不食之粟，都內有朽貫之錢。」〔註143〕至景帝末年，更呈現出一番盛世氣象：

> 非遇水旱之災，民則人給家足，都鄙廩庾皆滿，而府庫餘貨財。京
> 師之錢累鉅萬，貫朽而不可校；太倉之粟，陳陳相因，充溢露積於
> 外，至腐敗不可食。〔註144〕

這與漢初那「大飢饉，凡米石五千」、「人相食，死者過半」、「民亡蓋臧」、「得賣子」的境況形成多麼強烈的對照。「無爲而治」的成效正是充分地體現在了這「文景之治」的巨大成就之中。它也再一次說明，漢初「無爲而治」的國策，並不是有人所理解的那樣，無所事事、放任自流。而是因勢利導，順時而爲。通過有所爲，有所不爲，以收「無爲而無不爲」之效果，那就是盡可能地提供一個平靜、穩定、和諧的社會生活與生產環境，把對人民群眾生活與生產活動的干擾降到最低程度，使其積極性與創造性得到充分而有效地發揮。

## 二、黃老政治的流弊

我們說黃老政治是時代的要求，民心之所嚮，這指的是其積極的一面。但在黃老政治的背後，還有著鮮爲人知或著說不被人們所關注的另一面。

如所周知，西漢建國後，統治階級內部的矛盾與鬥爭，從來也沒有停止過。這種鬥爭涉及面很廣：

> 既包括最高統治層的權力之爭，也包括帝王對臣下的猜忌、打擊
> 等等。出於家天下的權勢獨佔欲的支配，皇帝對於臣下總是不放
> 心。以劉邦對佐助他打天下的主要助手爲例來看，不僅韓信、彭
> 越、黥布等人爲劉所翦除，就連忠心耿耿的蕭何，也多次遭到劉
> 邦的猜忌與打擊，甚至「下何廷尉，械繫之」（《漢書・蕭何傳》），

---

〔註142〕《漢書・高惠高后文功臣表序》。
〔註143〕《漢書・食貨志》。
〔註144〕《史記・平準書》。

這樣的客觀現實，不能不對大臣的心理產生重要的影響，使他們不能不考慮如何在激烈、複雜、殘酷的統治階級內部鬥爭中避禍保身。〔註145〕

蕭何「買田宅必居窮僻處，爲家不治垣屋」，〔註146〕無疑是一種免禍措施。張良在功成之後，求仙訪道，不問世事，誠如楊樹達所言：「良之辟穀，所以自全耳。」〔註147〕曹參、陳平的所做所爲，實際上與蕭何於窮僻處買田、張良的辟穀，都有著同樣的、不便道明的難言之隱。

爲能避禍保身，「靜」當然比「動」好，「無爲」總比「有爲」保險。如此一來，黃老政治就附帶上了得過且過、明哲保身的成分。這種處事格調，在曹參、陳平身上暴露無遺。

曹參爲相，「日夜飲酒」，「不事事」。當「卿大夫以下吏及賓客」去勸說他時，「輒飲以醇酒，度之欲有言，復飲酒，醉而後去，終莫得開說，以爲常」。更有甚者，當時靠近相府後園的「吏舍」，「日飲歌呼」，曹參目睹後，不但不制止，「乃反取酒張坐飲，大歌呼與相和。」〔註148〕曹參的做法，引起了惠帝的不滿：

> 參子窋爲中大夫，惠帝怪相國不治事，以爲「豈少朕與」？乃謂窋曰：「若歸，試私從容問而父曰：『高帝新棄群臣，帝富於春秋，君爲相，日飲，無所請事，何以憂天下乎？』然無言吾告若也。窋既洗沐歸，閒侍，自從其所諫參。參怒，而笞窋二百，曰：「趣入侍，天下事非若所當言也。」至朝時，惠帝讓參曰：「與窋胡治乎？乃者我使諫君也。」參免冠謝曰：「陛下自察聖武孰與高帝？」上曰：「朕乃安敢望先帝乎！」曰：「陛下觀臣能孰與蕭何賢？」上曰：「君似不及也。」參曰：「陛下言之是也。且高帝與蕭何定天下，法令既明，今陛下垂拱，參等守職，遵而勿失，不亦可乎？」惠帝曰：「善。君休矣！」〔註149〕

曹參雖然對答得滴水不漏，天衣無縫。但實際上卻已將「與時遷移，應物變化」的黃老思想引向了因循守舊、墨守成規的歧途。正如司馬遷評述的那樣：

---

〔註145〕黃留珠：《漢代黃老政治述論》，《三秦文史》2002年第1期。
〔註146〕《漢書・蕭何傳》。
〔註147〕《漢書窺管》。
〔註148〕上引均見《史記・曹相國世家》。
〔註149〕《史記・曹相國世家》。

「參代何爲漢相國，舉事無所變更，一遵蕭何約束。」〔註150〕

　　陳平繼曹參爲相時，統治階級內部的鬥爭已發展到白熱化程度。呂后憑藉手中大權，排除異己，在向劉姓王族開刀的同時，也把矛頭指向了效忠與維護劉姓統治權的大臣：

> 太后稱制，議欲立諸呂爲王，問右丞相王陵。王陵曰：「高皇帝刑白馬盟曰：『非劉氏而王，天下共擊之。』今王呂氏，非約也。」太后不悅。問左丞相陳平、絳侯周勃。勃等對曰：「高帝定天下，王子弟，今太后稱制，王昆弟諸呂，無所不可。」太后喜，罷朝。〔註151〕

就因爲此事，王陵被「陽遷」爲「帝太傅」，而「實奪之相權」。〔註152〕不僅如此，爲掃除自己上臺的障礙，呂后還曾策劃要把跟隨劉邦打天下的「諸將」「盡族」。〔註153〕呂后打擊異己心腸之狠毒，手段之殘忍，遠在其夫劉邦之上，難怪連她的親兒子惠帝都認爲其母的做法「非人所爲」。〔註154〕在這種政治氛圍下繼任丞相的陳平，其「日飲醇酒」，「不治事」的作爲，與其說是爲了無爲而治，毋寧說是爲了避禍保身。

　　史載呂后之妹呂須因怨恨陳平當年曾執行劉邦命令去逮捕其夫樊噲，常在呂后面前進讒，說陳平「爲丞相不治事，日飲醇酒，戲婦人。」陳平得知後，不僅不改正，反而「日益甚」。呂后聞狀，亦不但不發怒，竟還「私喜」，並當面告訴陳平無須擔心：「兒婦人口不可用」，「無畏呂須之讒」。〔註155〕陳平借酒避禍保身的用意，於此便昭然若揭了。而他的這種做法也正中呂后下懷，主僕二人可謂是心照不宣。

　　這種以飲酒來保身避禍的做法，在中國歷史上不乏其例，是一種較爲普遍的現象。此中奧秘，就連日本學者也窺出了端倪。如金谷治就認爲：漢初被籠統稱作「道家」的思潮（實即黃老之學），包含多種不同的思想取向，其中便有以韜晦之術的全生保身的個人取向。〔註156〕學者們的這些見解，無疑有助於我們對漢初的黃老政治有一個更爲客觀、全面而深入的認識。

〔註150〕《史記・曹相國世家》。
〔註151〕《史記・呂太后本紀》。
〔註152〕《漢書・王陵傳》。
〔註153〕《漢書・高帝紀》。
〔註154〕《漢書・外戚傳》。
〔註155〕並見《漢書・陳平傳》。
〔註156〕《漢初道學的派別》。

弄清了黃老政治的實質，便不難發現其弊端。所謂黃老政治，顧名思義，即在黃老思想指導下的政治。其施政講究「因循」，追求「無爲而治」的境界。而其「因循」，是要「因陰陽之大順，……與時遷移，應物變化」，根據實際情況與事物發展的基本規律來「立俗施事」，以便「無所不宜」，從而達到「無爲而無不爲」的目的。在黃老政治實施之初，其積極的一面確實得到了運用與發揮，也收到了理想的效果。但後來，執政大臣逐漸將其作爲自己避禍全生的韜光養晦之術，將其導向了因循守舊的層面，以犧牲行政效率爲高昂代價，實施的結果，引發了一系列新的、難以化解的社會問題。其中較爲突出的有諸侯王坐大，形成尾大不掉之勢；匈奴日盛，對漢王朝構成嚴重威脅；國內經濟秩序混亂，亟待整肅等等。這一切都標誌著黃老政治積弊日重，走到了盡頭，難以爲繼了。

## 三、黃老思想的餘韻

西漢黃老政治的結束，一般認爲在武帝罷黜百家，獨尊儒術之時，今可考見的西漢黃老信徒，基本都是武帝以前或武帝當代的人物，便從一個側面印證了這一看法的可信性。不過，東漢之初，歷史似乎又重演了西漢初年黃老無爲政治的一幕。對此，黃留珠先生認爲：

> 如果僅就表象而言，………劉秀以柔道治國，確乎具有濃濃的黃老
> 無爲的味道，或可徑直視爲新歷史條件下，黃老政治的復活。但若
> 透過表象作進一步的分析，便不難發現，歷史的發展並沒有簡單地
> 重複，東漢初以柔爲治較之西漢初無爲而治，其思想內涵已經發生
> 了深刻的變化。〔註157〕

而其前後變化的內在差別，從秦漢時代政治指導思想的變遷中不難看出。如所周知，秦以法家思想施政，形成所謂的秦政。西漢初，接受秦嚴刑苛法、二世而亡的歷史教訓，改用以道、法融彙結合而成的黃老思想施政治國，與民休息，是爲黃老政治。隨著時間的推移，黃老政治逐漸不適應漢帝國進一步發展的需要，於是遂有武帝朝的罷黜百家，獨尊儒術。此後表面上以儒家思想指導政治，而實際上卻是儒表法裏，「霸王道雜之」。〔註158〕這便是所謂的漢政。王莽代漢，奉天法古，試圖以更純粹的「王道」、「禮治」一類儒家

---

〔註157〕黃留珠：《漢代黃老政治述論》《三秦文史》2002年第1期。
〔註158〕《漢書·元帝紀》。

理念改革現實政治，遂形成了所謂的「新政」。清代學者提及的東漢開國君臣的「儒者氣象」，〔註159〕於隱約之中似乎已揭示出了東漢政治思想的傾向性。在認真對比分析的基礎上，黃留珠先生指出：

> 劉秀君臨天下，從他的儒者出身，特別是從他愛好經術及尤任文吏強化集權的施政行為來看，其之柔道為治，顯然旨在恢復以往漢政「霸王道雜之」的政治精神，而不是重新推行西漢初的黃老政治。這裡，黃老氣息很濃的「柔」字，僅僅是塊招牌，實際上卻是儒、法並用，或曰儒表法裏。這與黃老政治的道、法並用，是有區別的。對此，學者早就指出說：「光武所謂柔道，自是英雄欺人！」（見陳登原《國史舊聞》）〔註160〕

一度作為漢初政治指導思想的黃老之學。自然會在很大程度上引領和影響當時政治思想理論的走向。但自黃老政治退出歷史舞臺之後，其在政治思想方向上的命運亦告終結，卻在「全生、保身」理論方面得到了意想不到的長足發展。至兩漢之交，人們頭腦中的黃老，大體只是一種養生之學了。《後漢書・光武帝紀》所載皇太子劉莊諫其父劉秀之言：「陛下有禹湯之明，而失黃老養性之福」，便是絕好的例證。

東漢以降，史傳中雖仍屢有黃老學者及黃老崇奉者的記載，但已屬微波餘韻了，對這一時期黃老學說向非主流學派的分化情況，學者們大致將其歸納為以下幾類：

一是研探《老子》的學術，可稱之曰老子之學。一般認為，此學開端於西漢末，其代表性著作，如西漢成帝時嚴遵（字君平）的《老子指歸》。史稱「嚴君平見黃老作《指歸》」，〔註161〕可見此著直接承繼黃老。類似的著作還有《老子河上公章句》。舊傳此著係漢文帝時河上公為《老子》所作之注，而歷代學者多疑其偽。今人考訂認為應是漢人之作，但究竟是西漢還是東漢，尚有爭議。值得注意的是，東漢時老學的學術活動還曾以講學的形式在民間發展。例如楊厚稱病求退後，在家鄉「修黃老，教授門生，上名錄者三千餘人」，〔註162〕可謂洋洋之大觀。

二是養生養性之學。漢代道家本就有全生保身一派。留侯張良辟穀導

---

〔註159〕趙翼《廿二史箚記》卷四。
〔註160〕黃留珠：《漢代黃老政治述論》《三秦文史》2002 年第 1 期。
〔註161〕《三國志・蜀志・秦宓傳》。
〔註162〕《後漢書・楊厚傳》。

引，很可能即受此派學說的影響。漢初大臣們利用黃老術避禍保身，大概多少與此派也有些干係。東漢時曾有相當一些人，如閔貢、鄭均之流，退居山野，以清靜淡泊，全性保身為旨趣。他們的實踐活動，亦豐富了養生養性學的內容。

三是宗教神學。通常認為，黃老之學與神仙方術結合而為早期道教。儘管此過程相當複雜，但道教產生於東漢中後期，乃是大家的共識。東漢人把道教以黃老相稱，此習慣甚至一直延續到南北朝時期。這一現象說明，黃老之學還演化為宗教神學。又早期傳入中國的佛教，東漢人也以黃老相稱。謂之曰：「黃老浮圖之祠」；〔註163〕對於信奉佛教者，則曰：「誦黃老之微言，尚浮屠之仁祠」。〔註164〕特別是在社會下層以黃老名義還發展起了若干民間宗教。例如張角的太平道，史稱「奉事黃老道」。〔註165〕再如張修在漢中傳五斗米道，「主以《老子》五千文，使都習」。〔註166〕大家知道，太平道和早期五斗米道，都成為東漢末農民起義的組織形式。黃老之學的這種演化，顯然是黃老道治政治文化進一步世俗化的具體體現。

# 第三節　《淮南子》對黃老思想的理論總結

《淮南子》是由淮南王劉安組織門下賓客集體撰述的，約成書於漢景帝時期。漢武帝即位不久，劉安將此書獻給武帝，希望他能以此治國。

劉安是漢高祖劉邦的孫子，其父劉長在高祖時被封為淮南王，文帝時因謀反遭流放，絕食而亡。文帝後又封劉安為淮南王。武帝元狩元年（西元前122年），劉安謀反的事情被揭露，劉安自殺而死，因牽連而遭逮捕誅殺的達數千人，形成西漢前期最為慘烈的大案。從劉長到劉安，淮南王國一直和漢中央政府處於緊張的矛盾之中，它們之間的關係和劉長、劉安的命運，是西漢前期中央和諸侯之間矛盾與衝突客觀真實的反映。

據《漢書‧淮南王傳》所載，劉安本人「好書」，「辨博善為文辭」，門下賓客眾多，著書立說，形成了一個學術文化中心。劉安門下賓客的著作中，有「內書」二十篇，「外書」多篇，又有「中篇」八卷，「言神仙黃白之術，

---

〔註163〕《後漢書‧襄楷傳》。
〔註164〕《後漢書‧楚王英傳》。
〔註165〕《後漢書‧皇甫嵩傳》。
〔註166〕《後漢書‧劉焉傳》注引《典略》。

亦二十餘萬言。」武帝初繼位，「安入朝，獻所作《內篇》，新出，上愛秘之」。這就是《淮南子》一書。

《淮南子》一書的編撰者，除了劉安之外，大約有蘇飛、李尚、左吳、田由、雷被、毛被、伍被、晉昌、大山、小山等人。全書所依據的思想資料很多，有《老子》、《莊子》、儒家、法家、陰陽五行說、墨家、《呂氏春秋》以及大量與黃老學相關的著作。從其思想來源看，採擷豐富，幾乎無所不包，故《漢書‧藝文志》將其歸入「雜家」之列。但漢代高誘在序目中說：「其旨近老子，淡泊無爲，蹈虛守靜，出入經道。……其義也著，其文也富，物事之類，無所不載。然其大較，歸之於道。」《淮南子‧要略》中也明確地說明著書的主旨是：「紀綱道德，經緯人事，上考之天，下揆之地，中通諸理。」足見「道德」是全書的「紀綱」，在此基礎上綜合諸子各家，這正與司馬談所說的道家：「因陰陽之大順，采儒墨之善，撮名法之要」的特點相吻合。

以道法爲主兼采儒墨、陰陽、名家的黃老學說在漢初被確定爲統治者治國的主導思想，經過數十年的實踐，積纍了豐富的經驗教訓。《淮南子》在此基礎上，探究天道、人事的規律，總結秦漢以來的學術和政治，希望能夠爲大一統的帝國提供一個更爲完備的理論體系。「故著書二十篇，則天地之理究矣，人間之事接矣，帝王之道備矣。」〔註 167〕不過，若從個人角度而言，該書還探究了避禍求福，養生保身之道，以便「使人知先後之禍福，動靜之利害」。〔註 168〕

西漢初期，中央政府與諸侯王之間存在著尖銳複雜的矛盾鬥爭。《淮南子》一書體現了諸侯王祈求中央政府放鬆對諸侯王的控制，使諸侯國保持一定獨立地位的願望。但從全書來看，編著者仍然肯定漢皇室的統治地位，並無分裂獨立和取而代之的心理，只是表示了一種對專制集權統治模式理論上的修訂，這從書中所讚頌的上古帝王統治方式及對秦暴政的批判中不難看出。編著者不同意所有權力歸於皇帝和中央，而要有適當的權力分配。這個要求在專制集權統治模式下當然是不允許的，所以，後來劉安的舉措和命運就可想而知了。

《淮南子》總結了《老子》、《莊子》、黃老思想的理論成果，成功地將儒、法、陰陽、名家等學說融鑄於一爐，使道家思想發展到了一個新的高度。

〔註 167〕《淮南子‧要略》。
〔註 168〕《淮南子‧要略》。

## 一、「道論」的豐富與提升

《淮南子》一書對「道」進行了總結性的概括，並將「道」貫穿全書，作爲其理論基礎：

> 夫道論至深，故多爲之辭以抒其情；萬物至眾，故博爲之說以通其意。辭雖壇卷連漫，絞紛遠緩，所以洮汰滌蕩至意，使之無凝竭底滯，卷握而不散也。〔註169〕

在《淮南子》中，「道」是宇宙的本體，它無所不在，無所不包：

> 夫道者，覆天載地，廓四方，柝八極，高不可際，深不可測，包裹天地，稟授無形。原流泉淳，沖而徐盈；混混滑滑，濁而徐清。故植之而塞於天地，橫之而彌於四海，施之無窮而無所朝夕。舒之幎於六合，卷之不盈於一握。約而能張，幽而能明，弱而能強，柔而能剛。橫四維而含陰陽，紘宇宙而章三光。甚淖而㴖，甚纖而微。〔註170〕

即「道」可大可小，在空間上包容一切，在時間上沒有窮盡，「道」就是宇宙全體。同時，「道」又指宇宙間運動變化的普遍規律，「道至高無上，至深無下，平乎準，直乎繩，圓乎規，方乎矩，包裹宇宙而無表裏，洞同覆載而無所礙。」〔註171〕宇宙間所有的自然萬物都依賴「道」而正常運行並發揮自己的功能，「道」是無所不能的：

> 山以之高，淵以之深，獸以之走，鳥以之飛，日月以之明，星曆以之行，麟以之遊，鳳以之翔。〔註172〕

《淮南子》還發揮了《老子》「道法自然」的思想，把自然作爲「道」最主要的特性。「道」自然而然，以它自己的狀況爲依據，以其內在的原因在運動變化著。人不能強行改變「道」的自然狀態：

> 故牛歧蹄而戴角，馬被髦而全足者，天也。絡馬之口，穿牛之鼻者，人也。循天者，與道遊也，隨人者，與俗交者也。〔註173〕

所以人最主要的是「因」、「循」道的自然特性：

> 天下之事不可爲也，因其自然而推之；萬物之變，不可究也，秉其

---

〔註169〕《淮南子·要略》。
〔註170〕《淮南子·原道訓》。
〔註171〕《淮南子·繆稱訓》。
〔註172〕《淮南子·原道訓》。
〔註173〕《淮南子·原道訓》。

要趣而歸之。

　　修（循）道理之數，因天地之自然，則六合不足均也。〔註174〕

因爲「道」是自然而然的，所以「道」也是「虛靜」的：

　　天靜以清，地定以寧，萬物失之者死，法之者生。夫靜漠者，神明

　　之宅也；虛無者，道之所居也。〔註175〕

　　天地寧靜，萬物自然，只有效法順應自然才能獲得無限的生機。作爲人來說，其本性也是虛靜的，「人生而靜，天之性也」，〔註176〕只有保持人「虛靜」的本性，才能「體道」，「與道合一」：

　　故達於道者，反於清靜；究於物者，終於無爲。〔註177〕

　　靜漠恬澹，所以養性也；和愉虛無，所以養德也。外不滑內，則性

　　得其宜；性不動和，則德安其位。養生以經世，抱德以終年，可謂

　　能體道矣。〔註178〕

　　《淮南子》從不同的側面對道的特性進行了總結性論述，無論是全面性還是理論抽象高度，都達到了當時的最高水準。

## 二、宇宙生成論

　　《淮南子》以「道」的本體論爲基礎，構築了一種「道」化生萬物的宇宙生成論，正像《原道訓》中所講的那樣：「夫太上之道，生萬物而不有，成化象而弗宰。」「道者，一立而萬物生矣。」

　　《天文訓》進一步詳細地描述了宇宙生成演化的全過程：

　　天墜未形，馮馮翼翼，洞洞灟灟，故曰太昭。道始於虛霩，虛霩生

　　宇宙，宇宙生元氣，元氣有涯根。清陽者，薄靡而爲天，重濁者，

　　凝滯而爲地，清妙之合專易，重濁之凝竭難。故天先成而地後定。

　　天地之襲精爲陰陽，陰陽之專精爲四時，四時之散精爲萬物。

從作爲世界原初狀態的道開始，經歷了虛霩、宇宙、元氣等環節。元氣中的清陽者，生而爲天；元氣中的凝滯者，生而爲地。天地間的陰陽二氣之精華形成四時，四時散精而爲萬物。《淮南子》中的這種宇宙生成論與今本《老子》

〔註174〕《淮南子・原道訓》。
〔註175〕《淮南子・精神訓》。
〔註176〕《淮南子・原道訓》。
〔註177〕《淮南子・原道訓》。
〔註178〕《淮南子・俶眞訓》。

中的「道生一，一生二，二生三，三生萬物」有很大不同。「元氣」是宇宙生成中的重要過渡階段，由「元氣」而又生成陰陽二氣，這種「元氣」的觀念明顯地吸收了戰國以來黃老思想的發展成果。

在《淮南子》中的其他部分，也表述了這種宇宙生成論。如《精神訓》云：

> 古未有天地之時，惟象無形，窈窈冥冥，芒芠漠閔，澒濛鴻洞，莫知其門。有二神混生，經天營地，孔乎莫知其所終極，滔乎莫知其所止息。於是乃別為陰陽，離為八極，剛柔相成，萬物乃形。煩氣為蟲，精氣為人。是故精神天之有也，而骨骸者地之有也；精神入其門，而骨骸反其根，我尚何存？

「二神」即指陰陽二氣。在天地形成之前，已經包含著陰陽二氣的萌動。隨著天地形成，煩氣為蟲，精氣為人。《管子》四篇對「精氣」多有論述，「精氣」指細微之氣，煩氣相對的應指「粗氣」。

在《俶真訓》中，作者將《莊子·齊物論》中的一段話略加修改，表述其宇宙生成論，「有始者，有未始有有始者，有未始有夫未始有有始者。有有者，有無者，有未始有有無者，有未始有夫未始有有無者。」這段話僅比《莊子·齊物論》少了一個「也」字，但與《莊子》相對論不同的是，作者對其進行了演繹與發揮，用以更為具體地描述與揭示宇宙萬物之生成過程：

> 所謂有始者：繁憤未發，萌兆牙蘖，未有形埒垠堮無無蠕蠕，將欲生興而未成物類。有未始有有始者：天氣始下，地氣始上，陰陽錯合，相與優遊，竟暢於宇宙之間，被德含和，繽紛龍茷，欲與物接而未成兆朕。有未始有夫未始有有始者：天含和而未降，地懷氣而未揚，虛無寂寞，蕭條霄霓，無有彷彿，氣遂而大通冥冥者也。

> 有有者：言萬物摻落，根莖枝葉，青蔥苓蘢，萑菼炫煌，蠉飛蠕動，蚑行噲息，可切循把握而有數量。有無者：視之不見其形，聽之不聞其聲，捫之不可得也，望之不可極也，儲與扈冶，浩浩瀚瀚，不可隱儀揆度而通光耀者。有未始有有無者：包裹天地，陶冶萬物，大通混冥，深閎廣大，不可為外，析豪剖芒，不可為內，無環堵之宇，而生有無之根。有未始有夫未始有有無者：天地未剖，陰陽未判，四時未分，萬物未生，汪然平靜，寂然清澄，莫見其形……。

從「天地未剖，陰陽未判，四時未分，萬物未生」講到天地、萬物生成過程

中的各種狀態與不同表現形式，細緻而入微。當然，其中不乏猜想的成分。

　　《淮南子》在老、莊、黃老思想的基礎上，提出了更為系統的宇宙生成論，特別是吸收了「元氣」的思想，從陰陽二氣的物理特性及運動規律去描述宇宙的生成過程，表現了卓越的思辯能力和很高的思維水平。

　　在描述宇宙生成過程的基礎上，《淮南子》進而用陰陽二氣的運動變化理論闡述自然的運動變化：

> 天之偏氣，怒者為風。地之合氣，和者為雨。陰陽相薄，感而為雷，激而為霆，亂而為霧。陽氣勝，則散而為雨露。陰氣勝，則凝而為霜雪。

> 毛羽者，飛行之類也，故屬於陽。介鱗者，蟄伏之類也，故屬於陰。日者陽之主也，……月者陰之宗也。

> 夏日至則陰乘陽，是以萬物就而死；冬日至則陽乘陰，是以萬物仰而生。晝者陽之分，夜者陰之分；是以陽氣勝則日修而夜短，陰氣勝則日短而夜修。〔註179〕

世界上的一切都是陰陽二氣生成的，一切運動變化都是陰陽二氣變化的結果。人自然也不能脫離這一模式。人秉「精氣」而生，而「神氣相應」，所以「天之與人，有以相通也，故國危亡而天文變，世惑亂而虹蜺見，萬物有以相連，精祲有以相蕩也。」〔註180〕天象能預知人間禍福，人事又能影響天象。

　　《淮南子》的天人感應論和董仲舒的感應論有所不同，董仲舒的感應論是為強化中央專制集權服務的，感應譴告的主要對象是君主。《淮南子》並不突出君主，而認為庶女醫師都能遊歷至精，上通九天。這一方面擴大了神權的力量，一方面又強化了道德的影響。再者，董仲舒的感應論是以道德目的為基礎、為動力的；《淮南子》的道德目的完全以自然為基礎。〔註181〕兩相比較，更體現出了《淮南子》注重客觀、自然的價值與意義。

## 三、無為思想和認識論

　　無為思想在提出之初就充滿著強烈的政治治理色彩，竹簡本《老子》（甲

---

〔註179〕《淮南子·天文訓》。
〔註180〕《淮南子·泰族訓》。
〔註181〕金春峰：《漢代思想史》，中國社會科學出版社 1997 年 12 月第 2 版，第 223頁。

篇）：「我無事而民自富，我亡為而民自化，我好靜而民自正，我欲不欲而民自樸。」就已含有「無為而治」的理念。今本《老子》（3 章）中的「為無為，則無不治。」就將這一理念毫不隱晦的揭示了出來，即無為並不是消極地等待，而是要順應普遍規律辦事，以「無為」達到「無不為」的目的。書中其他各章對此亦多有闡述：

> 道常無為而無不為。（37 章）

> 上德無為而無以為，下德無為而有以為；上仁為之而無以為，上義
> 為之而有以為；上禮為之而莫之應，則攘臂而扔之。（38 章）

《莊子》發揮了《老子》的「無為」思想，服從於相對論，將「無為」強調為順應自然而無所作為。《韓非子》、《呂氏春秋》也都闡發過君主無為的思想，但將其推演為一種君主統治的法術。

漢初，百業凋弊，萬物待舉，社會經濟在經過了長期的戰火之後陷入了低谷。統治者總結歷史的經驗教訓，以黃老思想為指導，採取「輕繇薄賦，與民休息」的策略，將「無為」思想納入政治實踐中，在恢復社會經濟方面取得了顯著的效果。到漢武帝時期，社會經濟已得到全面恢復。

《淮南子》在《老子》、《莊子》、《黃老帛書》、《管子》、《文子》、《鶡冠子》、《呂氏春秋》等以往「無為」思想的基礎上，結合漢初的政治實踐，對「無為」思想作了進一步的發揚光大。

「無為」是《淮南子》的核心思想之一。其無為思想的基本特點是「清靜」、「因循」、「應時」、「還反於樸」：

> 人主之術，處無為之事，而行不言之教，清靜而不動，一度而不搖，
> 因循而任下，責成而不勞……進退應時，動靜循理，不為醜美好憎，
> 不為賞罰喜怒，名各自名，類各自類，事猶自然，莫出於己。

> 清靜無為，則天與之時。〔註182〕

> 還反於樸，無為為之而合於道，無為言之而通乎德，恬愉無矜而得
> 於和，有萬不同而便於性。〔註183〕

《淮南子》的無為思想和其他道家著作一樣，也強調「君道無為」，「君道者，非所以為也，所以無為也」。〔註184〕「君道無為」並不是什麼都不作，

---

〔註182〕《淮南子·主術訓》。
〔註183〕《淮南子·原道訓》。
〔註184〕《淮南子·詮言訓》。

《脩務訓》開頭就對此作了解釋：

> 或曰：無爲者，寂然無聲，漠然不動，引之不來，推之不往，如此
> 者乃得道之象。吾以爲不然。

「君道無爲」的精要在於「循名責實」、「事成功立」，依然將功業和結果作爲
追求目標：

> 若吾所謂無爲者，私志不得入於公道，嗜欲不得枉正術，循理而舉
> 事，因資而立功，權自然之勢，而曲故不得容者，事成而身弗伐，
> 功立而名弗有，非謂其感而不應，攻而不動者。〔註185〕

> 故有道之主，滅想去意，清虛以待。不伐之言，不奪之事，循名責
> 實，使有司任而弗詔，責而弗教。以不知爲道，以奈何爲實。如此，
> 則百官之事各有所守矣。〔註186〕

君主無爲的目的在於使臣下各負其責，各儘其能，「乘眾人之智」，「用眾人之
力」，「君臣異道」，君主無爲而臣下有爲，所以《主術訓》說：

> 主道員者，運轉而無端，化育如神，虛無因循，常後而不先也。臣
> 道方者，論是而處當，爲事先倡，守職分明以立成功也。是故君臣
> 異道則治，同道則亂。各得其宜，處其當，則上下有以相使也。夫
> 人主之聽治也，虛心而弱志，清明而不暗，是故群臣輻湊並進，無
> 愚智賢不肖，莫不儘其能者。則君得所以制臣，臣得所以事君，治
> 國之道明矣。

之所以能夠實現君主無爲而臣下有爲，還在於《淮南子》將君主理想化爲悟
道者及道遊者：

> 是故聖人將養其神，和弱其氣，平夷其形，而與道沉浮俯仰，恬然
> 則縱之，迫則用之。其縱之也，若委衣，其用之也，若發機。如是，
> 則萬物之化無不遇，而百事之變無不應。〔註187〕

君主要「體道」、「悟道」、「達道」，就需要修身，政治理想和個人修身被結合
爲一體了。

　　《淮南子》「無爲」思想的前提，是按照普遍規律辦事，之所以強調君無
爲而臣有爲，是因爲普遍規律要求這麼做。那麼，如何正確認識和把握客觀

---

〔註185〕《淮南子·脩務訓》。
〔註186〕《淮南子·主術訓》。
〔註187〕《淮南子·原道訓》。

規律，就成為問題的關鍵，否則一切都是空談。於是就有了《淮南子》在認識論方面諸多精闢而獨到的見解。

　　《淮南子》充分肯定人的認識能力，認為人通過自己的各種認識器官，可以認識客觀世界，掌握事物的變化規律，「欲知天道察其數，欲知地道物其樹，欲知人道從其欲」，「目見其形，耳聽其聲，口言其誠，而心致之精，則萬物之化，咸有極矣」。〔註188〕

　　因受《莊子‧齊物論》的啓示與影響，《淮南子》對人認識的片面性進行了深入地剖析，批評了是非無所定的觀念：

　　　　天下是非無所定，世各是其所是，而非其所非；所謂是與非各異，皆自是而非人。由此觀之，事有合於己者而未始有是也，有忤於心者而未始有非也。故求是者非求道理也，求合於己者；去非者非批邪施也，去忤於心者也。忤於我未必不合於人也，合於我未必不非於俗也。至是之是無非，至非之非無是，此眞是非也。若夫是於此而非於彼，非於此而是於彼者，此之謂一是一非也，此一是非，隅曲也。夫一是非，宇宙也。〔註189〕

《淮南子》認為客觀眞理不受社會地位、外來條件的影響：

　　　　使言之而是，雖在褐夫芻蕘，猶不可棄也。使言之而非也，雖在卿相人君，揄策於廟堂之上，未必可用。是非之所在，不可以貴賤尊卑論也。〔註190〕

　　人要認識眞理，必須努力學習，通過學習積纍知識和技能，《淮南子》通過古代聖賢造福於人類的英雄事迹說明學習的必要性和重要性：

　　　　昔者，蒼頡作書，容成造曆，胡曹爲衣，后稷耕稼，儀狄作酒，奚仲爲車。此六人者，皆有神明之道，聖智之迹，故人作一事而遺後世，非能一人而獨兼有之，各悉其知，貴其所欲達，遂爲天下備。……周室以後，無六子之賢而皆修其業，當世之人，無一人之才而知其六賢之道者何？教順施續，而知能流通。由此觀之，學不可已明矣。

　　　　〔註191〕

〔註188〕《淮南子‧繆稱訓》。
〔註189〕《淮南子‧齊俗訓》。
〔註190〕《淮南子‧主術訓》。
〔註191〕《淮南子‧脩務訓》。

　　《淮南子》強調，在學習中要注重知識的融彙貫通，要承認事物的多樣性，在認識中要相容並包，取長補短：

> 天不一時，地不一利，人不一事，是以緒業不得不多端，趨行不得
> 不殊方，五行異氣而皆適調，六藝異科而皆同道。

> 夫天地不包一物，陰陽不生一類。海不讓水潦以成其大，山不讓土
> 石以成其高。夫守一偶而遺萬方，取一物而棄其餘，則所得者鮮，
> 而所治者淺矣。〔註192〕

　　《淮南子》還主張在認識事物時，不要停留在表面，而要深入事物的內部，認識其本質，把握其規律。在《道應訓》中援引伯樂爲秦穆公推薦相馬高手九方堙，九方堙連馬的毛色公母都搞錯了，然而他相出的卻是眞正的千里馬的典故。提醒和告誡人們只有見微知著，才能不爲假象所欺。

　　《淮南子》還注意到了事物之間的變化與發展，強調認識過程中的「時」與「變」，高度關注相反事物之間的依存與轉化。以避免認識的凝固化以及在利害、得失面前的猶豫不決。

　　總之，《淮南子》的「無爲」思想及認識論，客觀、全面的反映了人們認識能力與認識水平在當時所達到的新高度。

## 四、禮法思想

　　此前的黃老學著作「以道爲體，以法爲用」的內容居多，突出的是「道法」思想，而《淮南子》中的「禮法思想」卻佔有很大的篇幅。這是秦亡以後，「法治」盛極而衰，漢初儒家「禮治」有所復興的客觀反映，也是對武帝之後儒、道逆轉的預兆。這是《淮南子》有別於其他黃老學著作的重要特點。

　　《淮南子》的禮法思想初看起來似乎是矛盾的，實則不然。其在禮法方面的思想體系大致上還是相一致的。

　　書中確實有很多篇章激烈地批判了仁義禮法，認爲儒家的仁義說教只注重外在形式方面的東西，匍匐跪拜，拘泥於枝節，即違背了人的本性，又增長了虛僞的風氣：

> 夫禮者所以別尊卑、異貴賤；義者所以合君臣、父子、兄弟、夫妻、
> 朋友之際也。今世之爲禮者，恭敬而忮，爲義者，布施而德，君臣
> 以相非，骨肉以生怨，則失禮義之本也，故構而多責。夫水積則生

---

〔註192〕《淮南子·泰族訓》。

相食之魚，土積則生自宂之獸，禮義飾則生偽匿之本。〔註193〕

認爲禮儀以追求外在的形式爲主，粉飾打扮，迎來送往，嘩眾取寵，冠冕堂皇，假以詩書，沽名釣譽。這些做法荒唐而麋財，造成了社會資源不必要的巨大浪費，嚴重地影響了社會生產和百姓生活：

> 周室衰而王道廢，儒墨乃始列道而議，分徒而訟，於是博學以疑聖，華誣以脅眾，弦歌鼓舞，緣飾詩書，以買名譽於天下。繁登降之禮，飾紱冕之服，聚眾不足以極其變，積財不足以贍其費。……是故百姓曼衍於淫荒之陂，而失其大宗之本。〔註194〕

對法家思想，《淮南子》也從秦王朝二世而亡的慘痛教訓中指陳其弊，《泰族訓》說：

> 趙政晝決獄而夜理書，御史冠蓋接於郡縣，覆稽趨留，戌五嶺以備越，築長城以守胡。然姦邪萌生，盜賊群居，事愈煩而亂愈生，故法者，治之具也，而非所以爲治也。

雖然對仁義禮法進行了多方面的抨擊，但《淮南子》並不否認禮法的社會功能，更不主張取消禮法。《主術訓》甚至又十分推崇法家的「法」、「術」、「勢」思想：

> 法者，天下之度量。而人主之準繩也。

> 是故權勢者，人主之車輿也。大臣者，人主之駟馬也。體離車輿之安而手失駟馬之心，而能不危者，古今未有也。

> 故有術則制人，無術則制於人。

這正是《淮南子》以道爲體，以仁義禮法爲用的黃老思想的具體體現。它既要借助各家學說以豐富治世理論，又不願他家別派喧賓奪主。故一方面在鞭撻仁義禮法，另一方面又力圖將其納入自己以「道論」及「無爲」思想爲出發點的思想體系。於是，問題的關鍵就在於如何擺正它們之間的關係。《淮南子》從人的本性出發，闡述了如下主張：

首先，《淮南子》認爲製禮作樂不能光注重外在的形式枝節，最重要的是要因民之性，隨民之俗，即重視人的自然屬性。

《淮南子》的人性論，將人的生性視爲無善無惡的白紙，「人之性無邪，

---

〔註193〕《淮南子·齊俗訓》。
〔註194〕《淮南子·俶真訓》。

久湛於俗則易，易而忘本，合於若性」。〔註195〕同時又認爲人的品質和才能是後天環境磨練的產物，人性因教而可以改變。禮樂既要表達其教化作用，又要簡便易行，符合人素樸的本性，「……故製禮足以佐實喻意而已矣。……制樂足以合歡宣意而已。……故葬埋足以收斂蓋藏而已。……明乎生死之分，通於侈儉之適者也。」〔註196〕

其次，仁義爲本，刑罰爲末。《泰族訓》說：

> 故仁義者，治之本也。今不知事修其本而務治其末，是釋其根而灌其枝也。且法之生也，以輔仁義，今重法而棄義，是貴其冠履而忘其頭足也。故仁義者爲厚基者也，不益其厚而張其廣者毀，不廣其基而增其高者覆。

> 故法者，治之具也，而非所以爲治也。而猶弓矢，中之具，而非所以爲中也。

第三，尚賢思想。這一點和其「無爲」思想有相通之處，主張君主無爲，臣下有爲，若如此則必須尚賢，只有賢人在位，禮法才能發揮其應有的作用：

> 法雖在，必待聖而後治；律雖具，必待耳而後聽。故國之所以存者，非以有法也，以有賢人也。其所以亡者，非所以無法也，以無賢人也。〔註197〕

第四，因時變法，反對守舊。《淮南子》的《泛覽訓》、《泰族訓》描述了人類社會的發展與文明的進步，提出隨著社會的進步和發展，人類也要不斷地改造自己，改變禮樂法度，以適應時代的變化。「常故不可循，器械不可因也，則先王之法度有移易者矣。」〔註198〕任何事物都是有盛有衰，隨著時間的推移，舊的東西就不再適合時代需要了：

> 天地之道，極則反，盈則損。五色雖朗，有時而渝。茂木豐草，有時而落。物有隆殺，不得自若。故聖人事窮而更爲，法弊而改制，非樂變古易常也，將以救敗扶衰，黜淫濟非，以調天地之氣，順萬物之宜也。〔註199〕

變法的目的在於利民、便事，所以《淮南子》中有民本思想，依然追求事業

---

〔註195〕《淮南子・齊俗訓》。
〔註196〕《淮南子・齊俗訓》。
〔註197〕《淮南子・泰族訓》。
〔註198〕《淮南子・泛覽訓》。
〔註199〕《淮南子・泰族訓》。

的成功。《氾論訓》對這一觀念作了論述：

> 苟利於民，不必法古；苟周於事，不必循舊。夫夏商之衰也，不變
> 法而亡；三代之起也，不相襲而王。故聖人法與時變，禮與俗化。
> 衣服器械，各便其用。法度制令，各因其宜，故變古未可非，而循
> 俗未足多也⋯⋯。

《淮南子》中的禮法思想是有選擇、有批判的綜合，既吸納了戰國以來儒、法、道的優秀思想，又力圖在道的基礎上使其合而為一，成為一種系統的觀念體系。這是對黃老思想的綜合與發展，也是對禮法思想的推進。

## 五、形神與養生

《淮南子》的宇宙生成論認為宇宙萬物是從道開始，以元氣為基礎，由陰陽二氣的運動變化而形成的，人自然也不例外。《精神訓》詳細地描述了人的生成過程：

> 夫精神者所受於天也，而形體者所稟於地也。故曰：「一生二，二生
> 三，三生萬物，萬物背陰而抱陽，沖氣以為和。」故曰：一月而膏，
> 二月而脈，三月而胎，四月而肌，五月而筋，六月而骨，七月而成，
> 八月而動，九月而躁，十月而生。形體以成，五藏乃形。

關於人的生成過程，描述得具體而生動，特別是關於形體與精神的區分，成為《淮南子》關於人的生命構成的基本觀念。在形神的基礎上，《淮南子》又進一步提出形、神、氣是生命的基本因素，《原道訓》曰：

> 形神氣志，各居其宜，以隨天地之所為。夫形者生之舍也，氣者生
> 之充也，神者生之制也，一失位則三者傷矣。⋯⋯今人之所以眭然
> 能視，萱然能聽，形體能抗，而百節可屈伸，察能分白黑視醜美，
> 而知能別同異明是非者，何也？氣為之充而神為之使也。

人只有保全形、神、氣三者，生命才可以正常運動。在《淮南子》中，形、氣兩者關係密切，氣主要依附於形，精氣不能久離形體而漂蕩於外，血氣由五藏直接控制，所以也可以歸於「形」的一方面。〔註200〕說到底，《淮南子》認為人的生命是由形、神兩者構成的。

《淮南子》認為，形神兩者之間是相互依賴又相互獨立的，《俶真訓》說：

> 形傷於寒暑燥濕之虐者，形菀而神壯，神傷乎喜怒思慮之患者，神

---

〔註200〕參見馮友蘭《中國哲學史新編》（中）第172—173頁，人民出版社1998年。

盡而形有餘。故罷馬之死也，剝之若槁；狡狗之死也，割之猶濡。
是故傷死者其鬼嬈，時既者其神漠，是皆不得形神俱沒也，夫聖人
用心，杖性依神，相扶而得終始，是故其寐不夢，其覺不憂。

對於人來說，形神雖然不可分離，但神處於更為重要的地位，神高於形，主
宰形：

萬乘之主卒，葬其骸於廣野之中，祀其鬼神於明堂之上，神貴於形
也。故神制則形從，形勝則神窮，聰明雖用，必反諸神，謂之太沖。
〔註201〕

心者形之主也，而神者心之寶也。〔註202〕

以神為主者形從而利，以形為制者神從而害。〔註203〕

在人死後，肉體骨血皆化，而神則與天地俱生，並不消失。故《精神訓》說：
「故形有摩而神未嘗化者，以不化應化。……化者復歸於無形也，不化者與
天地俱生也。」

《淮南子》的編著者很重視人生的禍福問題，其書對此多有討論。而追
求生命的長生久視又是避禍求福的一個重要方面，故《淮南子》的形神論就
為求取長生久視提供了基礎，人只要保持形神的完滿，就會長生不老。所以，
《淮南子》主張養生，意欲通過養生達到形神的永遠結合，「精神內守形骸
而不外越」。〔註204〕任何有損精神的因素都是作者極為反對的，《精神訓》
說：

五色亂目使目不明，五聲嘩耳使耳不聰，五味亂口使口爽傷，趣舍
滑心使行飛揚。此四者，天下之所養性也，然皆人累也。故曰嗜欲
者使人之氣越，而好憎者使人之心勞，弗疾去則志氣日耗。夫人之
所以不能終其壽命而中道夭於刑戮者何也？以其生生之厚。夫惟能
無以生為者，則所以得修生也。

《淮南子》崇尚的理想養生方式是：

王喬、赤松，去塵埃之間，離群慝之紛，吸陰陽之和，食天地之精，
呼而出故，吸而入新，躒虛輕舉，乘雲遊霧，可謂養性矣。〔註205〕

---

〔註201〕《淮南子‧詮言訓》。
〔註202〕《淮南子‧精神訓》。
〔註203〕《淮南子‧原道訓》。
〔註204〕《淮南子‧精神訓》。
〔註205〕《淮南子‧泰族訓》。

文中所描繪的這些人物的舉動，使人情不自禁的產生這樣一種幻覺：一個山水相影、草木鬱蔥、花香鳥語，心曠神怡的寬暢地帶，有人神清氣爽、悠然自得，正打著太極拳的情景。

　　而養生的最終目標是成為與道合一的真人：

　　　　所謂真人者，性合於道也。故有而若無，實而若虛。處其一，不知
　　　　其二。治其內，不識其外。明白太素，無為復樸。體本抱神，以遊
　　　　於天地之樊，芒然仿佯於塵垢之外，而逍遙於無事之業。〔註206〕

　　《淮南子》的養生思想是形神理論的邏輯發展，它體現了當時的貴族們在個人生命上的理想和追求，而這又和他們的統治地位有密切的關係，即所謂「治身，太上養神，其次養形；治國，太上養化，其次正法」。〔註207〕

　　《淮南子》一書在學術思想史上具有重要意義，它是戰國以來學術思想的一次全面總結。編著者以道為綱紀，建立了一個系統的思想體系。包含之廣博，論述之精到，都是令人驚歎的。尤其是其道論，宇宙生成論等，無疑是戰國以來的集大成者，而全書的其他內容都根植於這一基點之上，標誌著戰國以來黃老道家思想發展到了一個新高峰。《淮南子》的哲學思辨水平也極高，是人們深刻地分析事物，觀察事物，進行哲理匯總的結晶。

　　《淮南子》也昭示了黃老思想盛極而衰的歷史轉變。隨著漢武帝時期「罷黜百家，獨尊儒術」指導思想的確立，「清靜無為」、「與時俱變」的黃老思想已不再適合統治者的胃口而退出了政治舞臺的中心位置，朝著更多體現個人生命追求的黃老之術方向演進。

---

〔註206〕《淮南子·精神訓》。
〔註207〕《淮南子·泰族訓》。

# 主要參考文獻

## 一、基本資料

1. 《十三經注疏》，中華書局影印本，1980 年。
2. 《二十二子》，上海古籍出版社，1985 年。
3. 《史記》，中華書局，1982 年。
4. 《漢書》，中華書局，1962 年。
5. 《老子》，馬王堆漢墓帛書甲、乙本，文物出版社，1976 年。
6. 《帛書老子校注》，高明，中華書局，1996 年。
7. 《老子指歸》，嚴遵，中華書局，1994 年。
8. 《郭店楚墓竹簡》，文物出版社，1998 年。
9. 《管子注譯》，趙守正，廣西人民出版社，1987 年。
10. 《莊子今注今譯》，陳鼓應，中華書局，1983 年。
11. 《莊子集解》，王先謙，上海書店，1987 年。
12. 《莊子集釋》，郭慶藩，中華書局，1978 年。
13. 《列子集釋》，楊伯峻，中華書局，1985 年。
14. 《荀子集解》，王先謙，《諸子集成》本，中華書局。
15. 《文子要詮》，徐慧君、李定生，復旦大學出版社，1988 年。
16. 《文子疏義》，王利器，中華書局，2000 年。
17. 《鶡冠子》，陸佃注，《道藏》本。
18. 《商君書錐指》，蔣禮鴻，中華書局，1986 年。
19. 《呂氏春秋校釋》，陳奇猷，學林出版社，1984 年。
20. 《韓非子集解》，王先慎，中華書局，1998 年。

21. 《韓非子集釋》，陳奇猷，上海人民出版社，1974年。

22. 《新語校注》，王利器，中華書局，1986年。

23. 《淮南鴻烈集解》，劉文典，中華書局，1989年。

24. 《淮南子校釋》，張雙棣，北京大學出版社，1997年。

25. 《淮南子集解》，何寧，中華書局，1998年。

## 二、今人著述

1. 馮友蘭：《中國哲學史》，中華書局重印本，1984年。

2. 郭沫若：《十批判書》，《郭沫若全集》歷史編第二卷，人民出版社，1982年。

3. 郭沫若：《青銅時代》，科學出版社，1957年。

4. 侯外廬等：《中國思想通史》，人民出版社，1957年。

5. 張豈之：《中國思想史》（主編），西北大學出版社，1993年。

6. 張豈之：《儒學・理學・實學・新學》，陝西人民教育出版社，1994年。

7. 黃留珠：《秦漢歷史文化論稿》，三秦出版社，2002年。

8. 黃留珠：《周秦漢唐文明》（主編），陝西人民出版社，1999年。

9. 黃留珠：《周秦漢唐研究》（主編），三秦出版社，1998年。

10. 黃留珠：《周秦漢唐文明國際學術研討會文集》（主編），三秦出版社，2001年。

11. 丁原明：《黃老學論綱》，山東大學出版社，1997年。

12. 熊鐵基：《秦漢新道家》，上海人民出版社，2001年。

13. 張吉良：《老聃〈老子〉太史儋〈道德經〉》，齊魯書社，2001年。

14. 余明光：《黃帝四經與黃老思想》，黑龍江人民出版社，1989年。

15. 白奚：《稷下學研究》，三聯書店出版，1998年。

16. 《郭店楚簡研究》（中國哲學第二十輯），遼寧教育出版社，2000年。

17. 胡適：《中國中古思想史長編》，華東師範大學出版社，1996年。

18. 顧頡剛：《漢代學術史略》，東方出版社，1996年。

19. 許地山：《道教史》，上海古籍出版社，1999年。

20. 趙吉惠：《中國傳統文化導論》，陝西人民教育出版社，1994年。

21. 劉寶才：《先秦文化散論》，陝西人民出版社，2001年。

22. 李景明：《中國儒學史》，廣東教育出版社，1998年。

23. 陳蘇鎮：《漢代政治與〈春秋〉學》，中國廣播電視出版社，2001年。

24. 林劍鳴：《法與中國社會》，吉林文史出版社，1988年。

25. 韓養民:《秦漢文化史》,陝西人民教育出版社,1986 年。

26. 葛承雍:《儒生·儒臣·儒君》,陝西人民出版社,1993 年。

27. 孫福喜:《〈鶡冠子〉研究》,陝西人民出版社,2002 年。

28. 秦暉:《問題與主義》,長春出版社,1999 年。

29. 王處輝:《中國社會思想史》,南開大學出版社,1989 年。

30. 王琦珍:《禮與傳統文化》,江西高校出版社,1994 年。

31. 廖名春:《帛書釋要》,《中國文化》第十輯,香港中華書局,1994 年。

32. 王範之:《呂氏春秋研究》,內蒙古大學出版社,1993 年。

33. 徐復觀:《兩漢思想史》,學生書局,臺北,1976 年。

34. 閻步克:《士大夫政治演生史稿》,北京大學出版社,1996 年。

35. 余英時:《士與中國文化》,上海人民出版社,1987 年。

36. 胡家聰:《管子新探》,中國社會科學出版社,1995 年。

37. 劉澤華:《先秦政治思想史》,南開大學出版社,1984 年。

38. 劉澤華:《中國傳統政治思想反思》,三聯書店,1987 年。

39. 吳光:《黃老之學通論》,浙江人民出版社,1985 年。

40. 陳麗桂:《戰國時期的黃老思想》,(臺)經聯出版事業公司,1991 年。

41. 陳鼓應:《黃帝四經今注今譯》,臺灣商務印書館,1995 年。

42. 陳鼓應:《道家文化研究》,1-18 冊,上海人民出版社。

43. 張秉楠:《稷下鈎沈》,上海古籍出版社,1991 年。

44. 許抗生:《帛書老子注譯與研究》,浙江人民出版社,1982 年。

45. 王德有:《道旨論》,齊魯書社,1987 年。

46. 趙明:《道家思想與中國文化》,吉林大學出版社,1986 年。

47. 王明:《道家與傳統文化研究》,中國社會科學出版社,1995 年。

48. 黃釗:《道家思想史綱》,湖南師範大學出版社,1991 年。

49. 李澤厚:《中國古代思想史論》,人民出版社,1986 年。

50. 葛兆光:《中國思想史》(第 1 卷),復旦大學出版社,1998 年。

51. 朱哲:《先秦道家哲學研究》,上海人民出版社,2000 年

52. 何建明:《道家思想的歷史轉折》,華中師範大學出版社,1997 年。

53. 張舜徽:《周秦道論發微》,中華書局,1982 年。

54. 丁四新:《郭店楚墓竹簡思想研究》,東方出版社,2000 年。

55. 梁啓超:《先秦政治思想史》,東方出版社,1996 年。

56. 梁啓超:《中國歷史研究法》,華東師範大學出版社,1995 年。

57. 詹劍峰：《老子其人其書及其道論》，湖北人民出版社，1982 年。

58. 李開元：《漢帝國的建立與劉邦集團》，三聯書店，2000 年。

59. 金春峰：《漢代思想史》，中國社會科學出版社，1997 年。

60. 周桂鈿：《漢代思想史》，河北人民出版社，2000 年。

61. 葛瑞漢：《鶡冠子：一部被忽略的漢前哲學著作》，楊民譯，《清華漢學研究》，清華大學出版社，1994 年。

62. 金谷治：《漢初道家的派別》，《日本學者研究中國史論著選譯》第七卷，中華書局，1993 年。

63. 卡林諾斯基（Marc Kalinowski）《馬王堆帛書刑德試探》，《華學》第一輯，中山大學出版社，1995 年。

64. 〔德〕韋伯（Weber.M）：《學術與政治》，馮克利譯，三聯書店，1998 年。

65. 〔英〕李約瑟：《中國古代科學思想史》，江西人民出版社，1990 年。

66. 〔美〕加布裏埃爾‧A‧阿爾蒙德、小 G‧賓里姆‧鮑威爾：《比較政治學：體系、過程和政策》，上海譯文出版社，1987 年。

# 後　記

　　這本可以被稱之為「專著」或「學術著作」的薄冊，實際上是在自己博士學位論文的基礎上作了一些充實而成。由於相信其能夠經得起時間的考驗；由於受道家淡泊名利思想潛移默化的影響；由於對付費出版的內心不認同，儘管學校配有能夠滿足出版的科研起動費，但自己始終還是不願跨入出版社的大門，以至於一拖再拖，在手頭整整壓了近十年之久。

　　自己一直固執地認為，對於學術著作，應主要依據學術標準而非經濟標準衡量，不應一概用付費出版的方式決定其命運，這不僅僅涉及經濟利益問題，更重要的是關乎讀書人的「顏面」或「尊嚴」。由杜潔祥先生創辦的臺灣花木蘭文化出版社為選定的學術著作提供免費出版，使自己可憐的不無虛榮的一點薄面得以保全，在這個已不易感動的年齡還著實為之動容。藉此機會對貴社的同仁、特別是主編林慶彰先生以及北京聯絡處負責人楊嘉樂女士一絲不苟、不厭其煩的敬業精神表示感佩！

　　這本薄冊裏凝聚著恩師黃留珠先生的諸多心血，從選題的斟酌到謀篇布局，每個環節都得到了先生的精心指點。不僅如此，先生還撥冗命筆，欣然作序，更使人倍感溫馨。先生為人寬厚，治學嚴謹精深，既是我學業的導師，更是我做人的表率。著名思想史專家張豈之先生、古文獻學專家周天遊先生也對我多有鞭策與鼓勵。諸位尊師的諄諄教誨，將使我終生受益。另外，學弟田延鋒博士也為這本拙作盡力不少。師門之情，非尋常可比，僅用一個「謝」字，實感蒼白無力！

　　拙荊賈蕊菱幾乎承攬了全部的家務，我所有微不足道的成績都含有她的默默奉獻。

陳博　2012-9-16 日
於西安市長安區廣場南路毓秀園陋居